JN116311

絹と十字架

《長崎開港から鎖国まで》

松尾龍之介
Matsuo Ryunosuke

◉弦書房

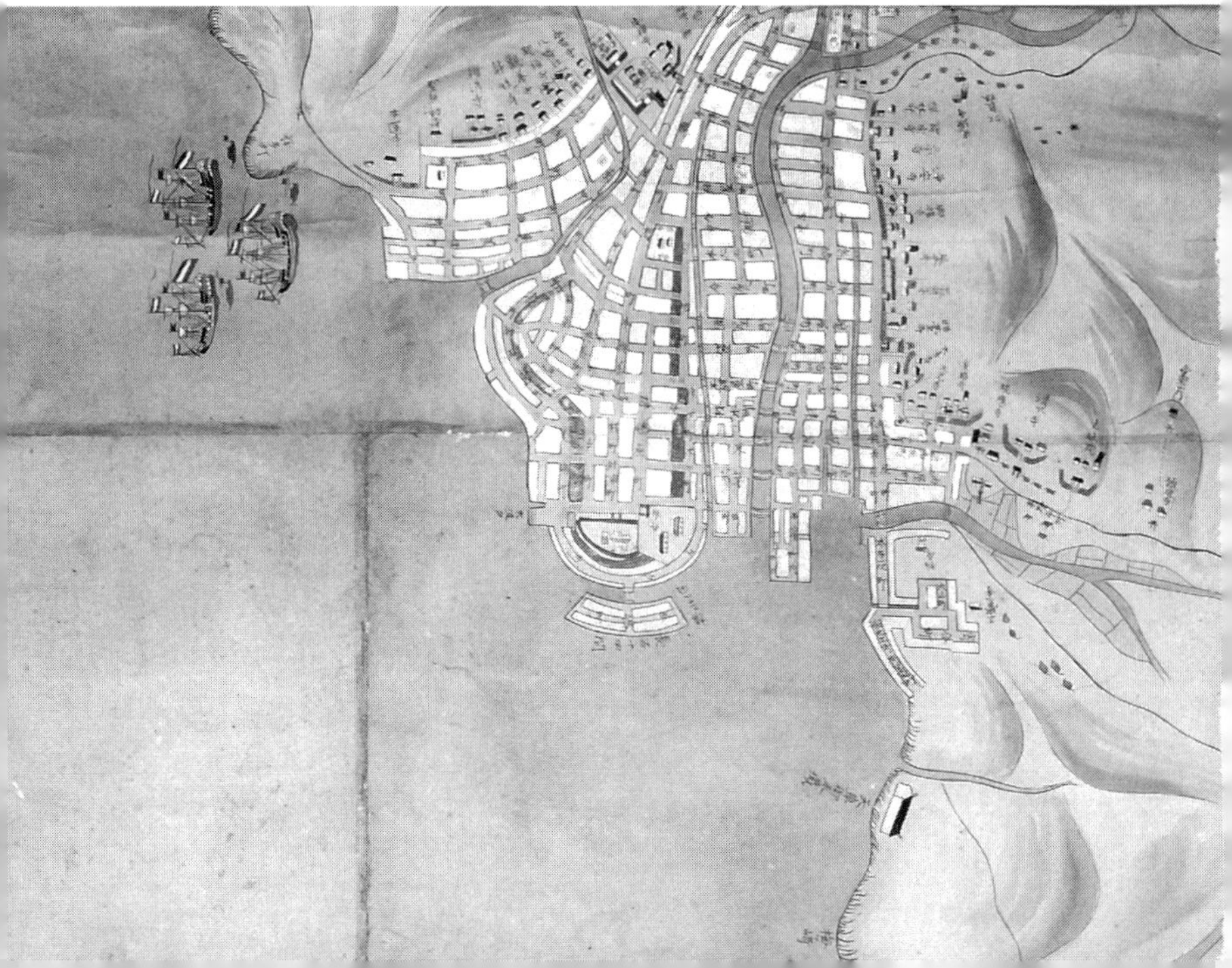

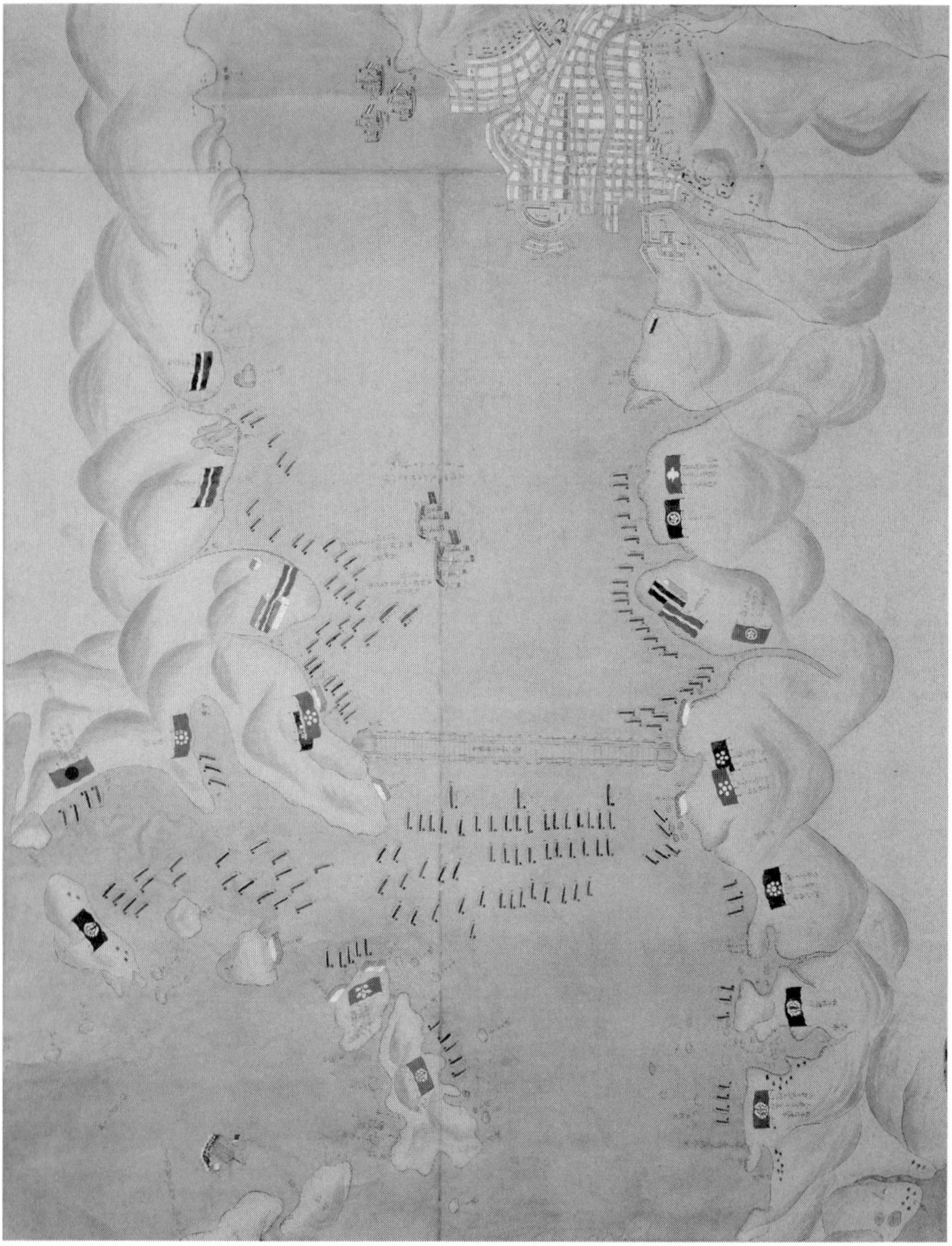

〈カバー絵〉　鎖国体制下の一六四七年、長崎警備を担当した佐賀藩によって描かれた『正保四年長崎警備の図』。港の中央にポルトガル本国からやって来た二隻が浮かんでいる。出島にはオランダ人がいて､河口には彼らの貿易船三隻が避難している。港内を警備担当の福岡・佐賀両藩の船が固め、港の入り口を船橋で塞ぎ、外側には西国大名の船がひしめいている。まさしく一触即発の状態だった。
（本書 第二十一章、第二十二章参照。公益財団法人鍋島報效会所蔵）

装丁＝毛利一枝

目次

II　禁教と迫害の嵐

Ⅲ　国を鎖《とざ》す

Ⅳ　ポルトガル特使ソウザ

序章

ヨーロッパのイベリア半島の大半はスペインが占めている。

その左隅に申し訳なさそうにポルトガルがある。もし両国が押しくらまんじゅうをはじめたら、たちまち大西洋に押し落とされるにちがいにない。いや、もしかしたら一度落とされて、それでもなお半島に必死でしがみついているのかもしれない。

しかし人間の意識の中に「陸路だけが道ではない。海上にも道をひらくことができる」とひらめいた瞬間から、立場は逆転した。

十四世紀後半、ポルトガルにエンリケという王子（父はジョアン一世）が生まれた。三男だったので王位は継げなかったがキリスト騎士団の指導的な立場にあり、世界中にキリスト教をひろげたいと使命感に燃えていた。

エンリケ王子の最大の敵は北アフリカ一帯にひろがるイスラム教徒である。しかし敵の背後に、つまりアフリカ大陸のどこかに「プレステ・ジョアン」というキリスト教徒の王が住んでいるという伝説がまことしやかに流布されていた。エンリケはそのジョアン王と手をむすべば、イスラム教徒を挟み撃ちにすることができると考えた。

それからのエンリケは、キリスト騎士団の莫大な財産を探検航海に挑む人々に惜しみなく与えた。その結果、十五世紀半ばまでに大西洋のマデイラ諸島やヴェルデ諸島が発見され、アフリカ西海岸をどんどん南下していった。

地球が平面であると考えられた時代なので、船乗りたちは海が突如として滝のように落下するのではないか、赤道に近づくにつれて暑くなるので、最後には焼けこげて死ぬのではという恐怖と戦いながらの航海だった。

船も改良され、大航海に適した三本マストと後部に三角帆をそなえた「ガレオン船」に変わっていった。探検が赤道直下に近いシエラ・レオネに到達したところでエンリケ自身は亡くなったが、あの小さなポルトガルが、大航海時代のトップランナーになれたのはひとえにこの王子のお陰だ。

そして一四八八年、バルトロメウ・ディアスがアフリカ南端を確認し、リスボンの港に戻ったその時、歓迎する大群衆の中にたったひとり、深い溜息をつく人物がまじっていた。クリストファー・コロンブスだ。

コロンブスは「この国はもはや西へは向かわない」と見切りをつけてスペインに向かった。大航海に遅れをとったスペインはそのコロンブスに賭けた。こうして一四九二年、「意欲に（一四九二）燃える」コロンブスが新大陸の発見に到る。でも当人は死ぬまでそこがインドだと主張した。それを新大陸と認めていたら、今ごろ「アメリカ」は「コロンビア」になっていたに違いない。

その後ポルトガルは国王の交代などがあり、一四九八年になってようやくバスコ・ダ・ガマが念願のインド航路を切りひらいた。ガマはインドの商人から何しに来たと問われて「胡椒と布教のため」と正直に答え、蛇蝎のごとく忌み嫌われている。初回は尻尾を巻いた犬のようにしてリスボンの港に戻ったが、次回は軍艦で船団を組み威風堂々とあらわれた。

ポルトガル人は一五〇九年インドのゴアを占拠すると、翌年にはマラッカ海峡を抜け、翌々年には、香料諸島（モルッカ諸島）を占領する。破竹の勢いとはこのことだ。次のターゲットは中国。ローマ時代からあこがれていた絹と絹織物の中国である。

ところが当時の中国は簡単に貿易を許してくれない。かつて倭寇で被害をこうむった明王朝は海禁政策をとり、門戸を開こうとはしない。勢いポルトガル人は中国沿岸で活躍していた海賊（後期倭寇《わこう》）との間で密貿易に走った。種子島の鉄砲伝来もこの倭寇の船に乗ったポルトガル人が伝えたものだ（一五四三）。

その倭寇たちは日本に絹を運ぶことで莫大な利益を得ていた。それを目にしたポルトガル人は、「よし、これだ」と飛びついた。こうして日本とポルトガル貿易の幕が切って落とされる。

でも思い出して欲しい。エンリケ王子がキリスト騎士団の幹部であったことを。日本貿易の見込みがつくや否や、ゴアからイエズス会士フランシスコ・ザビエルがアンジロウという日本人を連れて鹿児島に上陸した。

キリスト教は、戦国時代に終止符を打ち国内統一をはかる者にとっては迷惑以外の何ものでもなかった。国民に崇拝されるべきは自分であって、外国のわけのわからん「デウス」なんぞに持って行かれてたまるものか。「絹は欲しいが宣教師などいらンわい。さっさと出てけ」である。

それが実行されるまで百年近くもかかった。年表で説明しよう。ザビエルが来日した一五四九年から、ポルトガル人が追放される一六三九年までの九十年間のことだ。実際には翌年にマカオからの使節が来ているし、さらに一六四七年にはポルトガル本国から特使ソウザが派遣されているので、結果的に百年近くの交流があったという方が正しい。

それでいてこの百年間というものはほとんど知られていない。その間に活躍した南蛮通詞《つうじ》（通訳）西吉兵衛にいたってはなおのことである。「オランダ通詞」の前に「南蛮通詞」がいたことも忘れ去られてしまっている。

南蛮通詞の活躍は三十余年間であったが、日本が「鎖国」に向かう極めて重要な時代であった。そんな時代の西吉兵衛に光を当ててみたい。

I　イエズス会と長崎

第一章

長崎開港

「一五七一年（元亀二）　長崎開港」と、歴史年表にある。

その夏、一隻のポルトガル船が入港した。国王から貿易を許されたカピタン（司令官）の名はトリスタン・バス・ダ・ベイガ。船は一年半前にインドのゴアを出帆し、中国のマカオを中継して長崎にあらわれた。

船から見ると、山裾が南へ六百メートルほどなだれ込んだ岬の突端に、ほんの申し訳ほどの人家が集まっている。岬の東側は遠浅になっており、その奥の方に人家が密集している。カピタンは「きっとあそこが目指すナンガサキではあるまいか」と思った。

でもそれは間違いだった。教会の神父によれば、岬の漁師町かと思われた方が長崎だった。そこは最初のキリシタン大名大村純忠《すみただ》の領地で、「キリシタン」とはポルトガル語で「キリスト教徒」のことである。

岬の突端にはお粗末ながらサン・ペドロ教会が建てられており、それが同時に商館を兼ねていた。近世の歴史に「オランダ商館」が登場しても「ポルトガル商館」は顔を出さない。それは、教会＝商館で布教と貿易が一体をなしていたからで、ポルトガル貿易の特色はここにある。

町に住みついた日本人は全員がキリシタンで、平戸から来た人々のように仏教徒の迫害から逃れてきた者もあれば、博多のように町が戦場となって故郷を捨ててきた者もある。事情はそれぞれ異なってもイエズス会を最後の拠り所として集まったそんな人々だった。

南蛮船の模型　マカオと長崎を結んだ定航船
（『日本の南蛮文化』より）

本書の主人公西吉兵衛は、幼名を「小吉」と言い、その祖父もまた平戸から家族を率いて長崎に移ってきた。家は岬の西側の平戸町にある。

祖父は医師であった。彼はポルトガル人が持ち込んだ南蛮医術（外科）に興味も持ったが、平戸では仏教徒の勢力が強くキリスト教徒を憎悪し、医術を学ぼうとしても妨害されるのが常だった。

十年前の一五六一年（永禄四）、平戸でポルトガル商人と日本人キリシタンとの間で諍いが起きた。背景には貿易をめぐるカピタン・松浦氏・イエズス会の三つ巴《ともえ》の争いがあった。イエズス会は貿易の指導権を失うくらいならいっそ平戸を捨てようとした。松浦氏はそれを止めようとはしなかった。ポルトガル船はまたやって来るだろうとタカをくくった。

しかしその後、南蛮船はイエズス会士のいる場所にしか寄港しようとしなかった。交易は日本語のできる宣教師がいる方がスムーズにできるし、彼らにとって布教と貿易は表裏一体だったから。

平戸を見限ったイエズス会士は、大村領の西彼杵《にしそのぎ》半島の北端にある横瀬浦にうつり、平戸の隣の領主大村純忠から土地を保証され、丘の上にうつくしい教会を建てた。その横瀬浦に上陸した若い宣教師がルイス・フロイスで、のち京都に出て織田信長に愛される。

しかし、横瀬浦は二年後（一五六二）に、藩内の仏教徒と結託した豊後商人によって焼き払われてしまう。豊後商人はフランシスコ・ザビエルが府内（大分）を去って以来、南蛮船が西九州にばかり入港するのを快く思っていなかった。

イエズス会士が次に目をつけたのは、同じ大村純忠の領地・西彼杵半島のつけ根にあたる福田の港だった。松浦氏はそれをねたみ、来航した南蛮船と福田沖で海戦をひらいたが、火器にすぐれたポルトガル船が圧倒的な勝利をみせた。この戦いにより日本人のポルトガル人に対する評価はにわかにたかまった。

福田は角力《すもう》灘に面し、風波を防ぐものがなく帆船にとっては使いづらい港であったが、イエズス会はそこで五年間も辛抱した。

裏山（稲佐山）をひとつ越えれば、これまた大村氏の配下長崎甚左衛門の町と良港とがあることは最初から承知していたはずである。すでに横瀬の教会で大村純忠と一緒に長崎甚左衛門も受洗していたので、イエズス会は甚左衛門の領地を布教するためにアルメイダをつかわした（一五六七）。神父は甚左衛門の根城から長崎湾を見下ろして、「これぞ、世界一の港だ」と確信した。

現在、長崎市夫婦川町《ふうふがわ》の春徳寺《しゅんとくじ》参道の突き当りの壁に、「ルイス・デ・アルメイダ／医師にして修道師／長崎に来た最初のポルトガル人／一五六七」と刻んである。

神父は外科にたけていた。よく時代劇で口に含んだ焼酎を霧状にして刀傷に吹きかけるシーンが登場するが、アルメイダは蒸留酒を温めて傷口に塗布する方法、つまり現代でいう「消毒」に当たるものを日本に持ち込んだ。そんな意味でも記憶されて良い人物である。

最初のキリシタン大名

長崎開港が長引いた理由は二つ。ひとつは九州全体におよぶ大きな力関係、もう一つは長崎周辺に起きた小ぜり合いによる。

まずは大きな方から。

戦国時代、肥前の守護職にあった有馬家は晴純《はるすみ》の時代に全盛をほこり、島原半島からはじまり彼杵《そのぎ》、大村、松浦、嬉野《うれしの》、藤津、多久など肥前国の大半をひとり占めしていた。その有馬家の勢いにかげりがさしてくると、佐賀の龍造寺隆信が豊後の大友氏の軍を追い返し、日の出の勢いで台頭してきた。彼の下には鍋島直茂《なおしげ》という秀れた補佐役がいた。

隆信は熱心な仏教徒で、松浦氏をはじめとして肥前の諸将たちは隆信につくことで勢力を復活す

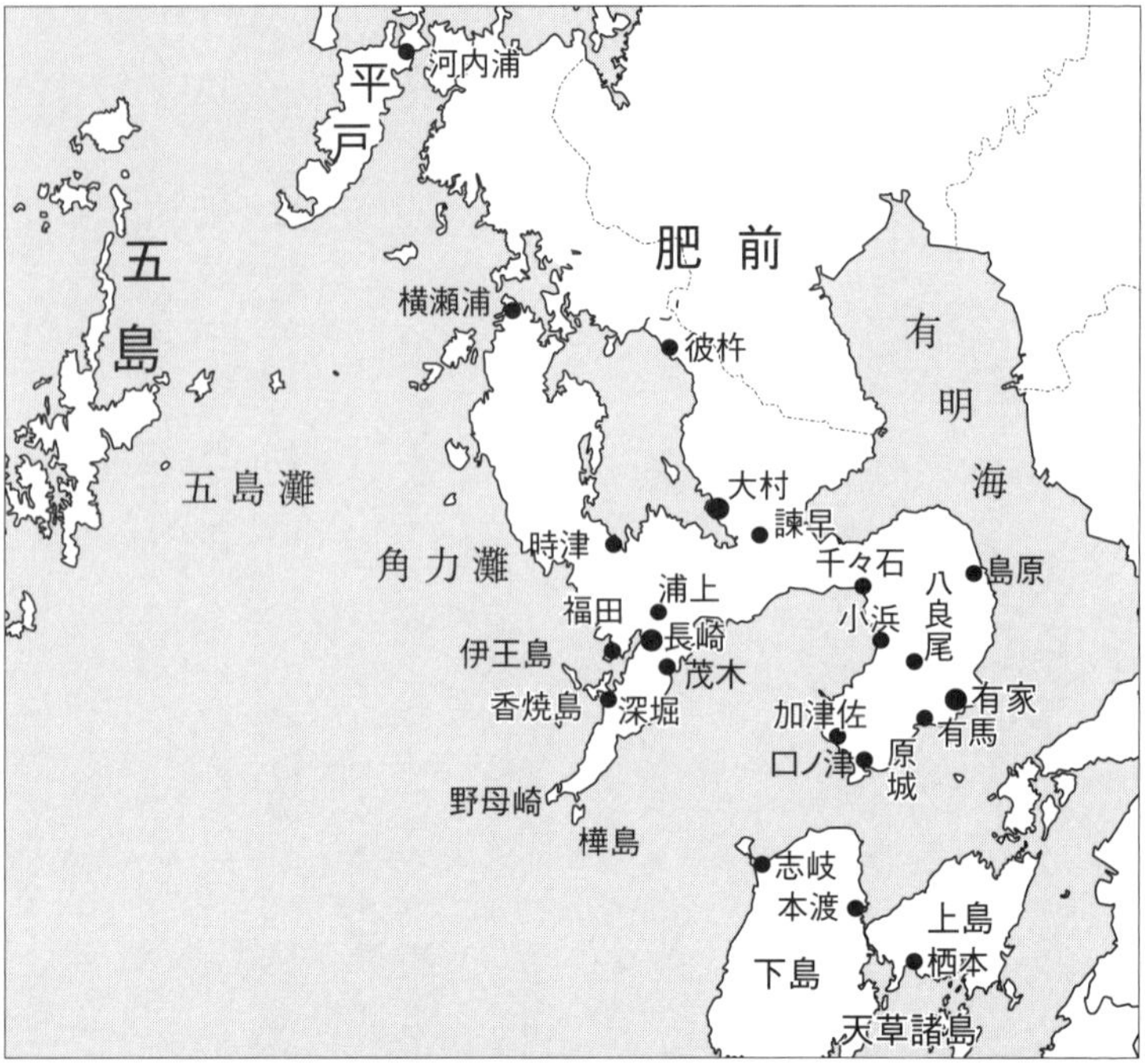

戦国時代の肥前の模式図（『世界史の中の出島』より）

ることができた。大村氏は有馬氏と血縁関係にあったのでアンチ龍造寺氏の立場を守った。その結果、有馬氏と大村氏は強大な仏教徒勢力に取り囲まれ孤立してしまった。両氏は、それこそおぼれる者がワラをもつかむ気持で目の前に現れたイエズス会と手を結んだのである。

もうひとつ、甚左衛門のライバル深堀氏が長崎湾の入り口を押さえていたことがある。深堀氏は長崎湾へ出入りする船から金品を上納させていた。のみならず南蛮船の入る福田浦まで攻めてきたこともある。さらに深堀氏は血縁のある諫早《いさはや》西郷家と共に、佐賀の龍造寺氏と手を結ぼうとしていた。

そんな深堀氏の隙をねらって一五七〇年（元亀一）、フィゲレード神父が南蛮船からボートを降ろし、水先案内人《ピロート》（英語のパイロット）を引き連れて長崎湾を測量した。次にイエズス会士たちはポルトガル船の火器を借りて深堀氏を攻撃、大村氏から借りた武装船で長崎湾に入り、岬の突端に小屋を建て、土地の測量や地ならしを行った。

翌一五七一年（元亀二）、本格的な町造りに入った。領主大村純忠はその先頭に立ちたかったに違いないが、身のまわりの火の粉を払うのに精一杯で身動きがとれない。そこで名代《みょうだい》として家老朝永《ともなが》対馬《つしま》を長崎につかわした。

有馬からは藩主になったばかりの十九歳の有馬義純《よしずみ》がきて、島原町をつくった。こうして島原町、大村町、文知《ぶんち》町、外浦《ほかうら》町、平戸町、横瀬浦町の六つの町が出来上がった。しかし「豊後町」は入っていない。ザビエルが去った豊後が入っていないのはおかしいのである。それは横瀬の教会に火を放ったペナルティであろう。

以上のことから長崎という町は、龍造寺氏の下にある肥前の「仏教徒勢力」と、それに対抗する有馬＝大村の「キリシタン勢力」との不穏なバランスの上につくられ、いつ崩れても良い危険をはらんでいた。

ここにふしぎなことがある。町割りに地元の長崎甚左衛門が顔をだしていない。イエズス会は大村純忠と甚左衛門の上下関係を読み取り、うむを言わせず町割りに持ちこんだのだろうか。その後も甚左衛門の古い長崎の町と、岬の上の新しい長崎とは隣同志でありながら、深堀氏の攻撃に対してもそれぞれに対応し、助け合っていない。

初期の長崎住民は十分な武器や弾薬もなかったので、深堀勢がおし寄せてくると岬のつけ根の金《こん》

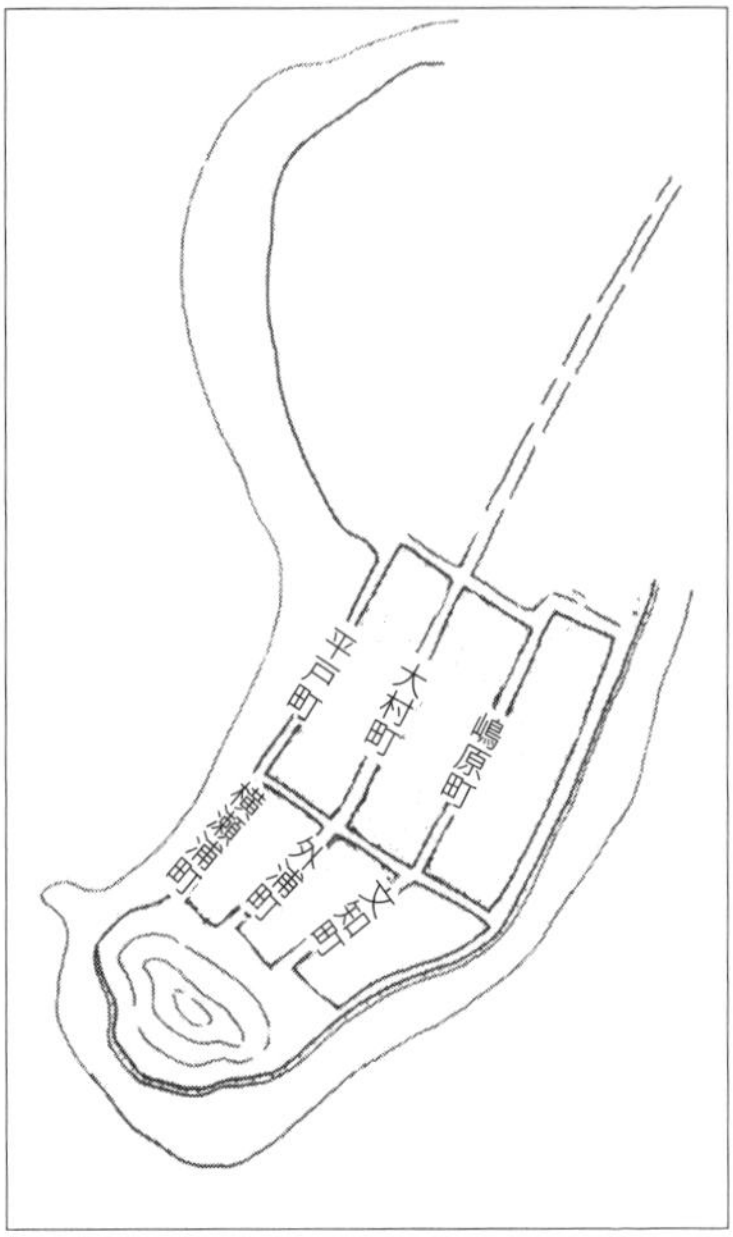

長崎初期の六町　豊後町が含まれていない
(『長崎キリシタン史』より)

比羅《ぴら》山中に逃げ隠れたとある。そのたびに柵を建てたり、堀をつくったりして次第に岬の防御を強固なものにしていった。

くり返すがこの時期、領主たる大村純忠は長崎のことまで手をまわすゆとりはなかった。そのことによって長崎は自治都市としての性格を強め、高木・高嶋・町田・後藤の四家の人々が頭人として登場する。宣教師の中にも様々なタイプの人がいて、長崎開港の翌年にやって来たガスパル・コエリョは戦闘的な性格で、このような事態の時には先頭に立って指示を与えたと思われる。

南島原の有馬晴信

一五七二（元亀三）年、大村氏の仏教徒の家臣たちがクーデターを起こした。平戸の松浦氏や諫早の西郷氏と謀って純忠の居城を急襲した。それは「三城七騎籠《さんじょうななきこも》り」とよばれるが、純忠は命からがら多良岳山中に脱出できた。しかし長崎では一時、彼が殺されたという噂がひろがり、甚左衛門とイエズス会士をいたく落胆させた。

九死に一生を得た純忠はその後さらにキリスト教の信仰に厚くなり、一五七四年（天正二）自領の住民六万人をキリシタンに改宗させた。コエリョ神父に従って寺社に火を放つという強硬策をとったのもその頃である。

龍造寺隆信は豊後の大友宗麟に勝利すると、肥後、筑前、筑後と兵をすすめた。筑後を侵略する際には、柳川城の蒲池鎮並《かまちしげなみ》を和平の宴と称して佐賀に招き宴をひらいた。ともに猿楽を楽しんだのち、帰国する途中を伏兵に襲わせた。そのご筑後に攻め入り蒲池家の子女に到るまで残らず討ち殺した。その陰惨なやり口から、周囲は彼のことを「肥前の熊」と称して怖れた。

その牙は大村氏純忠にも向けられた。大村氏は隆信を相手に数度の小競り合いを繰り返したが、ついに長子を人質に出して龍造寺氏と和睦した。

一方、島原の有馬家では長崎の町建てに参加した義純が翌年夭折《ようせつ》し、わずか五歳の有馬晴信が家督をついだ。その若過ぎる継承者に晴信の祖父晴純と父義直《よしなお》との確執がつづいた。

祖父は龍造寺氏との戦に負けた息子を容易に認めなかった。主な政務は自分が執り、一五六六年（永禄九）、八十四歳で亡くなった。ようやく実権を握った義直は病気がちで気弱になっており、わずか四年にして長子義純（晴信の兄）にその座をゆずったがすぐに先立たれ、一五七六年（天正四）コエリョから洗礼を受け、キリシタンとして五十六歳で亡くなった。結局、両者がのこしたものは部下たちの困惑と離反のみであった。

有馬晴信の武将としての人生は十歳にはじまる。彼には生涯つき従った大町梶左衛門という十歳年長の家臣がいた。

フスタ船　船首に大砲が据えてある（『大航海時代の日本』より）

翌一五七七年（天正五）、龍造寺が島原半島に攻めてきた。晴信は初陣で勝利を飾りたかったが、相手が強すぎて話にならない。梶佐衛門の意見に従って晴信は兵を引き南有馬に戻り籠城した。

そのとき龍造寺も深追いしなかった。いったん佐賀に戻り正月を迎え、翌年再度島原を攻めた。恐怖心から家臣たちが次々と離反したために、窮した晴信は人質をだして隆信と和議を結んだ。和議とはいうものの、大村氏も有馬氏も事実上龍造寺軍に降伏したに等しい。言いかえるとこの時点で、キリスト教徒勢は誰の目にも「風前の灯火《ともしび》」に見えたに違いない。

一五七八年（天正七）、日向の「耳川の合戦」で大友氏を打ち破った薩摩の島津義久が九州を北上し龍造寺軍と対峙した。そこで隆信は島原から兵を退かなければならずそれが晴信に幸いした。

深堀＝諫早勢と長崎甚左衛門との戦いも、なかなか決着が着かない。ある年、深堀からせめてくる軍船に備えて長崎勢は武装した「フスタ船」を手に入れた。それは竜骨を持つ小型のガレー船で、船底は浅く、帆で走ることもできれば十八名がオールを使って漕ぐこともできる。つまり機動性に富んでいる。船首に火器を備え、これを用いて深堀勢を散々に蹴散らした。ところが風雨の激しい深夜に係留していたフスタ船が深堀の若者数人によって奪われた。

協議の末に長崎の頭人高木勘左衛門は、「敵はかならずやこの朗報を佐賀の龍造寺氏に知らせるに違いない」と読みとって田上《たがみ》の峠で待ち伏せしていると、案の定、使者を捕らえることができた。その命と交換にフスタ船を無事に取り戻すことができたという間抜けた逸話が残されている。

一五七三年（天正二）から翌年にかけた戦では、岬での籠城が六ヶ月以上も続き食糧に窮するほどだった。深堀氏は海側から六十艘の船で城下に迫り、甚左衛門の城下は焼き討ちにあい教会も焼かれてしまった。岬の住民たちはそれをながめるしかなかった。彼等は岬を守ることはできたが、そこから出て戦うほどの力はまだ持ちあわせていなかった。

イエズス会領長崎

一五七八年（天正六）の「耳川の合戦」で、九州が大きく揺れうごいた。イエズス会の援助を頼みに日向に侵入した大友宗麟は図らずも島津軍に大敗を喫し、その結果、九州は龍造寺氏と島津氏の二大勢力へと集約されていく。

同年、長崎はまたもや深堀氏に襲われた。今回は城塞内に高木惣兵衛を大将とした四百余名の自衛の組織が準備されていた。そして町から外に出て深堀軍を迎え撃った。先頭に立った惣兵衛は討ち死にしたが戦いには勝利できた。以来その場所はいま「勝山《かつやま》」とよばれている。もはや長崎は自衛できる都市に成長していた。

その頃、有馬晴信は受洗した父の葬儀を寺で行ったので、一部のキリシタンに不平分子が生まれた。晴信は最初禁教令を出してキリシタンを弾圧したが、冷静に考えると龍造寺に対抗するには莫大な戦費が必要で、そのためには父が開いた口之津の港に南蛮船を招き、貿易で利益を出すのが近道である。そう思いなおして逆に布教を許した。現金といえばあまりに現金であるが、その判断はやがて正しかったことが証明される。

一五七九年（天正七）、ゴアのイエズス会本部から巡察使《じゅんさつし》（現場の調査指導を担当）アレッサンドロ・ヴァリニャーノが来日した。時あたかも大友氏が日向で薩摩軍に大敗していたので、肥前の大村氏も有馬氏も龍造寺氏の前に見る影もないほど萎縮していた。

そんな中に来日したヴァリニャーノの姿は、イエズス会士にとって「救世主」そのものに映った。フロイスは「彼の姿は地上に降り立った天使のように光輝いていた」と表現している。

ヴァリニャーノは前もって有馬のアルメイダから情報を集めていた。長崎が深堀と交戦中であること、藩主有馬晴信がいまだ幼く、仏教徒龍造寺氏から強い圧迫をしいられていること等。

そこで彼は自分が乗った船を島原半島の口之津に入港させた。上陸したのち自ら晴信をたずね、大量の武器弾薬・食糧などを援助したのち長崎に旅立った。晴信にとってもまたヴァリニャーノは「救世主」そのものだった。

こうして晴信は十四歳のときヴァリニャーノから洗礼を受け、さらに領民たちのキリシタン化をすすめた。

かたや晴信の叔父にあたる大村純忠は南蛮船が口之津に入ったことにおどろいた。開港以来、貿易税と領土税はずっと大村氏に入っていた。それを有馬氏にもって行かれるのではないかと危惧した。くわえて近い将来、龍造寺氏は和議など無視して大村に攻め入るのは必至だった。

そこで一五八〇年（天正八）、ヴァリニャーノが大村を訪れたとき、純忠は一大決心をして長崎をイエズス会に寄進した。それを耳にした有馬の晴信も負けじとばかりに茂木と浦上の領地をイエズス会に寄進した。

イエズス会の領地になった以上、長崎の住民は全員がキリシタンでなければならない。表面上キリシタンを装う人々もいたにちがいないが、生活する上でそのほうが便利だとわかると、我も我もと熱心に教会に足をはこんだ。

西小吉の祖父も父もその一人で、キリスト教の教義が良くわからないまま受洗し、教会に通っているうちにいつしか宣教師とも馴染みとなり、どこから見ても立派なキリシタンとなっていった。

ところで長崎がイエズス会領となった年（一五八〇）、ヨーロッパのイベリア半島でも大きな変化が起きていた。

一五七八年、モロッコ征服を目指したポルトガル国王セバスティアン一世が現地で戦死したので、国王の血縁が絶え、跡継ぎがいないという危機をむかえた。

そのすきに乗じた大国スペインのフェリッペ二世は、母イサベルが前国王の娘であったことを理由に、一五八〇年スペインとポルトガルの併合に成功した。その後はスペイン軍がポルトガルに常駐し、毎年スペインに税金を上納しなければならない。

その知らせがインドのゴアにとどけられると、貿易の利益をスペインにうばわれまいと、ゴアの

「インド副王（ポルトガル人）」は、東洋にはカピタンは来る必要がないと本国との決別を宣言した。

その結果、マカオはアマルサン（商業組合）が独自で対日貿易をつづけ、自治都市マカオが誕生した（一五八五）。マカオは城塞がめぐらされ、大砲で武装し、経済的にも行政的にも自立した。

日本が「鎖国」にいたるまでの日葡貿易というものは、本国ポルトガルとの間ではなくインドのゴア、あるいはマカオとの間で行われた貿易である。貿易で成り立ったこのマカオと長崎を「兄弟都市」と呼ぶ歴史家もいる。

第二章

巡察使ヴァリニャーノ

ヴァリニャーノという神父がいるかいないかで、日本のイエズス会の魅力はおおいに違ってくる。彼がいなければ遣欧少年使節もなければ、禁教令を発した豊臣秀吉の下で布教を続けることもできなかった。彼は日本が好きで、一五七九年（天正七）から一六〇二年（慶長七）までの二十三年間に、三回の来日を果たし、そのつどイエズス会の重要な舵取りを行った。

ここで彼が来日するまでのざっと十年間のイエズス会の動きをふり返ってみよう。

一五七〇年（長崎開港の一年前）に天草の志岐に上陸したフランシスコ・カブラル神父は日本布教長だったが、日本人信者たちからは嫌われていた。彼は眼鏡をかけた秀才タイプで、現代の言葉でいう「白豪《はくごう》主義者」だった。日本人はヨーロッパ人より劣るとし、その言語、生活習慣を軽蔑していた。自分は衣服・食事・睡眠にいたるまですべて西洋式の生活を守り続けた。

互いのコミュニケーションをいっさい無視して、日本人にはラテン語もポルトガル語も教えず、自分も日本語に興味を示すことはなかった。そんな彼の差別に反発して脱会する者も多かった。

一方、そんなカブラルとは対称的な宣教師が近畿方面にいた。イタリア人ニエッキ・オルガンティノである。彼は日本人から「うるがん神父」と呼ばれ親しまれていた。日本の生活に抵抗なく順応し、米や魚を食べて暮らすことができた。カブラルは近畿を訪れた際このウルガンのお陰で将軍足利義昭や、岐阜城に織田信長を訪ね、謁見することができた。岐阜ではカブラルは眼鏡をかけた「四ツ目の異人」として評判となり、それをひと目見ようと大群衆が城門を埋め尽くしたという。

ウルガンとルイス・フロイスのお陰で、近畿方面ではキリスト教が非常な人気を集めたのに対して、九州では火が消えたような状態だった。イエズス会では京都を「上《かみ》」、九州を「下《しも》」と呼び、中間の豊後府内（大分）にコレジョ（学院）、修練所《ノビシアド》（養成所）、セミナリオ（神学校）を置いた。

ヴァリニャーノは「イエズス会士は日本文化と風習を学ばなければならない」と考えていたので、たちまちカブラル神父と対立した。カブラルもイエズス会総長に手紙を書き、巡察使はすぐに日本を去ってインドに力を注ぐべきだと訴えたが、結局、ヴァリニャーノが日本に留まり、カブラルが日本を去ることになった。

有馬のセミナリオ

一五八〇年（天正八）、有馬で巡察使ヴァリニャーノは自分の考えを実行に移し、晴信の日野江《ひのえ》城下に教育施設セミナリオを計画し、それは彼が豊後に移動したときに実現した。

二十数名の身分の高い若者たちが選ばれ、ポルトガル語とラテン語を学び、日本人司祭になることが彼らの目標である。少年たちは坊主頭で（少年使節の図で確かめられる）、藍染《インジゴ》の木綿の着物を身につけ、外出のときはその上に黒いマントを羽織りベレー帽をかぶった。なかなかおしゃれなのである。

有馬のセミナリオ跡　現在は御影石の史跡に変わっている
（『日本の南蛮文化』より）

一五八一年（天正九）、ヴァリニャーノとフロイスは豊後の大友宗麟の船で瀬戸内海を渡り、京都を目指した。オルガンティノや安土城のセミナリオの生徒たち、それにキリシタン大名高山右近等にあたたかく迎えられ、盛大な復活祭を祝ったのち城内に信長を訪れた。

信長とヴァリニャーノは少なくとも五回は面会している。最初は本能寺が舞台だった。すべての仏僧を寺から追い払い、信長とヴァリニャーノそしてフロイスの三名のみで対面した。フロイスによれば信長は先ず巡察使の背丈に驚いたという。信長の頭はヴァリニャーノの肩の高さにあって、信長は相手を見上げなければならなかった。

しかし何といっても彼等が京都に滞在中のハイライトはその年の復活祭に行われた「馬揃え」である。馬は今日でいう自動車であり、トラックであり、戦車である。だから馬揃えというのは現代の「軍事パレード」に当たる。

そのために近隣諸国の大名や家臣、友人や知人が招待され、例えば柴田勝家などは、一万人の家臣と同数の人夫を引き連れて参じた。パレードの数は十三万人を越え、初回だけで七百頭の馬が参加し、わけても信長は最も優美な馬を次々と乗りかえてみせた。

予備の馬の後方には、ヴァリニャーノが贈った濃紅色のビロード張りの椅子を四人の武士にかつがせ、自分の華麗なる兜を変えるたびに、馬から降りてはうやうやしく椅子に座るのだ。それは日本人の目にはめずらしい光景だった。またイエズス会から贈られたものをこれほど大切に扱ってくれるその姿に、ヴァリニャーノは深く感激した。この豪華けんらんな馬揃えは、信長の生涯の最後を飾る最大のイベントになった。

信長は一年前から安土城と城下を精密に描いた屏風を製作させていた。それは完成前から評判を呼んでいたが、仕上がっても限られた人々にしか見せなかった。正親天皇はそのひとりで絵を切望したが、信長は知らぬ振りを通した。

ところがヴァリニャーノが西国に去ろうとするとき、信長はその屏風を記念として彼に贈った。それは最終的にバチカンのローマ教皇に献上されたが、現在のところ行方不明のままである。

半年後、ヴァリニャーノは近畿から四国を経由して豊後に戻り、南九州を廻ったのち長崎に戻った。彼の留守中、長崎は深堀との戦いで活躍した四名の頭人たちが権力を回復していた。

たまたまその頭人のひとりが恨みを抱く若者から殺傷され、切りつけた者が教会に逃げこんだ。そこに頭人が追いかけて来て、二人の血で教会内部が汚されるという事件が起きた。その際ヴァリニャーノは思い切った処置に出た。長崎を棄てて島原半島の口之津へ去ったのである。教会を血で汚した人々とは一緒に暮らせないというわけだ。

困ったのは頭人たちで教会の畳をとり変えて頭を下げた挙句に、ようやく長崎に戻ってもらった。この事件を利用してヴァリニャーノはさらに長崎でのイエズス会の地盤を固めた。以後長崎は一層キリシタン色を濃くしていく。

翌一五八二年（天正十）の春、ヴァリニャーノは自分がマカオに去るにあたり、有馬のセミナリオから四名の少年を選び、彼らをローマに派遣しヨーロッパの文化を体験させようと企画を立て、あわただしく実行にうつした。また、自分の不在の間コエリョを準管区長に任命した。

しかし船が長崎を離れてわずか四ヶ月後に信長が本能寺で明智光秀に殺されて、信長とヴァリニャーノの間に結ばれた太い絆は一瞬で絶たれてしまった。

アルマゲドン（最終戦争）

遣欧少年使節が長崎を離れたころの九州は、北上する島津軍と南下する龍造寺軍が肥後をめぐって対峙していた。

この戦さで龍造寺軍が勝利すれば、次は肥前に攻めこんでくるのは目に見えている。もともと島津と姻戚関係のあった有馬晴信は今のうちに島津と手を組んだ方が得策と考え、八代で島津義弘に会い援助を請うた。島津にとっても島原半島は龍造寺に渡したくない。渡りに船とばかりに晴信と手を結んだ。とはいうものの島津氏は直ぐに援軍を送るほどの余裕はなかった。

一五八三年（天正十一）秋、筑前の秋月氏の仲介で、龍造寺氏と島津氏の間に講和が結ばれた。晴信は恐怖した。今度は本気で攻めてくる。彼はふたたび薩摩に援助を乞うた。翌年（一五八四）春、島津義弘は三千人の援軍を有馬に送り込み、有馬は総勢七千人になった。龍造寺は三万の兵で肥前に押し寄せた。

戦車が自転車を踏みつぶすようなもので、大村氏はあっけなく降伏。のみならず純忠は有馬攻めに加わらなければならない。しかも相手は十七歳の自分の甥である。

長崎のイエズス会も動いた。

ヴァリニャーノから留守を守るように命じられたコエリョは、はりきって長崎の武装化を図り、かつ有馬勢にできるかぎりの援助をした。のみならずこの時コエリョは、フィリピン宛に兵と食料を積んだ軍艦を要請した。しかし幸いにもマニラ総督府はそこまでの余力はなくそのまま放置された。

コエリョにとって今度の戦争はキリスト教でいう「アルマゲドン」であった。それに負ければすべてを失う。だから有馬軍にありったけの武器・弾薬を提供した。有馬の兵士たちは銃を発砲する前に天を仰ぎ、「パアテル・ノステル・クイ・エス・チェリス・サンクチフィチェツル、ノーメン、ツウム」と唱え、撃ち終えると再びこの長ったらしいラテン語のお祈りを繰り返したというから当時ののんびりした時間の流れがしのばれる。

有馬の家老の船には二門の大砲がつまれ出帆したものの肝心の砲手がいない。大砲の撃ち方を誰もしらない。結局長崎から武器を運んできたアフリカのカフィール人（黒人）が弾丸を込め、マラバール（インド南部）人が敵に向かって大砲を発射した。記録によればそれは効果てき面で、一発で十人を吹っ飛ばし、兜の断片が宙に舞ったのが見えたとある。こうして有明海沿岸に添って進んだ龍造寺軍の一隊は列を乱した。

薩摩軍はかつて「耳川の合戦」で豊後を打ちのめした作戦をここでも展開した。前もって敵が通過する道にそって兵を配置して、機会が来るのをひたすら待つ。そうとは知らない龍造寺軍は列をなして敵地深く入ってくる。敵を十分に引き入れたところでいきなり伏兵が横から銃を放つ。混乱した隊は混乱におちいる。こうして輿《こし》に乗っていた肥満体の隆信は、あっけなく薩摩軍に首を掻かれてしまった。別路にいた鍋島直茂は、それを知ると急ぎ兵を佐賀に引き返した。

勝利の知らせは夜遅くなって日野江城に届けられた。晴信はじめ有馬の人々の喜びは唯ごとではない。松明《たいまつ》が灯され、鐘や太鼓が乱打され、有馬全体が熱狂に包まれた。島原城を攻撃していた大村勢も、一兵も失うことなく大村に戻ることができた。

長崎でも「コエリョ神父がチンタ酒を飲み過ぎて、あれほど酔っぱらったことは後にも先にもない」と町中の語り草となった。

しかしこの戦いはコエリョが考えたようなアルマゲドンではなかった。龍造寺氏に代わって、今度は島津氏が九州全土を征圧しようとした。長崎も例外ではない。あれほど筆まめだった宣教師たちの手紙がぴたりと止んだ。それが長崎がどのような境遇に置かれたかをなによりも雄弁に物語っている。

じつは有馬晴信も薩摩兵士から何度も改宗を迫られたが、イエズス会に恩義を感じていた彼は少しも動じなかった。

一方、天下はようやく羽柴（豊臣）秀吉の手によって統一されようとしている。豊後の大友氏は薩摩の勢いを怖れ、老体に鞭打って秀吉に会いに出かけ援助を乞うた。

一五八五年（天正十三）、薩摩軍が筑後に侵入したというので、秀吉は島津氏に九州諸侯との和平を命じたが、島津氏はこれに耳を貸さない。

薩摩は仏教徒が強かった。ザビエルを平戸に追い払うほど強かった。そんな薩摩の支配下にあった長崎のキリシタンたちは辛かったに違いない。コエリョは秀吉に窮状を訴えようとしたが、島津義久から上京を止められていた。その年のマカオからの定航船は宣教師たちの不安と困惑の中、長崎を避けて平戸に入った。

その一五八五（天正十三）年、ヨーロッパではローマに着いた四名の少年使節が、教皇グレゴリオ十三世と歴史的な謁見を果たしている。なかでも中浦ジュリアンは体調が優れず、前もって教皇の方から彼の目の前にあらわれた。そのときの感激は生涯彼の身体から離れなかった。

翌年春、ようやくコエリョは海路上京して、秀吉に謁見することができた。秀吉は上機嫌で朝鮮出兵の予定などを口にしたが、調子に乗ったコエリョは「そのときには、長崎・島原・大村のキリシタンも総力をあげて応援いたします」と口を滑らした。秀吉は「何が応援だ。キリシタンの奴らめ。自分たちを何者だと心得てやがる…」と、腹の中でせせら笑った。

四国を平定したのち秀吉は島津征伐にとりかかった。

ここで晴信は自分の窮地を救ってくれた島津を裏切るという苦しい立場に追いやられた。しかし関西のキリシタンの情報によればもはや誰も秀吉に逆らえないという。こうして晴信は秀吉の側に寝返った。大村氏も同様だった。キリシタンによる情報網が彼等を救ったのである。

一五八七年（天正十五）三月、秀吉は二十五万の兵を率いて九州入りを果たした。薩摩はたちまち撤退、離反者があいつぎ、薩摩は孤立し島津義久は秀吉の前に降伏するしかなかった。

豊臣秀吉のバテレン追放令

同年（一五八七）六月、秀吉は阿久根（鹿児島県）で薩摩との交渉を終えて博多にもどった。

さっそくコエリョが長崎からフスタ船で博多の箱崎まで挨拶にきた。金糸の刺繍入りの黒い合羽をまとい、腰には金色のサーベルを提げている。それは誰の目にも軍人にしか見えない。

秀吉はフスタ船を隅々まで見て回った末に、平戸に入っている大型のポルトガル船が見たいと口にした。彼の頭の中には朝鮮出兵にそれが利用できないかを考えていた。コエリョは平戸から船長を呼びよせて「お見せしたいのは山々ですが、博多のような遠浅の港では入ることができないのです」と断らせた。博多湾の西半分が遠浅ではないことぐらい秀吉は承知している。

その日、秀吉に従っていたキリシタン大名高山右近がコエリョにフスタ船を献上するよう進言した。しかしコエリョはそれも断った。領地長崎を守るのに絶対に手離せないと考えている。

コエリョがフスタ船に戻ったのち、秀吉は九州を視察させた者から報告を受けた。聞けば長崎はキリシタン一色の町となり、堀や大砲で完璧なまでに守られている。神社仏閣はすべて焼き払われすでに教会になっている。日本人が奴隷としてポルトガル商人に売られている等々。

　秀吉は激怒した。長崎はキリシタンの土地ではない。日本の領土だ。直ちにフスタ船で休んでいたコエリョの下に使者が走った。

　そこには、㈠、何故、パードレは強制的にキリシタンを増やそうとするのか。㈡、何故、寺社を破壊し仏僧と対立するのか。㈢、何故、人間のために働く牛馬を食べるのか。㈣、何故、日本人を買い上げて奴隷として連れ去るのか。なぜなぜ尽くしだった。コエリョは精一杯の弁解を試みたが、そんなことで秀吉の怒りはおさまらない。追って高山右近改易の知らせも届いた。

　こうして六月十九日、箱崎神宮から「バテレン追放令」が発せられた。「キリスト教の布教を禁止する。宣教師は二十日以内に日本から退去せよ」と言う。ただし商売のための船なら来ても良いし、仏法をさまたげないならば宣教師も来日できるという。つまり秀吉は平戸藩主と同様、布教はお断りだが貿易は続けたいと願っていた。

　コエリョは、わずか二十日間での出国はできなので（当時は帆船である）猶予を乞いつつ、一方で全国の宣教師たちを平戸へ集結させ協議をはかった。平戸藩主は福田沖の海戦の後、イエズス会と妥協して商船を二度ほど入港させるのに成功した。だから平戸に集まっても良いと許可したのである。

　平戸会議でのコエリョは主戦論者で、長崎の軍備を増強し秀吉に徹底抗戦を説いたが、他の宣教師たちは反対した。結局、数名が日本を去り、百十数名は有馬・天草・豊後などに分散して国内に潜伏することとなった。コエリョ自身は島原の加津佐に逃れ、その地でもなお仏像を焼却させたりして六十二歳の戦闘的な生涯を終えた。

秀吉はそれ以上宣教師を追及することはなかった。同年キリシタン大名の大村純忠と大友宗麟が亡くなり、高山右近は改易され、近畿の教会やセミナリオも解散させられる中で、ひとり有馬晴信だけがキリシタンを自領内に庇護した。翌一五八八年（天正一六）の有馬のセミナリオの名簿には近畿から逃れて来た生徒が加わり、百三十五人という数にふくれあがった。

秀吉は長崎に藤堂高虎をつかわし、長崎・茂木・浦上をイエズス会から取りあげ、有馬と大村に戻した。長崎住民には一人あたり銀五百枚の過料（金銭罰）を課した。これは当時の長崎の人々が貿易でいかに潤っていたかを裏書きする。堀や教会の破壊も命じたが、実際の現場では教会側からの賄賂がものをいって徹底しなかった。

同年、佐賀の鍋島直茂が長崎代官になり、ここに七年間続いたイエズス会領の長崎は消え、再び長崎の頭人たちが力を持ちはじめた。のち「町年寄」と呼ばれる人々である。深堀氏は長崎に入港する船に海賊行為を働いたことが咎められ、鍋島の家臣となることでお家は断絶した。

島原のキリシタンも秀吉の目を警戒して、セミナリオを有馬から山深い八良尾《はちらお》や、島原半島突端の加津佐へと移転させている。

その一五八八年はヨーロッパで大国スペインの無敵艦隊が、英蘭連合艦隊と戦い完敗した年である。時代はこれを契機にポルトガル・スペインから、英・蘭のそれへと移ろうとしている。

第三章

少年使節の帰国

一五八八年（天正十六）四月、少年使節がヨーロッパからゴアに戻り、ヴァリニャーノと劇的な再会を果たした。インド副王ドン・ドゥアルテ・デ・メネーゼスはヴァリニャーノが少年たちと再度日本に行くことを知り、彼にインド副王使節という肩書を与え、ペルシャ馬をはじめ数々の豪華な贈り物をもたせた。

一行が希望に満ちてマカオに着いたところ、思いがけない知らせが届いていた。キリシタン大名大友宗麟と大村純忠の二人が一年前に亡くなったこと。さらに悪いことに、秀吉が「バテレン追放令」を発したことである。

ヴァリニャーノはすぐに頭を切りかえて、宣教師としてではなく「インド副王使節」、つまり外交官として秀吉に会おうと決心した。そこで日本に向かう定航船に託してその意向を秀吉にうかがったところ、幸いにも受け入れられた。秀吉にしてもヨーロッパからの土産話には興味があったに違いない。

しかし翌年は定航船が出ず、一五九〇年（天正一八）、一行はようやく日本の土を踏むことができた。故国を目の前にしながらの一年間は、少年たちにとって長く辛いものであったにちがいない。彼等が上陸した広場は、現在長崎市元船町の大波止であるが、それをひと目見ようとたくさんの人々が押し合いへし合いして、海に落ちる者が出るほどであった。

大村からは純忠の息子喜前《よしさき》が、南島原からは有馬晴信が多くの臣下をともなってやって来た。四人の少年たちは伸び盛りの八年半を海外で過ごし、成人になっていたので、迎えにきた親族さえもすぐには判別できなかった。

一行の帰国によって長崎のキリシタンは勢いづいたが、ヴァリニャーノは太閤秀吉に忖度《そんたく》して万事ひかえめに行うよう指示を出した。そしてそれまでコエリョが集めた武器を処分させた。

この年（一五九〇）平戸町にひとつの呱呱の声が上がった。それがこの物語の主人公西吉兵衛で幼名を小吉という。母は佐賀の女性だった。小吉の両親は幼児を抱いて教会を訪れ、ヴァリニャーノに洗礼をお願いした。

一五九一年（天正十九）春、使節一行は京都で秀吉に謁見した。二十九名の使節たちはうつしく飾られたペルシャ馬を先頭に、少年たちはビロードに金の刺繍の入った服装で着飾って聚楽第《じゅらくてい》に入った。イエズス会士はそれまでは質素を旨《むね》としていたが、これを機に秀吉の好みに合わせて華麗な装束で身を飾ることになる。

インド国王の国書がうやうやしく奉呈されたのち、饗宴が開かれ歓談が交わされた。四人の少年はその場で西洋の器楽で四重奏を披露した。

通訳は秀吉と懇意のあるジョアン・ロドリゲス。ヴァリニャーノは「バテレン追放令」を撤回させることはできなかったが、秀吉と会見できたことはそれなりに有意義だった。

その後、一行は海路で平戸と長崎を経て、島原半島の突端にある加津佐のコレッジョに戻った。そこから有馬に足をはこび、使節たちの帰国祝典が開かれた。祝典はできるだけ目だたぬように縮小されたが、それでもヴァリニャーノ自らの手で「聖木十字架」が晴信に手渡されるシーンでは、さすがの晴信も感極まった挙句、気を失いそうになった。

その後少年たちは修練所《ノビシアド》（宣教師の養成所）に入った。修練所は初め豊後の臼杵につくられたが、薩摩の兵火にかかり大村に移り、その後さらに天草へと移っていた。

彼等が持ち帰った多数の書籍・絵画・世界地図・銅版画はセミナリオで学ぶ日本人の世界観に大きな影響を与えた。ことに天文・地理・暦算・宇宙観などは中世からの古い殻を打ち破るに足る十分な力を持っていた。

世間の目をさけるために加津佐に運ばれた活版印刷機でつくられた書籍は、今日『キリシタン版』と呼ばれ世界の奇書として知られている。それらは印刷機の移動にともない「加津佐版」や「天草版」、「長崎版」などと呼ばれている。

フィリピンからの宣教師

秀吉の九州入り（一五八七）の最大の目的は朝鮮出兵と長崎貿易にある。

天下統一を果たした彼は高揚して、朝鮮に使節の派遣を要請したり、台湾やマニラにたいしても服従や貢献を要求した。あきれたことにインド副王にまで横柄な態度で返書を送ろうとしたが、それはヴァリニャーノによって慎重に改変された。

しかし長崎貿易は秀吉の思わく通りにはいかなかった。彼は貿易からイエズス会士を切り離そうとして長崎代官鍋島直茂に命じて、定航船の荷物をひとり占めしようと図ったが完全に失敗した。カピタンはイエズス会士を介しなければ商品は渡せないと主張したのである。

そうなるとヴァリニャーノに依頼して問題の解決を図るしかなく、ここに「バテレン追放令」は有名無実のものとなる。結局、秀吉と親しかった通訳のロドリゲスがイエズス会のプロクラトール（会計係）となることで、貿易が再開された。

ヴァリニャーノはマカオに戻るカピタンに、今回のようなことが二度とおこらないようにある秘策をゆだねた。

一五九二年（文禄一）、朝鮮半島で「文禄の役」がはじまり、全国から大名たちが名護屋《なごや》（唐津市）に集結した。それまでイノシシやタヌキしかいなかった半島に一挙に人の手がはいり、町があられ城が次々と築かれた。

はるばる九州までやって来た大名たちの中には、せっかくだからと長崎まで足を伸ばし、はじめて外国人を目にしたり、南蛮文化に触発される者が続出した。秀吉からしてポルトガル人を真似て牛肉を食べたり、金のロザリオやボタンの服装を好んだ。南蛮ブームの到来である。そのため長崎の裁縫師はにわかに忙しくなり、中にはよばれて京都まで出張する者まであらわれた。

代官鍋島直茂も朝鮮出兵のためにその職を解かれ、代わりに唐津藩主寺沢広高が初代の長崎奉行となる（一五九二）。九州のキリシタン大名たちは小西行長の配下となって朝鮮で活躍した。中でも晴信は兵二千名と、多くの武器・弾薬を積んだ軍艦五十隻で朝鮮半島に渡った。

その夏、フィリピンのマニラからドミニコ会士ファン・コーボが秀吉への使節と称して初来日した。イエズス会の来日に遅れることおよそ四十年。彼らには新大陸のアカプルコ（現・メキシコ）から西周りで太平洋を横断しなければならないハンディキャップがあった。

そのマニラでは、「バテレン追放令」のニュースが誇張されて伝わり、イエズス会が日本から追放されたとばかり思われていた。そしてスペイン系の宣教師たちは今こそ自分たちの出番が来たと腕まくりをした。

ところが長崎に入港するとコーボの予想に反してイエズス会士が出迎えた。コーボは戸惑った表情で挨拶もしなければ、来日の目的を聞かれても知らんぷりを通した。イエズス会士から日本の現状や秀吉の性格について親切な説明がなされても大きなお世話という態度を見せた。

コーボにはイエズス会士の絹の衣装からして腹立たしかった。宣教師は質素を旨とすべきで、権力者のご機嫌をうかがいながらの布教など布教ではないと思えた。この両者の反目は、その後の日本布教で到る所に不協和音としてあらわれ、結果的に自分たちの首を絞めつけることになる。

コーボは名護屋で秀吉と面会し、ポルトガル船が自分たちに海賊行為を働いたと告げ口した。ポルトガルにしてみれば日本への航路は教皇から独占を認められていたので、スペイン船の割り込みを見逃すわけにいかず、攻撃したわけである。しかし秀吉はコーボの話を聞いて怒りはじめ、長崎奉行寺沢広高に命じて教会を破壊させ、その資材はすべて名護屋の城づくりに運ばせた。そのためイエズス会士たちは、一時、甚左衛門の町の教会に避難しなければならなかった。

ところが前年のヴァリニャーノの秘策通りにその年（一五九二）の定航船が入ってこない。秀吉がしきりに気をもめば、長崎奉行も自分が教会を破壊したせいではないかと心配した。こうして形勢は逆転した。ヴァリニャーノは素知らぬ振りで、フロイスを伴って雇った唐船に乗りマカオに去っていった。

村山等安と外町

翌一五九三年（文禄二）、待ちに待った定航船が入ると秀吉は教会建設の許可は出す、長崎奉行寺沢広高は自分も洗礼したいと言いはじめ、結局長崎に十名のイエズス会士の滞在が許下された。しかし長崎が公領（秀吉の領地）になったので、それまでイエズス会と一体だった町に変化がおきた。「頭人」たちが「町年寄」に変わり、その四家が町の代表者であると同時に、キリシタンの代表でもあった。

同時に町も大きく膨れあがっていた。博多町・樺島町・今町・五島町・興善町・金屋町など他国から入ってきた商人たちが次々と新しい町をつくりはじめた。彼等もキリシタンを自認したが、しかし六ヶ町のキリシタンとは微妙に異なる。

イエズス会のキリシタンはしきりに秀吉の動向に目を配り、朝鮮出兵の費用を分担したり、名護屋に茶室がつくられると聞けば、とびきり上等の舶来品を献上したりして、しきりに秀吉のご機嫌取りに徹していた。

そこに行くと新しい町の商人たちは秀吉に顔を通した者もいなければ、名護屋に出かける者もない。ただただ商売に熱中していた。やがてそれは秀吉の機嫌を損ね、誰が名護屋に申し開きに行くかで頭を抱えていた。

ここに自ら名乗り出た博多商人がいる。

名前を村山等安《とうあん》という。出自は不明。武士を捨てて長崎に流れてきたというが、そんな人間は当時の長崎には掃いて捨てるほどいた。等安は好男子であった上に目から鼻に抜けている。しゃべらせれば留まるところを知らない愛嬌者。たちまち秀吉のお気に入りとなった。彼の名前からしてキリシタンネームの「アントウ(アントニオ)」を、秀吉が「トウアン」と間違えたので、そのまま「等安」にしたという。

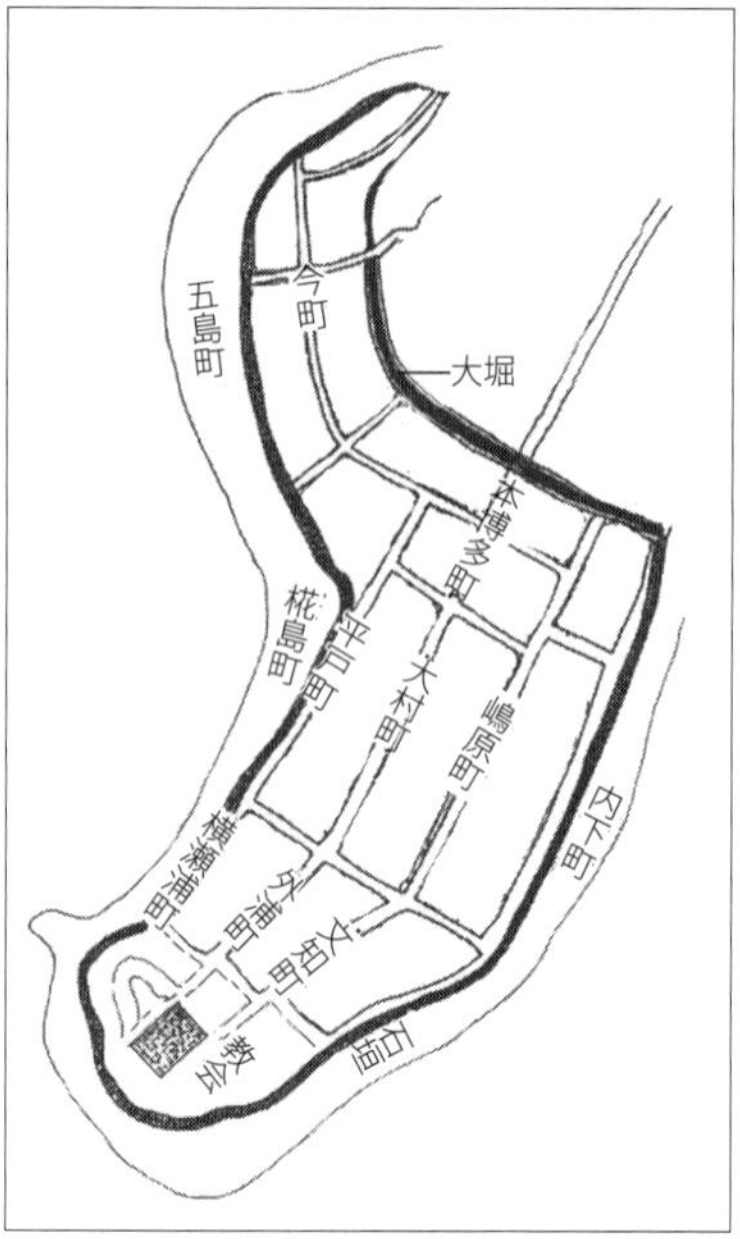

天正の頃の長崎　濃い線は石垣と堀。完全に防護されている（『長崎キリシタン史』より）

この等安、名護屋から戻る際、秀吉から「長崎の惣領《そうりょう》（首長）にする」というお墨付きまでもらって帰って来た。困ったのは四人の町年寄である。それが町年寄支配の「内町」と、等安支配の「外町」へと別れる契機になる。等安はこうして長崎外町の代官となり、ゆくゆくは西国最強の成り上がり者となる。

西小吉は三歳のとき痘瘡《とうそう》にかかった。痘瘡は発疹性の感染病で非常に怖れられていた。いきなり高熱が三日間つづき意識が薄れ、下痢がつづく。それが過ぎると顔中に痘疹があらわれた。最初はアワ粒ほどのものがやがてマメ状に膨れあがり周囲が充血する。それが顔面に無数にできて眼を開こうにも瞼が開かない。唇もはれて言葉が出ない。やがて痘疹は膿みをもち、名状しがたい色になって顔中に流れだした。

両親は言葉を失って教会に走り、神父に懇願して舶来の薬をわけてもらった。そのせいかどうか十五日ほどたつと、流れ出た膿が乾燥して瘡ぶたとなり、それが顔からはげ落ちて行き、やがて元通りになった。小吉自身にはそのときの記憶はないが、頬に浅い「あばた」がいくつも残った。しかしそれは周囲の三人にひとりは持っていたもので気にとめたこともない。

ところでマニラからの最初の使節のコーボは、一五九二年（文禄一）、秀吉の来貢をうながす書状を持ってフィリピンに戻る途中、船が沈没して行方不明になった。

一五九三年（文禄二）二回目の使節はフランシスコ会のペドロ・バプチスタという宣教師一行で秀吉と面会したのち、マニラから返事が来るまで人質として日本に留まると言い訳をして、日本で布教を開始した。

さらに三度目の使節であるヘロニモ・デ・ヘスス一行が京都に来るとスペイン系の宣教師は合計で七名となった。彼等はいよいよ勢いづいて、秀吉の許可を得たものと自認して周囲もはばからない布教活動を開始した。

イエズス会士とは反対に、彼らは権力者には近づこうとせず、あべこべにハンセン病患者などの弱者を救うのに熱中した。世間から見離されたそれらの人々を神のごとく崇め、そまつな木綿の衣服で献身的に動きまわった。いかにもスペイン人気質らしい。その姿を目にした日本人は驚くやら感心するやらで、入会する人々も出はじめる。

彼等は京都に教会や病院をつくったかと思うと、大坂に進出し、バプチスタとヘススの二人の宣教師は長崎にまで足を伸ばした。イエズス会は彼等に同情して一つの教会を分け与えたが、彼らの向こう見ずな布教にはとても賛同できなかった。

この分裂に驚いたのは日本のキリシタンたちである。キリスト教はひとつとばかり思いこんでいたのに、これでは仏教と変わらないと失望する者も出れば、熱狂的なスペイン系の布教に魅かれてイエズス会を脱会する信者も出はじめた。ことに長崎の外町ではそうだった。等安は内町に負けないためにも新たな貿易相手としてスペイン商人と接近を図った。

ところで内町の平戸町で成長した小吉は、ものごころついた頃、どうして自分の周囲にこんなにさまざまな人がうごめいているのかと、不思議でたまらなかった。早い話が両親である。両親は何故自分の側にいるのか。兄や妹は。親類は。世間の人々はいったい何のためにいるのだろうか。

幼い頭で考えぬいた末に、あれはきっと自分のためにそれぞれの役が与えられており、それを演じているのだろうという考えに落ち着いた。父は父を、母は母を演じ、こうして世間のあらゆる人々が自分を支えるために生きているのだという確信にいたった。

だから町の中で碧眼のポルトガル人を見ても、肌の黒いカフィール人が近づいても少しもこわくなかった。彼はどんな異国人にもすぐになついた。そしてかわいがられた。しかも言葉をまねるのが得意だった。それを諳んじて家に帰り、真似をすると家族が大笑いして喜んでくれた。

最初の大殉教

一五九六年（慶長二）、マニラからスペインに帰る途中の大型スペイン船サン・フェリッペ号が大風で船を痛め土佐に漂着した。船体補修のために岸に寄せたつもりであったが、秀吉は船の積荷はもちろん、乗組員の財産までもすべて巻きあげてしまった。

そんな無礼を働くのはスペインの偉大さを知らないからと思ったピロート（水先案内人）は、取り調べにきた五奉行のひとり増田長盛に世界地図をひろげ、「どうだ、これが我が国の領土である」と誇ってみせた。

長盛が「それにしてもこれだけの領土をどうやって手に入れるのだ?」とたずねると、「簡単なことだ。まず宣教師を送りこみキリシタンを増やす、その後で軍隊を送ればいい」と答えた。

豊臣秀吉は長盛の報告に「それ見たことか」と思った。彼らの本音はそこにあるのだ。ただでさえフランシスコ会士の目に余る布教には腹が立っていたので、京都奉行の石田三成に、すみやかに宣教師とキリシタンを捕縛し処刑するよう命じた。

その頃京都のキリシタンは数千人を超えていたが、三成のはからいで最小限で済ますことができた。畿内でフランシスコ会士七名と、イエズス会士三名、そして日本人十四名の計二十四名が捕縛され牢に入れられた。

一行は京都から長崎まで歩かされた。長崎のキリシタンの前で処刑を執り行うところに意味があったからだ。途中、大坂で自らキリシタンを名乗る二名の日本人が加わり計二十六名となった。

彼らは山陽道から九州に入り、博多を通って、全国の大名が集結していた佐賀の名護屋の中を抜け、武雄から彼杵《そのぎ》（現長崎県東彼杵町）に着いた。そこから小船で大村湾を横断し時津《とぎつ》（現長崎市時津町）に着いたところで日が暮れた。厳冬の船中で最後の一夜を過ごし、翌日の午前中に長崎西坂（現長崎駅前）の処刑場に着いた。

一五九七年（慶長二）二月五日、早朝から西坂の処刑場には無数のキリシタンが集まった。大掛かりな殉教は西洋でもめずらしい。ひと目見ようと外国人の方が先に駆けつけた。続いて日本人も続々と押し寄せた。役人がいくら押しとどめようとしても多勢に無勢で阻止できない。

最初の十字架を打ち込む穴は、時津街道の山側に掘られようとした。それを目にしたポルトガル人たちは、山側よりも海に近い方が広いし、のち記念の天主堂を建てるのにふさわしいことを考え、役人たちに掛け合ったところ許下された。その結果、大麦の芽が出揃った畑の中に次々と十字架の穴が掘られていった。

その日のことは七歳の小吉の胸にも深い痕跡をのこした。

彼の家は岬の高台にあり見晴らしが利く。眼下に樺島町や五島町が続き小さな入江が見え、その向こうに急勾配の坂がはじまり、その頂きが処刑場だった。それが丸見えだった。処刑場の山側はいうまでもなく、崖下の海にも人々を乗せた無数の船が浮かんでいる。

次々と十字架が建てられてゆく。「十」というよりもむしろ「キ」の字に見える。上部に両手を下部に両脚を開いて縛りつける。午前の陽は冬雲間から時々丘を明るく照らす。

彼方の丘のことだから顔までは分からないが、人々の叫び声、泣き声、どよめき、すすり泣き等でおおよそ何が起きているかは察しがついた。父は西坂に出かけていた。母は町の人々と一緒に外に出て殉教の丘を眺めている。小吉と兄弟たちは部屋に残るように命じられたが、見るなといわれると返って見たくなる。結局、裏戸から一部始終をながめていた。

処刑は昼前に終わったが人々は立ち去ろうとしない。役人は何度も棒を振りまわして群衆を追い払うが効き目がない。しまいにはあきらめて引き揚げていった。すると人々はいっせいに駆け寄って十字架を取り囲み、熱心に祈りを捧げたり、賛美歌を歌ったりした。それが夕暮れまで続いていた。

小吉は思った。「自分は今まで思い違いをしていた。こんな大芝居がわざわざ自分のために打たれる筈がない。世の中の人々は誰もがばらばらなのだ。これからは自分も独りで生きていかなければならない」と。

にわかに気分が悪くなって気がつくと布団に寝かされていた。母親は処刑を目にしたせいだと口にしたが、そうではなかった。訳は自分だけが知っている。その日の思いはそのまま胸の奥深く封印した。

マニラからの使節

二十六名の遺体は見せしめとして放置された。

風の向きによっては異様な匂いが届いた。大人たちは夏でなくてよかったと囁いている。長崎の子供たちもその匂いがイヤでたまらなかったが、サクラが散る頃になると慣れてしまい、何とも感じなくなった。こわいもの見たさで処刑場まで足を向ける者まで出てきた。小吉より少し年長の少年たちの中には「自分とあまり年が変わらない子供が二人混じっていた」と自慢気に話していた。

「死体が怖くないのか」と尋ねると、「あれは十字架と同じで、唯のモノだ」と答えた。

四月のある日、処刑されたバウチスタの遺骸の脇の下から突然、血が溢れだした。生々しい血が。それは身体を伝い十字架を流れて地面まで赤く染めた。それを知った長崎の人々は再び半狂乱になって西坂にむらがった。

殉教者の後を追って長崎に入ったサン・フェリッペ号の船長がマニラに戻り、土佐で起きた事件と長崎で目撃した一部始終を報告した。それは非常な反響を起こし、マニラ総督府から秀吉の元に使節を送ることになった。

その一行は長崎を避け、薩摩の京泊に上陸し瀬戸内海を抜けて大坂をめざした。その際、何としても秀吉の気を引こうとして一頭の象を献上した。大坂城内では六歳の息子秀頼を連れた秀吉が上機嫌で現れた。その場には大勢の大名たちが集まっている。

やがて象は地面にひざまづき、鼻を持ち上げて「プアーッ」と大きく吠えた。

驚いた秀吉が二、三歩退いて「い、いま何と鳴いたのじゃ」と問うと、「はッ、ドン・ペドロからの挨拶にございます」と答えがあった。「ふむ、ドン・ペドロ…ドン・ペドロか」と象の名前を繰り返したところ、象は再びひざまづいたので、「さて、さて、さて。このような獣にもちゃんと知恵というものがあるものじゃ…」と手を叩いて喜んだ。

マニラからの使節の目的は二つ。サンフェリッペ号遭難の事後処理への抗議と、殉教者たちの遺体の引き渡しにあった。前者については秀吉は相かわらず高圧的な態度を通したが、遺体の引き渡しの方はあっさりと許下した。

それが長崎に伝わるとキリシタンたちはいっせいに動きはじめた。海外に持っていかれるくらいならということで、二十六体の遺骸の争奪戦がはじまった。衣服からはじまり、手足、腕、胴体、首ついには十字架まで引き抜かれて持っていかれた。もちろんそれを止めるために役人が置かれたが無駄だった。賄賂にはかなわない。

結局、八月にスペイン使節が長崎に到着したときには遺骸はあらかた消え失せていた。使節一行はそのことを奉行に抗議したが知らぬ存ぜぬで相手にされなかった。ようやく遺骸の一部だけを回収し、マニラに向かった船は台風と遭遇して海の底に沈んでしまった。

第四章

長崎のセミナリオ

一五九八年（慶長三）、二隻の定航船が長崎に入港した。船にはヴァリニャーノがセルケイラ司教を連れて三度目の来日を果たした。セルケイラは学識があり、誰からも慕われる高潔な人柄で、この人がいたお陰でスペイン系宣教師との対立もいくぶん緩和された。

二人が日本に上陸して一ヶ月後、大坂城で秀吉が息を引きとった。

秀吉の死によって最も酷い目にあったのが朝鮮半島の日本軍で、当時は和議がこじれて二度目の「慶長の役」に入っていたが、朝鮮の水軍に兵站《へいたん》を絶たれ惨憺たる苦戦を強いられていた。

二十六歳で半島に渡った有馬晴信はすでに三十二歳になっていた。長年の戦闘と病気のために急に老け込んだ。病気というのは疱瘡のことで、あばた面となって帰ってきた。それでも彼は大坂城の秀頼と、伏見城の家康からねぎらいの言葉をもらい、無事に故郷有馬に帰ることができた。

秀吉の死去によって再びキリシタンに繁栄が訪れるかに思えたが、現実は甘くない。もはやキリシタンはふたつに分裂していた。

スペイン系神父たちはヴァリニャーノに矛先を向け攻撃をはじめた。彼が実現させた遣欧使節に対しては、「公子」と称して派遣した少年たちはじつは名もない少年に過ぎないと、いちゃもんをつけた。高知で起きたサン・フェリーペ号の遭難事件も、二十六人の殉教も責任はすべてイエズス会にあると正面から非難した。

ヴァリニャーノは迫害下で教会を発展させるには、日本人の聖職者を養成するのが急務であると考え、セルケイラと共に長崎にイエズス会の教育施設を創ることにした。手はじめに天草から長崎に避難していたコレジョの隣に、新たなセミナリオをつくった。

院長はスペイン人のカルデロンである。ある日のこと、カルデロンの前に小吉の父が子連れで現れた。「神父さん、この子なんですよ。異国の言葉を真似するのは…」と、小吉の肩を後ろから神父の前に押し出した。このときも小吉は少しも、物怖じした様子はない。

神父はかねがね噂を耳にしていたので面白半分で声をかけた。「クアントス　アニォス　ティエネス（ボクはいくつなの）？」。するとたちまち、「テンゴ　オウチョ　アニョス（八歳）」と返ってきた。神父はその場で父に向かって、是非この子をセミナリオに入れるようにすすめた。

一五九九年（慶長四）、岬の教会内の諸司祭館の中には三十余名のイエズス会士と、九十余名の生徒がいたと記録がある。セミナリオの生徒たちの一日は思いの外ハードなスケジュールで組まれている。

夏なら四時半に起床。冬期には一時間遅らす。教会で祈りをあげたのち朝のミサに参加する。九時までラテン語を学ぶ。九時から十一時までは、食事と休憩。十一時から二時までは日本語の読み書き。午後二時から一時間は歌唱とクラヴォ（ピアノの原型）やビオラなどの楽器の演奏を学ぶ。三時から四時半までは再びラテン語を学び、あとは自由時間である。

日曜日と祝日には遠出を楽しんだ。ベレー帽をかむり、マントをはおり、彼等はどんな所に出かけたのだろうか。岬の付け根の金比羅山は外すことはできないだろう。頂上からの見晴らしは良いし、日帰りにちょうど良い。

小吉が初めてグーテンベルクの印刷機を目にしたのは隣の司祭館の中だった。加津佐から天草を経て長崎へと運ばれてきたもので、しっかりした木製の枠組みの中から一本の棒が突き出ており、それを両手で握って手前に回すと、「ギ、ギ、ギューッ」と大きく軋む。回転運動は上下運動に変えられて紙の表面に印刷されるのだ。

キリシタンが増えるにつれて聖堂や家の中に掲げる聖画が必要となり需要が急増した。また秀吉の朝鮮出兵の基地となった名護屋で起きた南蛮ブームも拍車をかけ、全国から西洋の風俗や、世界地図が描かれた絵屏風などが望まれ、その需要に応えたのもこの長崎のセミナリオだった。指導者はイタリア人ニッコロで、時にはマカオから注文が入ることもあった。当時の長崎の文化の高さを推して知るべしである。

秀吉の死後、豊臣秀頼は幼かったので合議制がしかれていたが、実権は徳川家康がにぎっていた。秀吉の恩を受けていた石田三成は、キリシタン大名小西行長と共謀して家康をしりぞけようとした。行長は同胞である肥前の有馬晴信にも西軍への参加を呼びかけた。

晴信もいったん軍を率いて下関まで出かけたが、そこで朝鮮半島で行長に付いて苦労を共にした大村氏・松浦氏・五島氏と一緒に討議を重ねた。

しかし問題は大坂城内にいる淀君であった。豊臣秀頼は真実秀吉の子供といえるのであろうか。そうでないとすればこれは豊臣家のための戦いとはいえない。結局、四人共が参陣を中止した。

一六〇〇年（慶長五）、関ヶ原の合戦は一日で終わり西軍はあっけなく壊滅した。三成も行長も処刑され、晴信はここでも行長を裏切る結果になった。

同年、ロドリゲスは天下を手にした家康と謁見し、イエズス会士は京都・大坂・長崎の三ヶ所に住んで良いというお墨付きをもらった。家康の下でキリシタンは予想もしない大きな発展を見ようとしている。内町は四名の町年寄が、外町もそれまで通りに村山等安に支配がまかされた。長崎の人々の安堵した姿が目にうかぶ。

下関から戻った晴信のところに、加藤清正から宇土城攻撃の参加要請が来た。宇土は行長の居城があり大半はキリシタンが占めていた。晴信は目を病んでいるのを理由にそれを断り、自分のかわりに息子をつかわした。

それが十五歳の直純の初陣となったが、その際の采配振りには清正も目を見張った。戦いが終わると家康は晴信父子の功を讃え、直純を近習に召し上げた。ここにきて有馬家の家運は一挙に上向きに転じた。

大航海時代に地球を二分したポルトガルとスペインの時代はもはや去ろうとしている。国家におさめられる金銀財宝はすべて領土拡長のための戦争と、王室のために浪費され、資本が蓄積されることはなかった。

これに対して北海に面した港湾都市は、ニシン漁と東洋の物産を北欧に運ぶ中継基地として繁栄し、国王のいない共和制の下で資本を蓄積してきた。その七州はスペインからの独立をはかろうとして「ユトレヒト同盟」を結び対抗した。

それに対してフィリッペ二世が報復手段に出た。自国リスボンの港から彼らを締め出して貿易に参加できないように図った。

そうなると同盟国側は独力で東洋への進出をはじめる。その一艘が一六〇〇年（慶長五）豊後に漂着したリーフデ号で、マゼラン海峡を抜け出たところで相談して日本を目指した。しかし長い太平洋の航海の果てに百十名いた乗組員が、たどり着いた時には二十四名という惨憺《さんたん》たる状態だった。決して「漂着」ではなかったが、そう呼ばれても仕方がない状態だった。

リーフデ号の来航は「関ヶ原の合戦」の半年前である。最初に反応したのは府内のイエズス会士で、オランダ人をひと目見て海賊呼ばわりした上で、藩主に向かって、ただちに彼らを殺すか追放せよと迫った。

家康の反応も早かった。知らせを受けるや否や乗組員を呼び寄せた。その代表がウィリアム・アダムス（のちの三浦按針）で、彼の話を聞くことで、家康はイエズス会とは別の世界情勢に通じることができた。ちなみに彼はリーフデ号が積んでいた武器・火薬はすべて接収し戦いに利用している。

家康という人はバランス感覚があり、イエズス会の対抗馬としてオランダを、（少し遅れてイギリスも）、そしてスペイン系の神父をも競わせて配置する。そうすることで自国を有利な立場に置こうとした。それは「鎖国政策」とは正反対の巧みで積極的な外交である。

一六〇一年（慶長六）、日本語に堪能なロドリゲスが家康から通商代理人に指名された。ロドリゲスはそれまで神学生であったが、ヴァリニャーノの下で晴れて神父になった。

ヴァリニャーノの毎日は決して明るいものではなかったが、それでも彼は前向きな姿勢を示した。まず文禄の役以来、破壊されていた教会の再建に取り掛かった。そして和洋折衷の美しい「岬の教会」を完成させたのみならず、その教会で念願の日本人を司祭に叙階させることができた。セバスチャン・キムラと、ルイス・ニアバラである。人種的な偏見から来る反対を押し切っての彼らしい決断だった。

セミナリオやコレジョの生徒たちは授業を終えると必ず建築現場に出かけ、教会が少しずつ完成する工程を目にして楽しんだ。敷地は長さ六十メートル近く、幅は四十メートルを超える。塔には三つの鐘と大きな時計が三面に取り付けられた。それは時を知らせるだけでなく太陽と月の運行、さらに月の上弦と下弦までも知らせてくれる。見る者すべてが目を皿のようにした。

小吉が最も好んだ岬の教会の姿は、海から眺めたそれである。

当然ながら岬の先端は崖で、下には浅い磯があり海がひろがる。その崖に三階建てほどある大きな柱が組まれ、教会はその上に建てられている。したがって海から見上げると、裾から教会の屋根の十字架に到るまで、およそ四階建てに等しい巨大で美しい伽藍だった。小吉は機会あるたびに大波止から船に乗せてもらっては、教会の威厳あるその姿に見惚れていた。

祭壇は海側につくられており、人々は入れかわり立ちかわりして回廊に足を運び、海側に突き出た欄干から長崎湾を見下ろしては感嘆の声をあげた。港はちょうど神がその両手で包み込んだように山影がとり囲んでいる。外国人である宣教師たちには、マカオの丘の上から見下ろした光景に良く似ていて懐かしさをおぼえた。

こうして岬の教会に再び幸福が訪れたかのように思えた矢先、興善町のミゼリコルディア（慈善院）から失火した。町は騒然とした。火はたちまち堀を越えて大村町に燃え移った。

生徒たちは教会内部の貴重なものをそれぞれの手に持た出されて、教師の跡を大波止の石段を下り、海に面した場所に避難する。避難といえば聞こえが良いが、逃げ場を失ったという方が当たっている。黒煙が生徒たちの真上を覆い、そのたびに周囲が暗くなって生徒たちを不安におとしめた。町の人々の喧噪がもろに届く。犬の鳴き声もする。

炎は刻一刻と教会に迫ってくる。彼方に小吉の家も見える。彼は居ても立っても居られなくなり、教師に断って自分の家に駆けつけようとしたが、教師は許してくれない。風は以前として北西から向いている。炎はついに大村町から教会めがけて迫ってくる。道ひとつを隔てて教会の敷地になる。

誰もが教会が炎で包まれるのを覚悟したそのとき、風向きが変わった。奇跡としか言いようがない。すぐに幾人かの人々がかけ登ってその場で火は消し止められた。小吉の家は焼け落ちたが家族は無事だった。

ヴァリニャーノはこれを機に、学舎を一ヶ所に置くのは良くないと考え直し、セミナリオを有馬に移すことに決めた。

こうして有馬のセミナリオはこの一六〇一年に復活し、家康の禁教令が出る一六一二年までの十年間、最も充実した期間を迎える。小吉もヴァリニャーノと一緒に有馬に移りセミナリオで語学の研修を積んだ。

ヴァリニャーノの離日

長崎はじまって以来の大火は興善町から燃えひろがったが、その町というのが博多商人「末次興善」の名前に由来している。この人は大宰府で貿易関係に携わっていたとされ、その関係からだろうか戦国大名大内義隆にも仕え、大内家が滅んだあと博多に戻っていたが長崎開港を知るや、いの一番に移り住んだ。彼は一の堀の外側に自費で町をつくり、人々はそれを興善町と呼んだ。のち本興善町・後興善町・新興善町へと発展する。

末次家は血縁者に大勢の博多商人を持っている。例えば大賀家や中野家などもそのひとつで、いわば博多商人の長崎支部の総元締めのような存在だった。

文禄の初めに秀吉は、長崎の末次・船本・荒木・糸屋の四家に朱印状を出して海外貿易を許したが、そのうち末次家だけが二回の渡海が許されている。つまり倍の利益をあげているのだ。

興善のあとを継いだのが平蔵直政で、かの村山等安も、はじめは直政の下で働いていたとされる。一六〇三年（慶長八）、家康が征夷大将軍に就く二か月前に、ヴァリニャーノが長崎を離れた。日本でき得る限りのことはやり尽くした。信長・秀吉の戦国時代から家康が江戸幕府を開く年までの二十年以上を、この国の布教のために身を捧げた。

船尾から岬の教会が遠ざかって行く。

彼にとってそれは日本布教の最後の砦に他ならない。教会を見つめる彼に時として信長の甲高い声と、京都で目にした「馬揃え」の盛大な光景がよみがえる。「あの信長が生きていれば…」と何度繰り返し思ったことか。

現実はそれを許さなかった。二回目と三回目の来日はキリシタン迫害の中にあり、死を覚悟する旅でもあった。でもこの不屈の巨人は、先行きの危うい日本のイエズス会のことを考えて次の手を打っていた。

それはマカオを東アジアの布教の中心地とし、内外を問わず聖職者を養成するための新たなセミナリオやコレジョを設立することである。

マカオにはまた、ヴァリニャーノの現地適応政策にしたがって、儒者の服を着て中国式の生活をし、中国文化の研究に励んだマテオ・リッチがいた。彼はのちザビエルが目指した中国布教に成功し、清朝の宮廷に入って活躍する。鎖国時代の日本人の世界情報は、これらの中国の宣教師たちの漢籍を通して日本に入った。リッチの漢名は「利瑪竇《りまとう》」で、最初日本人はてっきり彼のことを儒者と思い違いをしていたのだ。

一六〇三（慶長八）年二月、家康が征夷大将軍になり江戸幕府が開かれた。

秀吉時代からの長崎奉行寺沢広高は解任され、新たに小笠原一庵が任命された。一庵は京都東山の茶人で、徳川家からの絹織物やそれに付随する絹の購入、すなわちポルトガル貿易と深いつながりがあった。周りは彼のことを「将軍家の買い物掛り」と呼んでいた。この方が分かりやすい。同年、マカオからの定航船は長崎に姿を見せなかった。この頃から定航船が絶えることがひんぱんに起きる。それには次のような訳があった。

一六〇一年、オランダ人ファン・ノールトが世界周航に成功すると、東洋に出かける貿易会社が雨後のタケノコのように輩出した。そうなると会社間の競争がはげしくなり、スペイン・ポルトガルと対抗する上で不利である。そこで翌年、会社を統合させたのが「連合東インド会社（ＶＯＣ）」で、東洋貿易の独占のみならず軍隊を持つこともできたし城壁を築くことも許された。もちろん敵の船を発見すれば攻撃して拿捕することもできる。

じつは一六〇三年にマカオからの定航船が入港できなかったのは、途中でオランダ船に襲撃され、荷物もろとも奪われたからであった。この年イエズス会は一年分の収入を丸々失くしてしまった。これを好機と家康はさっそくイエズス会に三百五十両の援助と五千両の貸付を行った。イエズス会としてはそれに甘んじるしかない。立場は逆転した。

翌一六〇四年（慶長九）、の取引では絹の売買において幕府が優位に立った。幕府は南蛮船から絹を一括購入（パンカド）するが、その値段を決めるのにロドリゲスは長崎奉行と折衝しなければならない。昔のように自分たちの言い値で暴利をむさぼることはできない。交渉が成立すると幕府が必要な分を買い取り、残りを京都・堺・長崎の特権商人たちに分配する。のちこれに江戸と大坂が加わり、「五ヶ所商人」と呼ばれる。

イエズス会の資金不足の影響はたちまち有馬のセミナリオにも影を落とした。一部の生徒が自宅待機とされた。有馬晴信はセミナリオを誇りとし、経済的なことは自分が何とかするので決して解散しないようにイエズス会に命じた。以後、晴信は盛んに海外貿易を展開する。幸いなことに、晴信の息子直純が家康の側近におり、朱印状を入手する上で有利に働いた。

幕府の認可をえた朱印船貿易はこの年から開始され、一六三五年（寛永十二）までの三十二年間に三百五十艘以上に及んだ。これらの船はほとんどが長崎から出航した。渡航先は、高砂（台湾）、マカオ、トンキン（北ベトナム）、交趾シナ（ホイアン）、カンボジア、シャム、マレー半島、フィリピンなどに及んでいる。長崎の朱印船貿易家としては末次平蔵、村山等安、糸屋随右衛門、荒木宗太郎、後藤宗印などがいた。

同一六〇四年、晴信を通じてシャム在住の池田与右衛門が幕府から三通の朱印状を受けている。この与右衛門という人物は、今でいう貿易代理人のような職務にあった。当時すでにシャムにあって朱印状を請求したのである。彼は朱印船制度がはじまる以前から東シナ海を行き来して、家康が好んだ伽羅などを晴信の下に送っていた。

ついでに言えばこの池田与右衛門、家康が亡くなる二年後の一六一八年（元和四）に『元和《げんな》航海記』というめずらしい本を残している。内容はポルトガル人のピロート、マヌエル・ゴンサロからマニラに向かう船の中で教わった航海術で、当時の日本人が南蛮航海術を理解し、自分のものにしていたことがわかる。それはキリスト教徒から教わった内容なので表沙汰にできない。その後の長い時間を極秘のうちに生き延びて、昭和五年、新村出編の『南蛮紅毛史料』で初めて一般の目に触れた。

西小吉は有馬で十四歳になった。そしてこれを機に長崎に戻る決心をした。彼

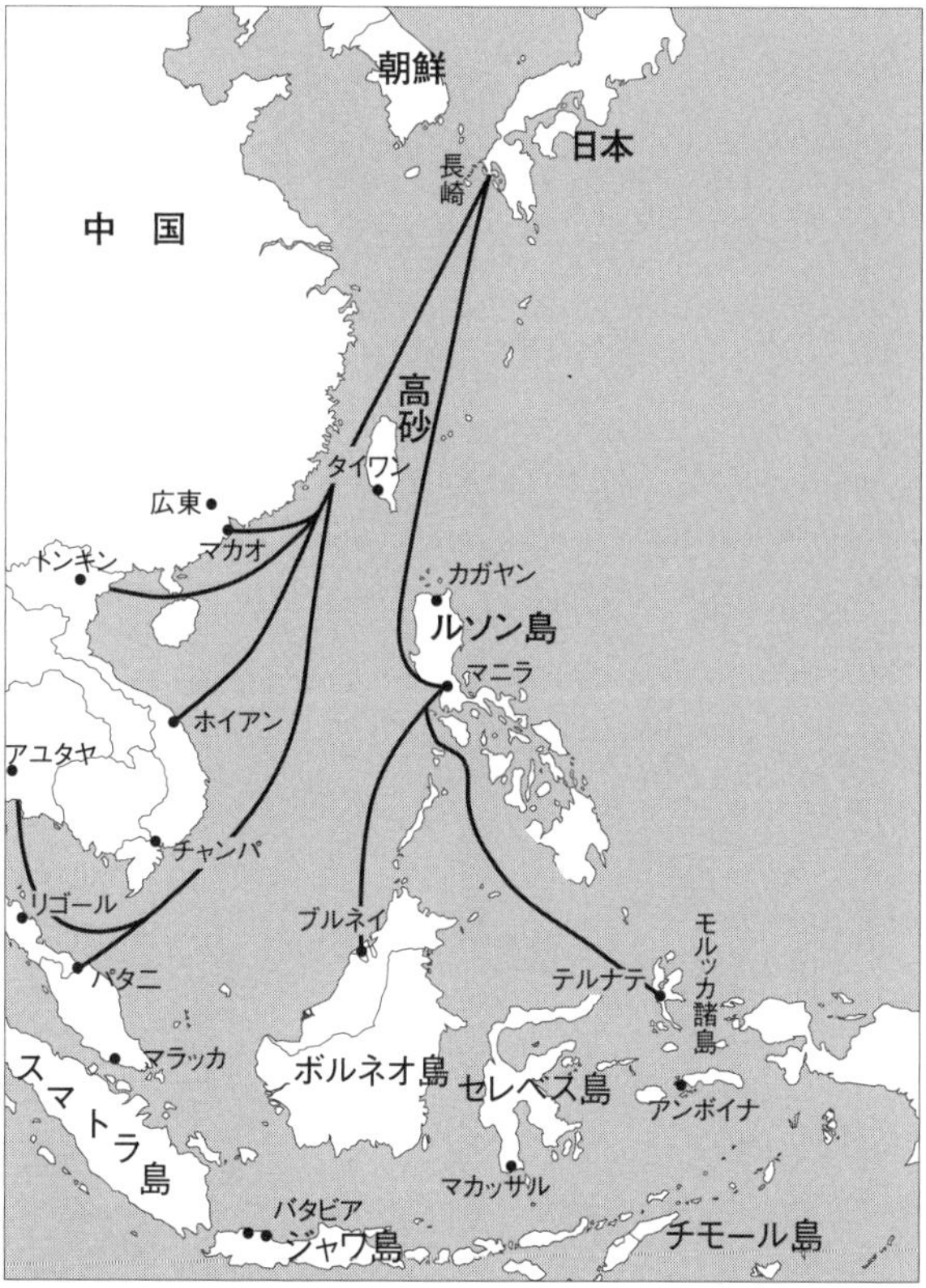

東アジアと朱印船渡航地　マレー半島にパタニ、ジャワ島にバタビア、そしてモルッカ諸島の南にアンボイナが見える（『世界史の中の出島』より）

には初めから司祭になるつもりはなく、もっぱら語学の習得に熱中した。

あるとき、院長のカルデロンが来日したばかりのカルロ・スピノラを小吉の前に連れて来た。スピノラはイタリア人でまだ日本語に慣れていない。大人に気をつかいながら日本語を習うよりも、子供から習う方が気が楽だろうという粋なはからいだった。

スピノラはスペイン語とポルトガル語をごちゃ混ぜ一緒にした言葉で小吉と会話を交わしながら、楽しそうに日本語をおぼえていった。

セミナリオからは毎日海を望むことができた。さほど遠くないところに天草が見える。島々が重なり合ってひとつの山脈のように思える。口之津から船に乗る時、これで天草も見納めかと思ってもう一度その山並みを目の中に入れた。

第五章

マカオへ

マカオとの取引では、幕府が以前よりも優位に立ったものの、言い値で売買されたかといえば決してそうではない。そこにロドリゲスが立ちはだかる。彼はプロクラドールと呼ばれる通商代理人でもあり、日本語が堪能なものだから決して日本人の言うがままにならない。交渉人としては天賦の才能の持ち主だった。

彼が残した『日本プロクラドール覚書』の中に瞠目すべき言葉がある。

「もしも天使が商売するなら、絹と金《きん》を商うだろう」

そう書かれている。このあまりに正直なたとえには度肝を抜かれる。彼は絹と金がもっとも利益を生むことを熟知しており、自らを商売にはげむ堕天使とみていたのだろうか。

さらに「日本の銀の鋳造法には秘密があり、それを理解し利用すれば我々の非常に利益となる」ともある。「非常に」が気になる。日本の銀は素朴な「灰吹き法」で抽出されていたので、その中になお金銀が含まれていた。イエズス会はそれを内緒にして、日本人の知らないところでさらなる金銀を獲得していたに違いない。そうすることで以前のような利益の出ない貿易をおぎなっていたのだろう。

この優秀な交渉人の前に、幕府側の小笠原一庵は思い通りの買い物ができず、その腹いせにイエズス会の悪口を家康にあれこれと訴えるが、家康は怒ってみせるだけで一向に手を打とうとはしない。むしろイエズス会と競合するスペインとの外交を強化する方に力をそそいだ。

小吉が有馬から長崎に戻ると町が一変していた。

町が大きくなり、人の数も増えた。以前より繁栄しているのがひと目でわかる。徳川家康の穏健な政策のお陰で、国内のキリシタンの数は四十万人を突破した。その中心地長崎がにぎわない筈がない。

しかし同時に繁栄の極みに生まれる爛熟の気配もただよいはじめた。中島川（本川）のほとりには大勢の乞食がたむろしていた。彼等の顔には、長崎に行きさえすれば何とかなると書かれている。実際、長崎大火の火元となったミゼリコルディア（慈善院）に行けば炊き出しがあり、食事にありつくことができた。貧しい者には金を貸し与えることさえあった。

博多町には夜の町ができた。夕方になると襟足まで真っ白く化粧した女性たちが金切り声で道を塞いで来る。彼女たちの歩いた跡には、ほのかに湯上りの匂いが残されている。

小吉が最も驚いたのは、多くの人々が「キセル」というものから煙を吸っては吐いていることだ。鼻から煙を出す人もいれば口から吐き出す人もいる。それが煙草《たばこ》というものであることをあとで

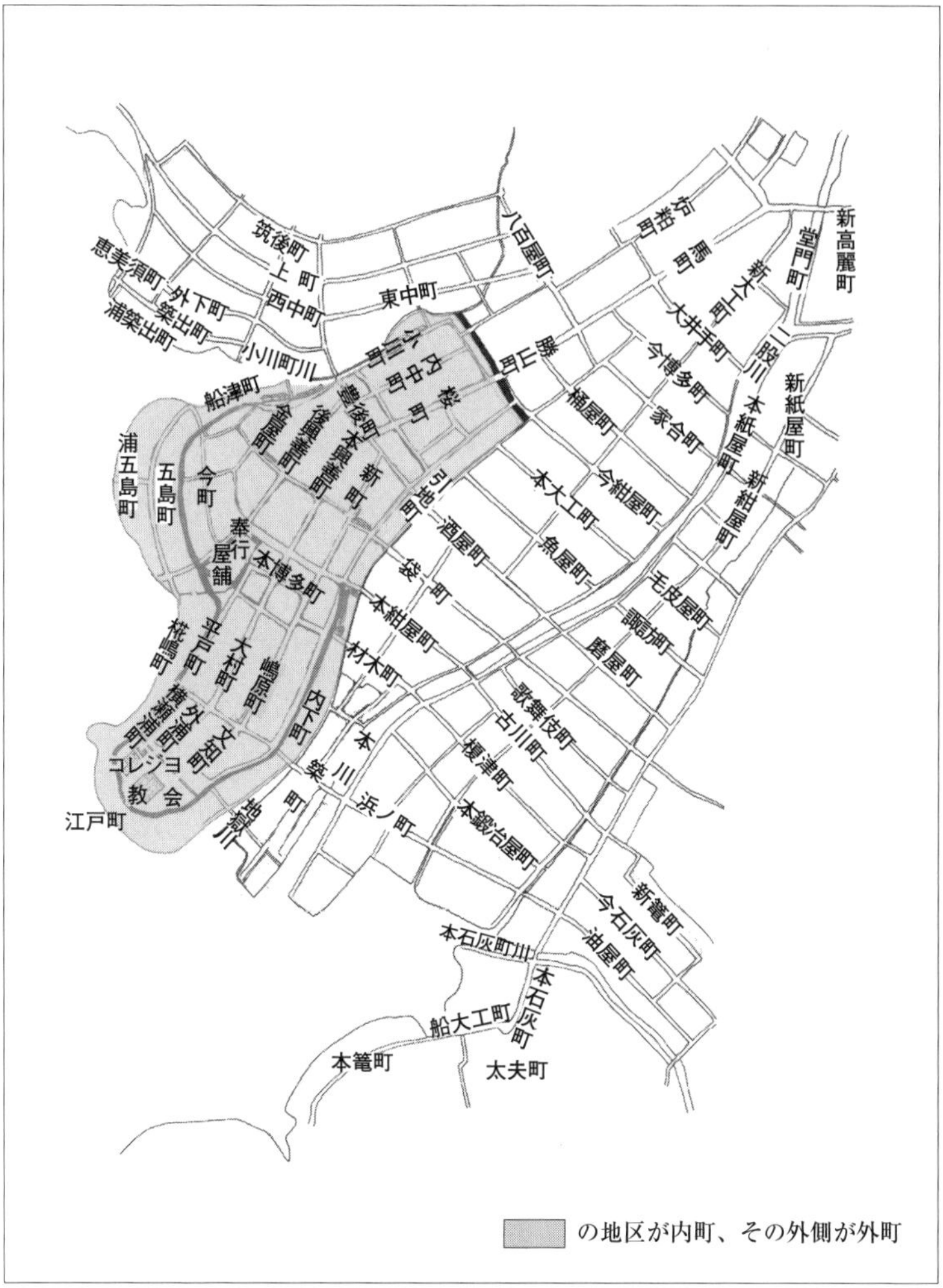

元和の頃の長崎（『長崎キリシタン史』より）

知った。

煙草の種子《たね》は大村領内の甚左衛門の屋敷内に植えられ、またたく間に全国にひろがった。目立ちたがり屋の人々たちは三尺もある長いキセルを持ちあるき、これ見よがしにまわし飲みをした。吸い過ぎると味噌汁を飲めば治るとされ、キセルが脂《やに》でつまったときにも味噌汁を穴の中に流して掃除した。

富裕層の間では、漢方であつかう丁子《ちょうじ》や丁香《ちょうこう》などを煙草の葉に混ぜることで味を変えて楽しんだ。喫煙の流行を知った幕府は喫煙禁止のお触れを出したが、いったん広まった風習はなかなかおさまらない。家康側近の儒学者林羅山《はやしらざん》は、中国で出された本草学の書籍『三才図絵』を求めに長崎に入ったとき、庶民の喫煙する光景と、教会の多さに「ここが日本か?」と大いに嘆き、かつ憤慨した。いかにも地球が球体であるのを拒絶した保守派の知識人らしい。

ある日、末次家の手代が小吉を訪ねてきた。

「末次様がお呼びでございます」という。小吉が父の顔をうかがうと、父は承知している様子で、あごをしゃくって行ってこいと示す。通りの人混みをかき分けるようにして進む。築地塀を通り、出入りの激しい玄関に入る。

平蔵直政はそれまで小吉が見てきた大人とは随分雰囲気が違っていた。小吉を一目みるなり、「お前さんのことは父上から聞いている。その若さで南蛮の言葉ができるというのは感心、感心…」と野太い声を出した。それでいて一向に感心した様子には思えない。

「じつは、天川《あまかわ》に店を開こうと思っている。ついてはお前さんに手を貸して欲しいのだ」と持ちかけてきた。

「アマカワですか？」と小吉は尋ねた。当時の日本人はマカオのことを、「天川」と呼んでいた。小吉には「ア・マカオ」と聞こえる。「ア」はスペイン語で方角をあらわす。「マカオへ」である。

小吉はいったん家に帰り、両親とも話したうえで思い切って渡海することに決めた。ついては小吉という名前も「吉兵衛」に改名した。

西吉兵衛はマカオでさらに語学に磨きをかけようとしている。

大村藩との領地換え

一六〇五年（慶長十）、家康は将軍職をわずか二年で終え、秀忠にその地位を譲った。それは大坂城に十二歳になる豊臣秀吉の息子秀頼を意識したもので、両者が将軍の座を争うとなると再び戦乱の世に戻る。その前に先手を打ったのである。もちろん権力はなお自分の手中にしっかりと握っている。

話は長崎に戻る。長崎の外町は大村領に接している。そのことで最も頭を痛めていたのが代官村山等安で、こういうことが起きた。

ある日、外町で殺人強盗が発生し犯人が大村領に逃れ込んだ。道ひとつ隔てた隣町といえども等安の権力の及ぶところではない。しかも大村領の役人が犯人を捕り逃してしまった。

これを機に等安は長崎奉行小笠原一庵に訴えた。このままはいけない、大村領を同じ権力の及ぶ

大村藩と領地を換えたのちの長崎周辺図　村山等安の支配地の広さが良く分かる
（『長崎キリシタン史』より）

地域にしなければ、同様の事件が起きた時に再び犯人を捕らえることができない。これを契機に等安は外町の拡大を図ろうとした。また奉行の側から見ても、外町を拡大させることは天領をひろげることになり、二人の利害は一致した。

この領地換えの件は、イエズス会を通して大村氏に話が持ち込まれた。もちろん代替えの土地が与えられるものの、大村藩も長崎甚左衛門もなかなか首を縦に振ろうとはしない。

しかし奉行と代官の背景には幕府がいる。結局、等安の外町は二十年あまりをかけて拡がっていき、最終的に四十町もある大きな町へと移って行く。その広さは、内町と元の外町を合わせた面積の二十倍を超える。

甚左衛門の領地、そして処刑場西坂の北にひろがる浦上村、湾の対岸の淵村や稲佐村も含まれている。こうして岬にすがり付くように生まれた六つしかなかった町が、今やどの地方都市と比較しても見劣りのしない山懐に抱かれた港町へと生まれ変わった。その拡張につれて等安の収入も大きくなっていったのはいうまでもない。

この領地換えに大村藩主喜前はいたく傷つき、仲介に入ったイエズス会を逆恨みして、キリシタンを棄てて法華宗徒に転向した。少年使節のひとり千々和ミゲルが棄教したのもこの時とされてる。

一方、甚左衛門もまた喜前から命じられた代替地を嫌がって、柳川の田中吉政氏の下に走った。それが彼にできる精いっぱいの不満の表現だった。

同じ年、吉兵衛を乗せた末次家が雇った唐船は、北西の風に乗って帆を揚げた。船内には末次家の息子茂貞も乗っている。茂貞は吉兵衛よりも三歳年上だ。

「なに？　煙草も吸ったことがないと。ほら、ここにあるから吸ってみなよ」。茂貞は自らの純金の吸い口のキセルに火を点けて、パッパッと短く吸ったのちキセルを吉兵衛の前に差し出した。

「大丈夫、ここはセミナリオじゃないんだから。さあ…」と肩を叩く。

吉兵衛はセミナリオという言葉に反発を感じた。そうだ。もはや自分はセミナリオの生徒ではない。世の中に出たのだ。もっと世間に馴染まないといけない。

一口吸ってみると、「ゴホッ、ゴホッ」と大きくむせぶ。喉が痛い。頭がフラっとして壁によろけた。涙目でいると、「大丈夫、大丈夫。最初だけだ」という茂貞の声が聞こえた。

長崎に入る唐船には二種類ある。「南京船」と「福州船」で、前者は南京から寧波《にんぽう》にいたる運河を通う船で使われ、船底は平らで浅い。大航海には向かないが、寧波と長崎くらいの航海には耐えられる。

後者は船底が深く、キールがあるので逆風にも耐え、吹き戻されることもない。今回二人を乗せた唐船は福州船である。ピロートは碧い目のポルトガル人で、長崎に家を持つ「天川久兵衛《あまかわきゅうべえ》」と呼ばれ日本人からも親しまれていた。

高砂（台湾）の空と海

港をふたぐように横たわる島々を抜けると、船は舵を西南に切って女島《めしま》を目指す。現在は男女群《だんじょ》島と呼ばれるその島々は五島沖にあり、昔から中国と日本を結ぶ航海では欠かすことのできない重要な目標だった。

そこから高砂まで六百五十里。周囲を見渡してもすべて海。西北の風に対して南西に向かうので帆は絶えず横風を受ける。ピロートの久兵衛は何度も往来しているので横風操法はお手のものだった。

唐船の帆は網代帆《あじろ》を用いる。竹を割って編んだ二枚の網にクマザサの葉を挟んだもので、西洋船の木綿の帆に対して、ある程度の風が通り抜けるところがかえって効率が良い。

当時の航海は原則として昼は大陸に船をよせ、夜は沖を通る。浅いところでは必ず釣瓶《つるべ》を打つ。それは水深をはかる装置で、鉛のかたまりの先端に窪みをつくり牛脂を仕込み、付着物から海底の地質を知ることができた。磁石が登場する以前は、これだけが唯一の航海用具だった。

吉兵衛には見るもの聞くものすべてが珍しい。海の色は一色とばかり思っていたが、黄色がまじったり、浅緑や暗緑色になったりする。その海の色というのもまた、船がどのような位置にあるのかを知るための重要な手掛りのひとつだった。

日和が良いので、甲板に出ていた吉兵衛に茂貞が言葉を掛ける。

「かつて大陸から蒙古の船が大勢押し寄せて博多を襲ったあと、今度は日本人が大陸を攻めたのは知ってるだろう」

「倭寇《わこう》のことですか？」

「そう、その頃の話なんだがな、南風が吹けば北方の山東周辺を襲い、東風のときには九州の西、揚子江付近、そして北風なら南方の広東当たりを襲ったそうだ」

「まったくの風まかせですね」

「だから攻撃をされる明人の方でもその季節の風向きで、倭寇の侵入の場所をあらかじめ予想したということだ」

貿易商の息子だけに茂貞は妙なことに詳しい。

「でもな、この船のピロートは違うぞ」

「久兵衛さんのことですか？」

「あ、、久兵衛は南蛮人だから南蛮航法を知っている。明人は南蛮人を小馬鹿にしているが、南蛮人は独特の航海法を編み出した。でないと天竺の向こうからはるばるやって来れる訳がない」

「そうですねェ」

「彼等は磁石の他に太陽と星を読んで航海する。詳しいことは知らないが、うちの親爺のところにやってくる船頭がそう言ってた」

「太陽と星を読んで何がわかるのですか？」

「昼なら太陽が最も高いとき、夜には北極星の高さを読んで、それを海図で調べて船の位置（緯度）がわかるらしい。自分も出帆以来、北極星を見続けているが、日を追って低くなっているのがわかる」

「日本にもその南蛮航法が伝わっているんですね」

「そうだ。これからは多くの朱印船が長崎を出て行くことになるから、ますます重要になっていくだろうよ」

このところ船が北に寄ったときには中国の島々がかすかに点々とし、南に寄った場合は高砂の山々が見える。その山々は高低差がなく、ほぼ同じ高さのまま延々と続く。高砂は山国だ、吉兵衛はそう思った。

山膚の常緑樹は長崎のそれとよく似ている。しかし冬に長崎を出た吉兵衛の目には高砂の緑の方が生き生きとして見えた。また日を追って暖かくなるのが心地いい。彼は思わず「フォルモッサ（うつくしい）！」と叫んだ。そして南蛮人が高砂を「イラ・フォルモッサ（美麗島）」と命名したその訳が理解できた。

出帆してから十日を過ぎた頃からその高砂も船尾から消えた。「今、福州を通過している」と誰かが教えてくれた。茂貞が言う通りもはや北極星が地に近い。吉兵衛はパードレから聞いた「十字架のかたちをした星々」を一生懸命に探してみたが、慣れるまではなかなか見つけきれなかった。それは南中時にだけ地上わずかなところに顔を出した。

海鳥が目撃されて以来、島影が増える。マカオは近いようだ。ここら辺は水深が深く釣瓶が海底に届かないと水夫が口にした。

マカオは長崎に似ていると耳にしていたが、実際は違っていた。一つの尖った島に見える。長崎のように谷あいに平らな場所がない。周囲は石積みの砦で厳重に囲われている。あちらこちらに大砲が海を睨んでいる。

下船して気がついたのが坂の多さ。これはまったく長崎に等しい。道が石で舗装されているのも、吉兵衛の家の前の道とそっくりだった。坂を少し登っただけで海が見渡せる、なるほどこれまた長崎に良く似ていると思った。

英・蘭の台頭

吉兵衛はそれから向こう二年間をマカオで過ごした。

言葉ができるこの若者は、たちまちマカオの人気者となり、「アントニオ・カルバッリョ」という名前で可愛がられた。マカオでアントニオを知らない者はいない。富裕層の家々から招待を受け、それまで食べたこともない豪華な料理やワインも口にすることもできた。

そして何よりも年頃の娘たちの美しさに圧倒された。彼女たちが化粧をすると、人間がこんなに美しくあって良いのだろうかと思えた。彼女たちは日本の女性のように髪を結うことをしない。流れるような黒髪はふさふさと豊かな胸に到る。胸の谷間への道標のように首飾りが輝き、白いフリルがうねる。香水を吸い込むと身体中から力が抜けていくように感じた。

「吉兵衛はまだ女を知らないだろう」と茂貞が小指を立てる。「船乗りが上陸する町で女が抱けない町はない。こんど連れてってあげるから楽しみにしてろよ。こっちの女は下の毛も黒い。日本人と同じだ。ちっとも違和感はないから安心しろ。アーッハッハ…」と笑った。

その間、長崎では奉行が長谷川藤広に変わった。彼もまた貿易で指導的な立場にあるロドリゲスがうとましくてしかたがない。代官村山等安と結託して、機会あるごとにロドリゲスを長崎から追放しようと謀るのだが、なかなかこれが上手く行かない。

一六〇六年（慶長十一）、司祭セルケイラが徳川家康に招かれ伏見城で謁見を許された。かつて秀吉がヴァリニャーノに会ったのはインド副王の使節としてであった。今回は違う。司教の服を着たままで駕籠に乗って入城がゆるされた。大名並みの待遇である。キリシタンたちは大喜びした。

翌年、今度は日本管区長パシオ司祭が家康に駿河で会見し、続けて江戸の将軍秀忠とも対面している。帰りはキリシタンの多い地方を巡りながら、大歓迎を受け、五ヵ月後に長崎に戻った。イエズス会士は我慢に我慢を重ねた末にようやく訪れた春を神に感謝した。しかしこの時の家康の態度を「殺す前にネズミをもてあそぶ猫」にたとえる歴史家もいる。

海外では、南蛮人（ポルトガル・スペイン）と紅毛人（イギリス・オランダ）が東アジアを舞台に攻防を繰り返している。新たに進出しようとする者と、それを阻止しようとする者との衝突である。

一六〇三年、オランダ人がマレー半島東海岸パタニに商館を建てたという知らせがポルトガル人を通してもたらされた。それを聞いて望郷の念にかられたのがリーフデ号のオランダ人三浦按針（ウィリアム・アダムス）で、彼はさっそく「貿易を許可する朱印状をオランダ人に手渡すためにも、どうか私を帰国させて欲しい」と家康に願い出たが許されない。

その代わりにクアルケナックと、日本語に通じたサントフォールトの二人が、平戸松浦侯に船を準備してもらい、一六〇五年パタニに到着、そこでオランダ艦隊がマラッカ沖にいることを知り、そこまで出かけて家康の朱印状をオランダ艦隊司令官に手渡すことができた。

しかし当時のオランダ艦隊はポルトガルと交戦中で日本を目指す余裕はない。また献上品さえ十分に準備できない有り様だった。

時をおなじくして西半球ではイギリス船がスペイン船への海賊行為を繰り返していた。エリザベス女王の許可の下、南米の銀を山積みしたスペイン船をカリブ海や大西洋上で襲っては海賊行為を働いていた。地球からかけ離れたところから見下ろす眼があったならば、将来覇権を手にしようとする両国が、西洋と東洋で似たような行動をとっていたのが見てとれたであろう。

オランダ海軍は少しずつ勢力を伸ばしてくる。一六〇六年、アジアの最重要拠点であるマラッカをオランダ船団が三かヶ月半の長きに渡り包囲した。そのため町は水や食糧にこと欠き、陥落寸前まで追いやられた。

それを聞きつけたポルトガル海軍は、インド方面から艦船という艦船を集結させ、三十六隻という大艦隊を組んでマラッカに押し寄せて来た。そうなるとオランダ海軍も包囲網を解かざるを得ない。こうして両海軍の間に命運を賭けた大海戦が開かれた。

その結果、ポルトガル側は二十三隻という軍艦と四千人の命を失った。それに対して、オランダ海軍は二隻と七百人の損失で終わった。勝利はオランダ海軍に味方したが、その戦の中で一艦の指揮をとったオランダ人クアルケナックが命を落とした。

この勝利に自信を得たオランダ海軍は、マカオからの定航船を狙って広東周辺の海上で待ち伏せした。そんなわけで一六〇七年、八年と二年続けてマカオは長崎に定航船を出そうにも、出すことができなかった。

第六章

伽羅《きゃら》にはじまる

徳川家康は伽羅の香りを好み、長崎奉行長谷川藤広に早急に手に入れるよう命じていたが、二年続けて定航船が来ないのでそれができない。それを知った有馬晴信は、かねて所有していた伽羅を家康に献上した。家康は大いに喜び、晴信に船を仕立てて香木を入手するように命じた。

家康がそこまでこだわった伽羅とはいったいどんな香木だろうか。

中国では古くから沈香《じんこう》を焚き、その匂いを楽しんでいた。沈香は現在のベトナム中部の密林に極めてまれにしか見つからず、しかも人工的につくることはできない。それを山中で見つけた者はただちに国王に届けなければならず、もしそれを怠れば片腕を切り落とされる。

それが沈香でその最上級のものが伽羅である。十二世紀後半に中国に伝わり、以来ずっと珍重されてきた。高価なことは金銀にも匹敵する。それを雲母《うんも》片の上に置いて香炉で焚くと樹脂の部分が焦げることなく匂いが楽しめる。家康は絶えず身の回りにその伽羅の香を漂わすことで、自らの地位と権力とをうべなっていたのだろう。

一六〇八年（慶長十三）、晴信が仕立てた朱印船の船頭は天川久兵衛で、家来五十人を乗せて出帆し、占城《チャンパン》で無事に伽羅を手に入れたが、帰りの順風の時期を逃してしまいマカオで越年することになった。乗組員たちは無聊にまかせて市内を横行する。彼らの腰の二本差しは常にマカオの人々のひんしゅくを買った。

そんなある日、末次家の蔵屋敷にいた西吉兵衛の耳に「ハポネス（日本人）、ハポネス！」という言葉が聞こえた。何だろうと表に出ると騒然としている。盛り場でポルトガル人が日本人に殺されたという。

吉兵衛はことの次第を店に告げ、市場に向けて走った。末次平蔵茂貞を含む屋敷の数人もあとから駆けつけて来た。市場はごった返し、日本刀で切られたとみられる死骸が三体横たわっている。片腕が一つだけ身体から離れたところに転がっている。服装から察すると現地の兵士のようだ。しかし日本人はすでに引きあげてその場には見当たらなかった。

「いったい誰が…」と駆けつけたひとりが口にすると、平蔵茂貞が「見当はついている。九兵衛の宿にいる侍に違いない。連中は幕府御用をかさにとって鼻息が荒かった。道ですれ違うときも随分気をつかったものさ」という。

「どうします？」と吉兵衛。

「引きあげよう。先ほどからポルトガル人が我々を見る目が尋常ではない。ここにいたら危険だ」と、一行は常をよそおって蔵屋敷に引き上げた。

切られた兵士たちの上官をアンドレア・ペソーアと言う。優秀な軍人で、オランダ海軍がマラッカを攻撃した時も要塞の司令官として活躍した。その後オランダ軍との海戦で負傷したが、活躍が認められマカオの定航船を守る任務を命じられ、二隻を率いてマカオに入っていた。

ペソーアは報告を受けると、鉄砲を持った兵士七十名を集め久兵衛の宿を包囲した。事件に関わりのない者たちは両手を挙げて出てきたが、そうでない者は最後まで立てこもった。そこで彼は建物に火を放った。そして煙の中から出て来て自暴自棄にふる舞う五名の日本人を射殺した。

その後ペソーアはマカオ市のとった処置を正当化する文書をつくり、日本人の代表者からも認めの血判をもらった。彼は職務上日本との関係をこじらせるわけに行かず、次の定航船「マドレ・デ・デウス号」で、報告書を自らの手で幕府に渡すつもりでいた。

デウス号は、長さ八十五メートル、幅三十二メートル、喫水線上の高さ十七メートル、砲が三十六門という巨大なガレオン船だ。

それが決まるとマカオの市民たちは欠航した二年分の損失を取り戻そうと躍起となった。そのためにデウス号はそれまで長崎に入った定航船の中で最も積荷の重い、喫水線の深い船となった。

晴信の朱印船に乗っていた乗組員とマカオ在住の日本人たちは、デウス号が長崎から無事に戻ってくるまでマカオに抑留されることになった。いわば人質である。

デウス号が五月に出航する噂はオランダ側にも伝わり、オランダの司令官はこれは良い獲物とばかり二隻のオランダ船を送って、船を拿捕する計画を練った。一隻は大砲十八門と臼砲八門を備えた「獅子号」で、もう一隻はヤハト（ヨット）型の「鷲号」で臼砲六門と曲火砲十二門を積んでいた。

両艦は途中でマレー半島のパタニに立ち寄り、わずかばかりの絹・胡椒・鉛（鉄砲玉の原料）などを積み込んで東シナ海を目指した。

平戸オランダ商館

オランダ船二艦は沖縄の西方海上を行ったり来たりして、デウス号が通過するのを今か今かと待ち構えた。ところが船影は一向に現れない。

いつまで待っても姿を現わさなかったので、二艦は長崎付近まで進み、日本人を雇って平戸を目指すことにした。そのとき日本人からデウス号が二日前に長崎に入港した事実がわかった。さては司令官ペソーアは我々の裏をかいて、早めに出帆したのかと気がついたが、あとの祭りである。

平戸に到着したのは一六〇九年（慶長十四）、五月三十日の夜。ここで役に立ったのがパタニで仕入れた商品である。船は武装している。商品なしで入港すれば、誰が見ても海賊船としか思わない。それをカモフラージュしたのだった。

一方、平戸の松浦侯は港に入ったオランダ船を見て歓喜した。

四年前に平戸から二人のオランダ人（クアケルナックとサントフォールト）をパタニまで送り届けたのも、じつは海外交易を取り戻したいという思いがあったからで、その目論みが成功したのである。松浦侯はこの機を逃してなるものかと言わんばかりに、日本では売れ行きの悪い胡椒を赤字覚悟ですべて購入し、またオランダ人が家康に会うために駿河に行くというので御座船まで提供した。それはいたれり尽くせりの気配りであった。

願いがかなったといえば、家康もその一人である。彼にはポルトガル人が貿易を独占しているのが腹立たしかった。どの国でも良いので競合相手が欲しいところだった。その意味でもオランダ人の来航は家康からも歓迎された。

駿府には、デウス号からの使者も到着していたが、家康はオランダ人との面接を優先した。面会してみるとポルトガル人が言うとおりオランダ人の身なりは貧相なもので、絹をまとったパードレとは大違い。献上品もおそまつだった。にもかかわらず家康は彼等に自由貿易の朱印状を与えた。背後に外交顧問三浦按針がいたことと、東洋ではもはやオランダのが優勢であるという情報が彼の耳元に届いていたからである。

遅れて面会したデウス号の使節は、家康にマカオで起きた事件について報告したが、日本人の迷惑行為を強調しただけで日本人の殺害に関しては触れなかった。そこで家康は、以後、日本人はマカオに上陸しないという朱印状を出した。使節は機嫌よく長崎に戻ったが、長崎ではペソーアと長崎奉行が激しく対立して荷物はまだ降ろされていなかった。

長崎奉行長谷川藤広は長崎港に入ったデウス号の巨大さに呆れている。あの中にいったいどれ程のお宝を積んでいるのだろうと、調べたくなり部下を引き連れてデウス号に近づき、自分を船内に入れるように命じた。ペソーアは「他人の家を勝手に家探しするなど誰にも許されない。これ以上干渉するなら他の港で交易する」と断わり、出帆準備に入った。あわてた藤広は出直して、イエズス会のセルケイラ司祭に頼んでペソーアの機嫌をとり直してもらった。

こうして船は長崎を出ることはなかったが、荷物はそのままという状態が続いた。ペソーアにしてみれば二年分の損失を取り戻すためにパンカダ（一括購入）の価格を吊り上げたい。ロドリゲスも同様な立場にある。

一方で領地が増えたことで奉行に次ぐ地位を獲得した村山等安は、藤広と結託してイエズス会とポルトガル商人との絆を断ち切るために、ことある度にロドリゲスを追放しようとした。こうして等安はイエズス会から遠ざかり、かわりにフランシスコ会やドミニコ会に接近し、自ら出資して教会を建てたり、マニラとの貿易を大きくする画策をはじめた。

イエズス会はそんな等安を裏切り者としてきびしく糾弾したが、ドミニコ会は反対に彼の信仰を賛美した。もはやイエズス会士とスペイン系宣教師とは「水と油」になってしまった。

夏が過ぎてもパンカダの値つけは決まらず両者は対立したままだった。

九月、意外な人物が長崎港に現れた。天川久兵衛である。彼はポルトガル人なので、その気になればマカオ市民に簡単に紛れることができる。実際そうやってマカオを脱出し広東に逃れ、唐船に飛び乗った。長崎では末次家の助けを借りて有馬晴信の下に走った。

報告を耳にした晴信は、ただちに久兵衛を伴って駿府に出向き、ことの真相を家康に告げた。日本人が殺されたことを知ると家康は態度を一変した。晴信に向かって司令官ペソーアを捕らえ、デウス号を差し押さえるように命じた。

その頃、平戸に戻ったオランダ人使節一行は、海に面した数軒の家屋を借りて商館とし、二十二歳のジャックス・スペックスを商館長に選んだ。こうして「平戸オランダ商館」が発足した。

デウス号事件

早くも季節は移ろい北西の風が吹きはじめた。ペソーアはその気になればいつでもマカオに帰ることができる。一部のポルトガル商人は上陸して商品の取引をはじめている。

十二月に入り、有馬晴信が長崎に入った。表向きは家康のパンカダについての意見を報告するというものだった。実際にはデウス号を攻めるための兵士をひき連れていた。兵士たちは夜陰に紛れ、目立ぬように小人数に別れて長崎の寺々に忍び込んだ。

晴信は司祭館にセルケイラを訪ね、自分と長崎奉行とペソーアの三名で話し合うために昼食会を持ちたいと申し出た。さっそく使者が走るとペソーアもそれを承知して、招待日は次の日曜日とされた。

その前夜、差出人不明の手紙がデウス号に届けられた。「有馬殿は貴方の船を沈めようとしている。すでに千人の兵士が町中にひそみ、号令を待っている」とあった。キリシタンからの内通だ。

十二月六日の日曜日、ペソーアは早朝に空砲を一発放った。それは上陸し宿泊している者への集合の合図である。こうして五十名ほどが乗船し、船内は合わせて二百数十名になった。

ペソーアは司祭館には姿を現さなかった。代わりに「体調が良くないので食事には遅れる」という手紙が届いた。長崎奉行長谷川藤広と有馬晴信が司祭館から港を見ると、デウス号は出帆準備で人々の動きがあわただしい。

マドレ・デ・デウス号　不正確ながら日本人の目に映った黒船の威圧感が良く表現されている（『新長崎市史』より）

それと察した二人は、口実をつくって司祭館をあとにし、村山等安の屋敷に移った。場所を変えたのは話を司祭に聞かれるとまずいからである。こうして等安を加えた三名が顔を揃えたところで、晴信は懐から家康の指令書を出し二人に見せた。そこには晴信が司令官ペソーアを捕えるか、殺すか、あるいはデウス号を没収すべしと書かれてある。藤広が晴信に「お主、やる気だな」というと、「もちろん」と刀の柄を軽く叩いた。「よし、話は決まった」と藤広がいうと、等安も戸惑いながらも「承知した」と答えた。

先ず有馬晴信の陣営から使者を出し、ペソーアに上陸をすすめたが、鉄砲で威嚇されて近づけない。デウス号はすでに臨戦態勢にあった。いたずらに兵士を失いたくない晴信は攻撃は控えさせた。それを知った藤広はいらだって晴信を腰抜けと非難した。

早々と冬の日が暮れるのを見計らって、ペソーアは錨を断ち切り前帆と主帆を張らせた。デウス号は闇の中をゆっくりと港外に向かって動きだした。それに気づいた晴信の鉄砲隊が小舟で追撃したが、船からの銃に狙撃されて多くの犠牲者が出た。特に大砲がさく裂すると長崎湾に大きな白波が起ち上がり一瞬にして、船も兵士も吹き飛ばされた。その後次第に風が弱くなり、デウス号は港の出口付近で停泊を余儀なくされた。

翌朝も風が弱い。晴信は攻撃の作戦を変更した。その日、兵士たちは長崎周辺を駆けめぐり民家と交渉し、屋根のワラを集めた。それを伊王島まで運び、漁船に松脂を塗った薪を積み込み、その上をワラでおおった。そうやったのち火を放ち、燃えさかる小船を風上から流して、あわよくばデウス号を火だるまにするという計画だった。

しかし船頭のいない船はなかなか思う通りに進んでくれない。ほとんどがとんでもない方角に向かって、見ている者をイライラさせた。たまたまデウス号に近づいても、大砲に一撃されて火の粉と化した。一切が徒労に終わった。

三日目、再度作戦を練り直した。幸いにも今日も無風でデウス号は沖に出ることができない。会議の中で奇抜なアイデアが出された。

デウス号は舳先と艫の部分が極めて高い。その高さに匹敵する船をつくらないと不利である。そこで二艘の大型船を繋いで、その上に木材で三層のやぐらを築いた。櫓《やぐら》の周りを厚い柵で囲み、鎖で補強し、内側の兵士が砲弾や鉄砲の弾を恐れないですむようにした。人々はそれは井楼船《せいろうぶね》と呼んだ。

「井楼」は井桁を組んで高くし、見張り台としてそれまでも利用されてきた。しかし、それを船に応用するというのは奇抜である。この相手にあわせて高い井楼を組むというのは、のち天草島原一揆の原城の合戦でも幕府軍によって採用されている。それによって城壁の内側を偵察したり攻撃することができる。そしてさらにのちになると軍艦の「艦橋」にまで発展する。

月下の決戦

作業が完了したのは四日目の夕方で、数百名の兵士を乗せた船団と二隻の井楼船と六艘の兵船とが出発し、デウス号が外海に出るのを阻むかのごとく横並びした。両者の距離は二百メートルほど。その夜は満月に近くまるで真昼のようだ。

総攻撃は翌朝未明と決められていたが、現場から次のような意見が晴信の下に届いた。「ろくに眠れない一夜を過ごし、ぼんやりした頭で戦うのは如何なものか。さらに夜分に風が吹きはじめたら敵はわれわれが寝ている隙に逃げてしまうであろう。今すぐに敵を討つのが最良の策である」というもので読み終わった晴信は納得し、号令を発した。

夜の海に「うォーっ！」と雄叫びがした。

デウス号は身動きがとれない。晴信側の船だけが間合いを縮めてゆく。デウス号の大砲が火を噴いた。双方の戦士が次々と命を落として行く。どちらかといえば有馬軍の方が部が悪い。ただ有馬の船団は櫂で漕ぐことができる。その点では停泊して向きも変えられないデウス号よりも有利だった。船団はそこにつけ込んで少しづつ近づいていく。

そのうち一艘の兵船がデウス号の高い艫の真下に入った。そこは返って攻撃しにくい場所だ。兵士は紐を掛けて果敢に船縁を登って行くが、なかなか船上まではいたらない。届いてもすぐに海に落とされる。

井楼船はデウス号へと徐々に徐々に舳先との距離を詰めて行く。それに気がついたデウス号の兵士が火壺（手榴弾）を井楼船めがけて投げ入れようとした瞬間に、誤って落としてしまった。たちまち火災が発生し、それが中帆に燃え移った。

帆船にとって帆ほど大切なものはない。乗組員は戦うのを止めて消火に駆けつける。消火しやすいように大勢で燃えている帆を舳先へ押しやったのが悪かった。火はかえってひろがった。もはや船の前方は火まみれになっていく。

乗組員は逃げ場を求めて後部に追いやられた。万事休す。

後部ギャラリー（船尾展望室）にいたペソーアは砲術長に火薬庫に火を放つように命じた。自爆である。部下は真っ青になって「閣下の命令が理解できません」と身体を震わしている。

ペソーアはおもむろに剣と盾を机の上に置き、棚の十字架像を素手に鷲づかみして、ひとり火薬庫に向かった。それがペソーアの最後の姿だった。

大音響がして長崎の山々が揺さぶられた。

炎は天を衝き、火花は星のように舞い散った。長崎の町は明るく照らされ、人々は外に出て港口の方へ眼をやった。神崎鼻《こうざきばな》の山影の彼方が煌々と輝き、元の闇に戻るまでの長い時間を茫然と立ち尽くしていた。やがてどこからともなく、この場に乗じて長崎奉行が教会にのり込んで宣教師を捕えようとしているという噂がひろがった。立ち尽くしていた内町の人々は、教会を守ろうとして堀の入り口を人垣で固めた。

教会内ではセルケイラ司教をはじめイエズス会士たちが身を寄せ合って、ひたすらデウス号の無事なる脱出を祈り続けた。だが彼らの耳に届いた大音響は一瞬にして現実をさとらしめた。

他方、日本人司教や宣教師の助手をしていた日本人たちは、外国人宣教師とは別の部屋に集まり、有馬のセミナリオの後援者である晴信の勝利を祈った。そしてデウス号が撃沈した音に誰もが安堵した。このように同じ教会内部でも外国人と日本人が完全に分裂した。

深夜になって兵士たちに囲まれた晴信が大波止に戻り、その足で教会に入った。勝利したとはいえ多くの部下を失った武将には喜びの表情は見られない。

晴信は残った力をふり絞りセルケイラ司祭の前に歩みでた。そして「奉行から教会を守るために兵士たちを教会に残していく。教会には指一本触れさせない」とたのもしい言葉を残して去っていった。

先ほどまでデウス号のために祈りをささげていた神父たちは、今度は晴信の勝利を感謝する儀式にとりかかった。

マカオの末次平蔵茂貞と西吉兵衛はその日のことは何もしらない。ただデウス号の帰港が遅いのに気をもんでいた。

第七章

事件の余波

デウス号に積まれていた貨物は、爆発により半分は四方八方に吹き飛ばされ、半分は船体と一緒に海底深く沈んでいった。

翌朝には生糸二十万斤余、白糸二千斤余、、絹織物、金襴《きんらん》、綾子《りんす》、羅《ら》、紗《さ》、錦繍《きんしゅう》、真綿、繰綿《くりわた》、水晶、瑪瑙《めのう》、金の首飾り、銀の腕輪、また高級家具や生活道具そして楽器、兵器、薬品、ありとあらゆるものが波間に沈み、あるいは漂い、海の表面は五色に輝き、夢ではないかと思われる光景を呈した。

有馬の役人は奉行所の役人の手を借りて、それらの品々を回収したが、すべてが引き上げられたわけではない。ことに爆発の周辺にあたる伊王島、香焼島《こうやぎ》、神の島、福田に住む人々の中には密かにそれらを拾いあげる果報者が出た。彼等は「こんなことなら、もう一度起きて欲しい」とほくそ笑んだ。京都では絹の不足を見こして価格が倍にはね上がった。

有馬晴信は日野江城で戦勝祝いを済ませるとただちに駿府に出かけ、事件の顚末《てんまつ》を報告した。家康は勝利を喜び、手ずから貴重な刀を贈り、デウス号の荷物はすべて晴信の勝手となった。しかし、彼が長崎に戻った時にはそれらはすでに長崎奉行長谷川藤広によって私物化されていた。

藩主たる者、戦場で手柄をあげた者や、戦死した兵士の家族に償わなければならない。デウス号の火器は優秀で多くの犠牲者を出してしまった。本音を吐けば拝刀よりも祖父の代に龍造寺氏によって奪われた肥前の旧領地の方が欲しかった。そうなれば彼等に土地分け与えることができる。しかしもはや戦国時代ではなく、領地は動かしがたいものとなっていた。そこにつけ込んだ卑劣な男がいる。キリシタン武士で名前を岡本大八という。最初は長谷川藤広に仕えていた。その頃から晴信とも面識があった。その後、彼は家康第一の側近、本多正純《まさずみ》に仕えた。

デウス号事件のあと長崎にやってきた大八は、晴信に向かって肥前の旧領地の件は本多正純を通して家康に言上するからと嘘をつき、その証文まで見せた。晴信は「渡りに船」とばかりに大八に六千両を渡した。その額はイエズス会士の手紙では「懐を空にしてしまうほど」と表現されている。

さらに有馬家に新たな幸運が降ってわいた。家康がひ孫「国姫」を晴信の息子直純に輿入れさせるというのである。家康は出戻りの彼女を直純に押し付けると同時に、島原半島のキリシタンの実情を探らせようとした。

国姫は熱心な浄土宗徒でキリシタンを憎悪していた。身の回りにあるキリスト教関係のものを見つけ次第に破壊させ、そのことを駿府に報告した。直純は国姫の言うがままになっている。

当然、父子の間に確執が生まれた。良い方に向かうとばかり思われていたのに、日食のときにいきなり辺りが暗くなるような不吉な影が差しはじめた。

一六一〇年（慶長十五）、三月、上陸していてデウス号に乗り遅れたポルトガル商人たちが、唐船でマカオに帰された。その船に家康の通商代理人ロドリゲスの姿があった。

長崎奉行長谷川藤広にとってロドリゲスは目の上のコブで、それまでも機会あるごとに彼を貶める機会をうかがってきた。

村山等安もまたイエズス会を首尾よくきり盛りするロドリゲスを疎ましく思っていた。マニラ貿易の最大の障害であった。そこで二人は、何とかしてロドリゲスをマカオに追い払おうとしていた。デウス号事件はその格好の機会を与えてくれた。取引の価格がなかなか定まらず、高価な貿易品まで無に帰した責任をすべてロドリゲスに押しつけた。

イエズス会士もはじめのうちはロドリゲスを弁護していたが、巨額の財産を失った現在、等安と左兵衛の言い分を受け入れることで教会の延命を図ろうとした。「貧すれば鈍する」の譬え通りである。ロドリゲスはその犠牲になった。こうしてロドリゲスは、その席をイギリス人三浦按針《アダムス》にゆずり、こうしてイエズス会は最高権力者家康との間をつなぐ太いパイプを失うこととなった。

スペイン使節ロドリゴとビスカイノ

一六一〇年（慶長十五）、関東ではポルトガル・スペイン・オランダの新たな関係が生まれようとしていた。

それまでマニラから日本に来るのは宣教師ばかりで、本国スペインからの外交使節は一向にやって来なかった。ところが前年九月、フィリピンの臨時総督ロドリゴ・デ・ビベロを乗せた船がメキシコ（当時は「新スペイン」）に帰る途中、遭難して上総《かずさ》（現千葉県夷隅郡御宿町）に上陸した。

ここに図らずも日本とスペインとの外交が始まり、徳川家康はキリスト教の布教を許すかわりに、金銀を効率よく採掘するための鉱山技術師をメキシコから招聘することをビベロに要請した。ビベロはこの時とばかりにオランダ人を海賊呼ばわりして日本から放逐するよう申し出たが、家康はすでにオランダ人には保護を約束しているのでそれは無理であると断った。本根を吐けば家康はスペインから宣教師など来てもらいたくないのである。それをあえて許したのは、彼がどんなに新しい鉱山技術を欲していたかを物語っている。

同年（一六一〇）、ビベロは三浦按針が伊豆半島の伊東で造った西洋船「ニュー・アドベンチャー号」を提供されてメキシコに帰っていった。それは日本で造られた船が太平洋を渡った嚆矢《こうし》である。ビベロは帰国して家康との交渉の次第を報告したが、現地の総督や商人たちは、日本が太平洋貿易に参入するのは自国に不利になると判断した。しかし、ときあたかも日本の東海上に「金銀島」の発見が噂されていたので、幕府への御礼をかねて航海士セバスチャン・ビスカイノを日本に向かわせ、ついでに金銀島の探検を命じた。

こうしてビスカイノは一六一一年（慶長十六）五月上旬に「フランシスコ号」で浦賀にやってきた。太平洋を横断し、黒潮を乗り切ってピタリと浦賀に着岸できた彼の腕前は素晴らしい。

一行はまず江戸に行き徳川秀忠に謁見した。その華美を尽くした行列は衆人の目を引き、贈り物にはスペイン国王の肖像画やマドリッド製の時計などが含まれていた。通訳はフランシスコ会の宣教師ルイス・ステロがつとめた。次に陸路を駿府まで歩き、家康に会い臨時総督ロドリゴとの間で協議されたメキシコとの国交問題の回答が手渡された。それは家康にとって満足の行くものではなかったが、ビスカイノがスペイン船が再び遭難しないよう日本の太平洋岸の測量を申し込むと快く許可してくれた。

朱印状を拝領したビスカイノは測量班を二つに分け、自らは東北と関東地方の測量を受け持った。まず陸路を仙台まで歩いた。会津で大きな地震に会い、藩主会津秀行から地震の起こる原因について質問された。ステロは「地震は風が陸の中に閉じ込められ、それが空中に逃げ出すときに起きる。地上の亀裂はその時つくられる」と答えている。仙台では伊達政宗に歓迎され、三陸沿岸の測量や東北諸藩の地図を写したりして、その年の暮に浦賀に戻った。

その年（一六一一）、平戸では若いオランダ商館長ジャックス・スペックスがオランダ船が一向にやって来ないのにいら立っていた。船が来ないことには商館の意味もない。松浦氏からは「オランダ人はやはり海賊だったのか」と嫌味をいわれる。

たまりかねたスペックスは館員をシャムに派遣し、自らもパタニに出かけた。こうして同年七月、若干の荷物を仕入れたのち平戸に戻った。若さが持つ行動力である。その後三浦按針に手紙を出し、駿府で将軍家康に謁見する際には助けて欲しいと依頼している。

一方、デウス号を失ったマカオ市民は失意のどん底にあった。長崎貿易はマカオの生命線だ。これを回復しなければ生きて行けない。一六一〇年の議会は紛糾に紛糾を重ね、意見はまとまらなかった。翌一六一一年（慶長十六）、ようやくドン・ヌーノ・ソート・マヨールをインド副王の使節として日本に派遣することを決め、その際マカオに拘留中の日本人と、商売で逗留していた末次家の人々を帰国させることにした。

使節を乗せた船は事件のあった長崎を避け、薩摩に上陸した。そこで日本人たちは解放されたが、西吉兵衛だけは通訳として使節一行に加わることになったので、平蔵茂貞に長崎の両親や家族への伝言を頼んだのち二人は別れた。

同年七月、一行は駿府《すんぷ》に入った。そして駿府城の華やかさに目を見張った。吉兵衛はヴァリニャーノが眠っているマカオのサンパウロ教会を目にしている。建物の大さと壮麗さにおいてそれに勝るものは世界には無いだろうとばかり思っていた。ところが駿府城はそれをしのいだ。中央に七階の天守を仰ぎ、外周を無数の櫓が囲み、長い石垣が幾重にも巻いている。上には上があるものだ。そう思った。

吉兵衛は南蛮人と寸分違わぬ言葉をあやつる日本人として、家康に記憶された。そしてさっそく本多正純に呼び出された。正純にはローマカトリックとプロテスタントの違いが良く理解できない。三浦按針は正純に向かって自分たちはイエズス会士とは違うという。布教はしないともいう。でも同じ「キリスト教徒」でありながら何故そうなるのか、そこがいまひとつ良く分からない。それを吉兵衛に問うてきた。

しかし吉兵衛にもそれに答えることができなかった。彼自身プロテスタントには出会ったこともない。オランダ人は彼にとっても「海賊」でしかなかった。

吉兵衛はこの時ほど自分自身を「井の中の蛙」と感じたことはない。マカオに出かけたくらいで増長していた自分自身を恥じた。世界はさらに広いのだ。長崎に帰ったら、オランダ人にも会わなければと思った。

浦賀開港の夢

一六一一年（慶長十六）の夏は図らずも、三ヶ国の使節が駿府と江戸と浦賀を訪れている。五月、先ずメキシコからの使節セバスチャン・ビスカイノ。これについてはすでに述べた。七月、マカオからの使節ドン・ヌーノ・ソート・マヨールが到着した。駿馬四十八頭を揃え、従者にいたるまで全員がビロードの制服で身を整え、音楽隊が吹奏する中を進んだ。贈答品も金杯、金時計、宝石など豪華を極めたものばかり。その後一行は江戸まで足を伸ばし将軍秀忠にも謁見した。帰路に駿府で貿易の許可を貰うことができたが、デウス号の積荷の損害賠償の件についてはまったく無視された。

そのわずか一週間後、三浦按針に伴われたオランダ使節ジャックス・スペックスが家康の前に顔を出した。按針は東海道の丸子《まるこ》の宿でスペックスを待っていた。オランダとの貿易は自分が言い出したことなのでどうしても成功させたいのである。

スペイン、ポルトガル人の贈呈品や服装と比べると、オランダ人のそれは見劣りするものではあったが、それでも家康は機嫌よく彼らを迎え入れてくれた。斡旋してくれた按針の存在がモノを言ったのである。挨拶の儀式が終わると家康自らスペックスに向かって言葉をかけた。

「モルッカ諸島にはどれくらいのオランダ兵士がいるのか」、「最良の伽羅を産するのは何処の国か」、「ボルネオで良質の樟脳を産するというのは本当か」などの質問をした。スペックスはその一つ一つに誠実に答えた。その場で話がビスカイノの地図の測量の件におよぶと、按針がにわかに身を乗り出した。

「お言葉ですが、我が国ならそんなことは決して許さないでしょう。考えても見てください。海岸線を知られることは、敵に上陸し易い場所を教えるようなものです。私が思うに、そのメキシコからの使節が太平洋沿岸を測量するのは、本当は近頃噂されている『金銀島』の位置を知りたいからでしょう」。

「なに？　金銀島？　そんな島が日本の近くにあるというのか」と家康。

太平洋航路を往復したスペイン船の模型
（『大航海時代の日本』より）

「はい、スペイン人が発見したと噂されています。その島が日本からどれだけ離れているのかを知るのが本当の目的だと思われます」。

家康はビスカイノに測量を許したことを後悔した。

ビスカイノが浦賀に来たとき、たまたまオランダ人スペックスも浦賀に来ていたが、両者は決して顔を会わそうとはしなかった。ビスカイノは四ヶ月後に浦賀を立ち関西に向かった。

この年に来日したスペイン・ポルトガル・オランダの使節たちは、それぞれ家康から浦賀に立ち寄るよう命じられた。それは家康が浦賀に商館を開きたかったからで、その立地条件の良さを目にして欲しかったからである。

しかし本命とされたオランダ人にしてもすでに平戸の松浦氏と交わりが出来ていたし、易々と平戸を離れるわけにいかない。この時、もし海外貿易港が浦賀に決まっていたら日本史の中に「出島」は登場しない。

また幕末に蒸気船に乗ったペリー提督が、長崎を無視して浦賀に来航したことを思えば、家康のこのこだわりが新たな意味でよみがえる。

徳川家康の禁教令

有馬晴信は、家康から朗報が来るのを今か今かと待ち構えていた。しかし待てど暮らせどそれがない。駿府に足を向けた際、岡本大八自身に問うたこともある。大八は「江戸の幕閣に根回しをしているところである。今しばらく待たれよ」と繰り返すばかり。ついに業を煮やした晴信は大八との詳しい経過を手紙にしたため上司の本多正純に報告した。

正純は驚いた。家臣が自分の名前を利用して巨額の賄賂を受け取ったとなると自分にも責任がかかってくる。

一六一二年（慶長十七）二月、正純は晴信と大八の二人を招いて弁明させた。その席には長崎奉行長谷川藤広も含まれていた。その場で晴信が大八から受け取った偽の証文を提出したので、大八は観念して悪事のすべてを認めた。ところが死刑が決まった大八は獄中から晴信を逆に提訴した。晴信が長崎奉行長谷川藤広を殺そうとしたというのである。

話は二年前にさかのぼる。デウス号が夜に入って帆をあげた時、藤広は「晴信の攻撃がぐずぐずしているから、こんなことになったのだ」と晴信を責めた。それを知った晴信は、「おのれ。藤広め。よくもそんなことが言えたものだ。もしこれでペソーアをとり逃がすことになれば、藤広を殺して奉行所に火を放ち、自腹を掻っ裂いてみせようぞ」と周囲をはばからず怒鳴り散らした。

それは否定できない。晴信は申し開きができず所領を没収され、甲斐の鳥居成次の屋敷に預かりとなった。のみならず身内からも攻撃をくらった。国姫と正純が藤広と手を結び、晴信の密貿易に関する不正を暴露した。

「この大うつけがァ！」家康は怒った。晴信もキリシタンなら大八もキリシタン。いま日本の沿岸を測量中のビスカイノもキリスト教徒だ。「これ以上、許してはおけぬ！」

同年三月二十一日、家康は安部川の河原で岡本大八を火焙りにし、息子を斬首に処した。その日のうちにキリシタン禁止を表明し、おひざ元の駿府城を調べさせたところ、なんと男女十七名のキリシタンが発覚した。即座に旗本ら十四名を改易・追放し、残りの御殿女中を島流しにした。

五月、晴信の蟄居部屋を兵士百五十名が取り巻き、鳥居氏が切腹の上意を伝えた。もとより覚悟はできていた。

晴信は妻ジュスタが有馬から駆けつけて以来、彼女と一緒に熱心にオラショ（聖務日課）につとめた。遺書もつくった。跡継ぎの直純にはささやかな忠告と、父子の間の確執で悩ましたことを詫び、長谷川藤広という政敵にまで「すべて水に流して欲しい」と陳謝した。

その後、鳥居氏に向かい、「自分は切腹する勇気に欠けるわけではない。しかし私が信じるキリスト教では自死を禁じている。ゆえに斬首をもって命令を遂行させて欲しい」と乞うた。

介錯は晴信を幼少より補佐してきた大町梶左衛門。十字架と二本の蝋燭《ろうそく》を前に祈りを唱え、右手が十字をきった瞬間、太刀が振りおろされた。晴信、行年四十六歳。妻のジュスタは駆け寄って晴信の首を拾い上げ胸に抱きしめた。イエズス会士の手紙には、「優しくキスをした」とあるが修飾であろう。

晴信の疑獄事件に端を発した禁教令（一六一二）は駿府・江戸・京都に布告され、フランシスコ会やアウグスチノ会はたちまち壊滅状態に陥り、イエズス会は全国八十六か所の教会と司祭館をあわただしく閉鎖して、最後の拠り所長崎へと逃れた。ただこの禁教令も幕閣内部の対立や慎重論もあって次第に鎮静化していった。

嵐の前の静けさ

一六一二年（慶長十七）、十月の満月の夜のこと。吉兵衛は岬の教会にあった。彼の側には新妻の妙《たえ》がいる。両親は吉兵衛の長過ぎたマカオ滞在に凝りて、再び国を出ないように妻帯させた。妙は十五歳。豊後から長崎に来た医者の娘である。

教会では家康の禁教令により京都から長崎に追われたスピノラが忙しそうに立ち回っている。彼はイタリアはジェノヴァの豪商にして貴族の出で育ちも良く、グレゴリオ暦の改暦に関わった数学者クラヴィウスから天文・数学・暦学を学んだ理系の人だ。ロドリゲスがマカオに去った後、プロクラドール（会計係）を勤めている。スピノラは帳簿を見てイエズス会の将来を悲観したが、できるだけ表には出さないようにした。

西吉兵衛は有馬のセミナリオでスピノラと旧知の仲だったので、夫婦連れで今宵の月食の観測会に招待された。教会の敷地内には神学生や町の人々も招かれている。

スピノラは集まった人たちを前に宇宙論を展開した。

「みなさん。私たち人間はあまりにも小さい。小さすぎて水平線が真っ直ぐにしか見えない。それは本当は大きな球体の一部なのです。ここにお集まりの長崎の皆さんには大地が球体であることが理解しやすい。なぜなら宣教師たちがヨーロッパからこの長崎に来るのに、イエズス会士は東周りで、スペイン系の宣教師たちは西周りで来ているのをご存知だからです。もし大地が平坦だと両者は離れて行くばかりでそんなことは起き得ません」

吉兵衛はスピノラの日本語がすっかり流暢になっているのに感心した。

神父は続ける。「この地球はひろい宇宙の中心に静止しています。もしそれが動いていたならば、私たちはじっとして立っていられないでしょう。風は荒々しく吹きまくり、地上のすべてのものがなぎ倒されるに違いにない。潮の流れも影響されるだろう。船も自由に航行できない。地球が不動であればこそ私たちは安心して立っていられるのです」

「地上ではあらゆるものが千変万化する。日本の皆さんが口にする『無常』です。季節が移り変わり、山川草木がそれに従うように、人々も年を重ねるにつれて容姿が衰えてゆく。地上には恒久なものは何ひとつない。皆さんが大好きな月も毎夜かたちを変える。月は変化のある地球の影響をうけているが、しかし月から外側は天界に入るので何の変化も起こらない。天界は神がつくって以来なんら変化がない。月の彼方には水星・金星・太陽・火星・木星・土星の順序で遊星《ゆうせい》（惑星）がめぐっている」

「天界はエーテルという透明な物質で覆われ、タマネギの皮のように幾重にも重なっている。そして遊星が尽きるところからは先には恒星天があり、その果てに到ってようやく天国がはじまる。皆さん、天国というところはそれほど遠いところにあるのです」

神父の話を聞いていると、まるで自分が背中に羽根の生えた天使になって宇宙を駆けめぐるかのような錯覚におちいって行く。

「今宵これから月食がはじまろうとしている。月食は決して月が削られるものではない。太陽を背にした地球の影が月面に当たっているだけなのです。つまり食の影はいま私たちが立っている地球の影なのです。これほど地球が丸いという明らかな証拠は他にない」

「天界は神が与えた力により一日に一回転している。だから月食のはじまる時間は西から東へと移動する。その時間差を利用して二つの場所がどれくらい離れているかがわかるのです」

日本人はそれまで日食や月食をひたすら畏れ敬うだけであったのに、ヨーロッパの人々はその原理を利用して地球を計ろうとしている。

　のちスピノラはマカオと手紙をやりとりして、長崎では月食のはじまりが二十一時三十分、マカオでは二十時三十分だったことが判明した。すなわちマカオ〜長崎間は一時間の差があることことが計測された。ということは地球の周囲三百六十度からすれば十五度になる。

　あの月食の一夜はあとから振りかえると、嵐の前の静けさとして吉兵衛の頭に記憶されている。

II　禁教と迫害の嵐

第八章

平戸イギリス商館

家康に仕えた三浦按針（ウィリアム・アダムス）はオランダ人がマレー半島のパタニ（現タイ）に商館を持ったという知らせに、イギリス東インド会社気付で故郷の妻に宛てた手紙を書いた。一六〇五年のことである。それは様々な妨害に会いながらもジャワ島バンテン（現インドネシアのバンテン州）の英国商館に届き、その商館員の返事が七年後に按針の手に入った。

文通が可能になった按針は一六一三年に手紙『未知の同国人へ』をしたため日本貿易の有望性を説き、来航の際には浦賀を目指すようにと地図まで添えたのであるが、その手紙がバンテンに着いたのは日本を目指すイギリス艦クローブ号が出帆した二日後のことだった。この行き違いは、まるでボタンの掛け違いのように最後まで尾をひいた。

一六一三年（慶長十七）六月、クローブ号は浦賀ではなく平戸に投錨した。司令官ジョン・セーリスはさっそく按針宛てに書面を出したが、飛脚の手違いから按針の手に届くのが大幅に遅れ、二か月近く無駄にしてしまった。その間にセーリスと松浦家が親しくなったのは自然の成り行きだろう。

八月、セーリスは按針と共に家康に会見し通商を許可された。家康にしてみればイギリスが通商に加わるのは願ったりかなったりだった。セーリスもまた浦賀の視察を命じられ、そこが良港であることを認めながらも、平戸に商館を建てた。これで家康の浦賀開港の夢は消えてしまい、英蘭二つの商館を得た松浦氏は笑いが止まらなかったであろう。

十一月、按針はクローブ号が日本を去るとき同船で帰国できたにもかかわらず、直前になってそれを断念した。按針には、自分より目下のセーリスが冷たく振舞うように思えた。一方セーリスには按針があまりにも日本人寄りの判断をみせるので警戒していた。イギリス人の按針にしてみればオランダ人とはうまく事が運び、同国人とは反りが合わなかったのだから皮肉である。

その後按針は平戸イギリス商館員の契約社員として働き、一六一五年、琉球からサツマイモの苗を商館長リチャード・コックスにもたらした。園芸趣味の持ち主だったコックスはそれを畑に植えて、日本で最初のサツマイモを栽培した人物となる。

父有馬晴信が処刑されたのち、直純は所領を安堵され国姫と共に領地南島原に戻った。そして宣教師を追放し教会とセミナリオを破壊した。さらに踏み込んで家臣たちに信仰を捨てるように迫った。しかし長い間キリスト教を信仰してきた土地柄からなかなか効果があがらない。ついに火焙りの殉教者を出す始末になった。直純はこれ以上キリシタンを迫害するのに耐え切れず、領地換えを願い出た。

家康は孫娘国姫のことを思って直純を一万五千石加増した上で、日向延岡（宮崎県）に移封させた。その際藩主に従わず故郷にのこった家臣や百姓、あるいはその末裔が、のち「天草島原一揆（島原の乱）」の中核となる。

一六一二年（慶長十七）東日本の測量を終えたビスカイノは西日本を測量しつつ関西を目指し、堺で九州から来た測量隊員と合流した。両隊の測量結果を合わせ地図を完成させ、京都で家康・秀忠父子にそれを贈呈した。

秋、ビスカイノはサン・フランシスコ号で浦賀を出帆、金銀島の探検に乗り出した。そんなものあろう筈もないのだが、指示された辺りをめぐった挙句、大風に遭遇し、五十三日振りに破損した船で浦賀に戻った。ビスカイノは船の修理費用を将軍秀忠に申し込んだが、すでに家康の禁教令（一六一二）が出された後なので黙殺された。強いストレスに悩まされたのかビスカイノ自身も床に伏してしまった。

でも運命はそんな彼を見離さなかった。ときあたかも仙台藩主伊達政宗がメキシコに「慶長遣欧使節」を送り込もうとしており、造船ならびに航海術についてビスカイノの協力を乞うてきた。「渡りに船」とはこのことで、ビスカイノ一行は『陸奥丸』を建造し、一六一三年（慶長十八）九月、牡鹿半島の月ノ浦を離れた。

デウス号事件とロドリゲスの追放によって、長崎奉行長谷川藤広と代官村山等安の存在はいよいよ重くなった。等安のお陰でフィリピンからの船は毎年のように長崎に入って来た。イエズス会のセルケイラ司教はこのままでは自分たちの貿易はマニラ貿易に乗っ取られてしまうと危機感を抱いていた。

ロドリゲスを追放した等安はスペイン商人と手を結び、時代の勢いは誰の目にも等安に味方しているように見えた。外国人商人からも「トーアンは日本一の金持ち」と噂が立った。

そうなると人は驕りたかぶる。等安も例に漏れず茂木に豪華な別邸を構え、毎日のように酒池肉林の宴会を開き、あちらこちらに女を囲い、ひいては婚約中の女性に手を出し、相手の若者と一族まで皆殺しにして周囲を驚かせた。さらに妻ジュスタの侍女にまで手を出そうとしたところを、息子たちが聞きつけて父に刃をむけて必死の思いで阻止した。

さすがの等安もこれで目が覚めた。女たちに十分過ぎる金品を分け与え、すべて自由の身にした。以後、彼は人が変わったようにドミニコ会やフランシスコ会の教会を建てたり、マニラとの貿易に精を出した。

そんな等安の存在は末次平蔵政直にとって不愉快この上なく、等安の名前が出ただけで苦虫を潰した表情になった。ある日そんな彼のところに番頭がやってきて、古い一枚の紙を顔の前に開いてみせた。「この証文は如何いたしましょう。なんなら捨てましょうか?」と意味あり気に笑う。

見て驚いた。父興善の時代の等安の借用証文である。「こんなものいったいどこから出てきた?」「へい、古いつづらを整理していたところ見つかりました」。

三十年前の和紙は黄ばんでいるが破れてはいない。金額は銀十五貫目。馬鹿にできない額だ。利息が月一割五分ともある。彼は縁側に出てしばらく眺めていたが、やがて算盤を持ってこさせパチパチとおいてみた。現在までを三百六十八ヶ月として単利計算で八百二十八貫目という数字になる。彼は証文を番頭に戻して、「これはお前さんが見つけたのでお前さんに返す。利子の八百二十八貫目というのは結構な額だが、今の等安なら何でもなかろう。どうする？　持っていくかい？」と尋ねると、「では出入りの誰ぞにやらせてみせましょうか。駄目で元々と申しますから」。ということで伝兵衛が選ばれた。彼はマカオでいざこざを起こした一人で、わけあって帰郷していない。

代官村山等安には簡単に会うことはできない。伝兵衛はドミニコ会のキリシタンに渡りをつけてもらい、ようやく等安に会うことができた。

等安すでに五十六歳。若い頃には南蛮船の船首に飾られた女神に似ているともてはやされた細面の好男子も、もはや肉がつき四角い別人のような顔になっていた。だが、口跡の明瞭な声は相変わらずで、聞く者に聡明さを感じさせる。

証文を手にした等安はしばらくの間ためつすがめつしていたが、ついに自分の筆跡と認めた。そして、「で、拙者にこれをどうしろと言うのだ？　まさか今になって利子をつけて払えと言うのではあるまいな…」「いかにも。申される通りでござる。なーに、今の御代官さまなら屁でもない話でございましょう」

等安の足元に一匹の狆《ちん》がすり寄ってきた。「おー、よしよし」。両手で救いあげた等安は、赤子でもあやすような仕草で間をとった。そして続けた。

「汝は何の仔細も知らないからそんなことが言えるのだ。いいか、この証文は確かにわしが書いた。しかしそれはもう済んだことなのだ。何時であったか南蛮船が入ったときに、わしの口利きで興善殿に一儲けさせたことがある。その際この借銀を棒引きにすることになって、興善殿はこの証文を探しに探したのだがついに見つからなかったのだ」

「それで新たに証文をつくって私の手元に置いてあったのだが、それは慶長六年の長崎大火の際に失くしてしまった。不覚といえば不覚。だがあの火事のときはどの家も着の身着のままで逃げ出すのが精いっぱいだった。どうだ。わかったか。そんな事情も知らないまま、ノコノコとわしの前に出てきおって、誰の入れ知恵か知らんが、場合によってはタダでは置かんぞ」

等安は狆を床にもどしながら語気を和らげた。「なァ、伝兵衛とやら。お前さんにとってそんな証文何の役にも立たぬ。どうじゃ、今ここでわしに差し出せ。タダでとは申さぬ。わしにとっては思い出深いもの故、銀五貫目でどうじゃ？」と歩み寄ってきた。

伝兵衛は、「道理はごもっとも。しかしながらわたくしめにもこの証文を渡した者との約束がござりますれば、手前の一存では決めることができませぬ……。これで失礼いたす」と門を後にした。

等安は伝兵衛の背後に平蔵を見てとった。両者の対立に火が点いた。しかしこの時の平蔵の訴訟は退けられた。等安を貶めることはできなかった。

キリシタンの追放

一六一三年（慶長十八）十二月、幕府は全国におよぶ禁教令を布告した。それは家康の命によって外交を扱っていた僧侶金地院崇伝《こんちいんすうでん》によって書き上げられた。秀吉のバテレン追放令と同様日本を神国とみなし、キリシタンの最終目的を日本の征服と断定する。

理由の中に「キリシタンは処刑された悪人を尊敬する」という下りがある。処刑を命じる側からすれば長崎の二十六聖人がそうであったように、殉教のたびに「罪人」が崇拝されるという異様な光景が現われた。罪人の身体から流れる血を争って布切れや着物に浸したり、四肢をバラバラにして争い、血が染み込んだ土まで持ち帰る。それが理解できない。不可思議なのだ。

翌一六一四年（慶長十九）、大久保忠隣《ただちか》は京都にはいり、ただちに教会を破壊して火を放った。捕縛されたキリシタンは俵に詰めこまれ顔だけ外にさらされ、鴨川の河原に積み上げられた末に薪に火をかけられ焼き殺された。

ところでこの禁教令には、家康の戦略が巧みに隠されていた。

彼の晩年の目的は二つ。宣教師の追放と大坂城の豊臣家の殲滅である。関ヶ原の戦いののち、小西・宇喜多・大友・毛利などの改易大名の家臣には多数のキリシタンがいた。彼らの多くは浪人となり、キリシタンに好意を抱いていた大坂方に仕官する者が少なからず見られた。

なかでも家康が目を配ったのは播磨を改易されたのち前田家に招かれていた高山右近。彼は歴代の知将でもあり、高潔な人柄と熱心なキリシタンとして世間の尊敬を一身に集めていた。その右近を頂点とした三十七万人のキリシタンたちが集まると、かつて戦国時代に家康が苦杯を舐めた三河の一向一揆と少しも変わらない。幕府は高山右近と内藤如安の一族を京都所司代に引き渡し、長崎に送るよう命じた。つまり今回の禁教令は豊臣家を滅ぼすための戦略のひとつでもあった。

長崎に禁教令が届く直前の二月、セルケイラ司教が六十二歳で亡くなった。日本の教会を主宰すること十六年。スペイン系の宣教師の来日に反対しながら、彼らからも敬愛される稀有な人物だった。そんな彼が長崎の教会が破壊されるのを目にすることなく召されたのはむしろ幸せだった。

一六一四年（慶長十九）五月、長谷川藤広が駿府から長崎に戻り、教会の管区長や町年寄を集め禁教令を伝えたのち、宣教師たちにはその年の十月を限り長崎を立ち去る準備をするように伝えた。

長崎のキリシタンは猛反発した。

五月は「聖マリアの月」で宗教行事が多い。先ずフランシスコ会が、次にドミニコ会、アウグスチノ会、イエズス会が次々と聖体行列《プロシッサン》を行い数千人ものキリシタンが町中を練り歩いた。あるものは血の贖罪をし、あるものは十字架を負い、あるものは口にさるぐつわをつけ、身体を鎖で締めつけていた。それは宗教行事に姿を借りた幕府への抗議以外の何物でもなかった。

六月、マカオから定航船が着いた。イエズス会士は喜びの声を挙げた。この船がもたらす商品が長崎奉行と幕府に利益をもたらし、それが禁教令を緩めるのではないかと期待したからである。

ポルトガル商人の代表者は駿府と江戸を訪れ禁教令が貿易に有害になることを力説したが、何の変更も加えられなかった。宣教師たちの中には早々と潜伏を決め込んだ者たちが長崎から姿を消しはじめた。

ついにその日がやって来た。十月五日から八日にかけてマカオとマニラ向けの四艘の船がそれぞれ出帆した。高山右近が「船が小さ過ぎて修道女たちを同行できない」と訴えたが、「外甲板に括りつけてでも連れて行け」と無視された。

マカオに向かう船にはイエズス会士と同宿《どうしゅく》（宣教師の世話をしながら修行する人々）が六十名、マニラへの船にはフランシスコ会士四名、ドミニコ会士四名、アウグスチノ会士二名、教区司祭二名、イエズス会士二十三名が乗っていた。

長崎奉行長谷川藤広は、追放の船が沖に消えるの見届けるとすぐに、平戸・大村・唐津・佐賀の役人や兵士を動員して主だった十一の教会を破壊させた。そんな長崎に大坂城から高山右近を呼び戻す密命が届いたが、わずか三日遅れで間に合わなかった。

岬の教会の破壊には平戸藩が兵を出した。平戸の異教徒たちは、途中まで壊したところで面倒くさいといわんばかりに火を放った。

西吉兵衛と父は大勢のキリシタンにまじって教会の入り口に続く道の上に立ち尽くし、煙に包まれ崩れて行く教会を最後まで見守った。壁が崩れるたびに足裏に地響きが届く。屋根が落ちて瓦が砕け散る音がする。キリシタンの町、長崎が滅びる音であった。

同月、畿内では「大坂冬の陣」の幕が切って落とされ、淀姫と秀頼は絶望の淵に追いやられ講和に持ち込んだが、翌一六一五（元和二）年の「夏の陣」で豊臣家は壊滅した。

幕府の目がこの戦争に向けられているうちに、一時混乱におち入った長崎のキリシタンたちは立ち直りを見せていた。長崎を出帆しマカオやマニラに向かった船は長崎半島に沿って進み、幕府の目が届かない安全なところに来ると、何処からか小舟が姿をあらわし、宣教師を上陸させた。彼らの向かう先はキリシタンが残っている島原半島である。そのあと何年もに渡り、マカオやマニラに追放された宣教師たちが島原半島や長崎半島めがけて続々と潜入を続ける。

村山等安の台湾遠征

徳川家が夏の陣に勝利した一六一五年（元和一）、末次平蔵は幕府に二度目の訴訟をおこした。彼は村山等安の年貢について調べあげ、その大部分を等安が横領していることを指摘、自分を代官にすればさらに多くの年貢を上納できると主張した。等安は自己弁護のために江戸に出て身の潔白を主張、今回も平蔵の訴えは取り下げられるかと思われた。

しかしここに来て何度も訴えられる等安に疑念を抱いた幕府は、彼に台湾遠征の朱印状を押しつけた。台湾は海外貿易の中継基地として恰好の位置にある。また家康にしてみれは、夏の陣で秀頼の遺体が行方不明になっているのも気がかりだった。世間では秀頼が密かに大坂城から逃れ、琉球を経て台湾に生きているという噂が流れていた。

それにしても軍人でもない等安に、台湾遠征を命じること自体とても正気とは思えない。背後に平蔵政直と手を結んだ長崎奉行長谷川藤広がはたらき、等安を貶めようとしていた。等安は莫大な資金を投じて大型艦船、乗組員、傭兵を揃えなければならない。しかしそんな彼の下には幕府の禁教に反発する多くのキリシタンが集まり、等安は彼らの協力を得ることができた。

一六一六年（元和二）、三月、等安の三男村山長安を司令官にした十三艘の大船団が長崎を出帆した。外町の大勢の人々がその出港を見送った。

その直後、家康が七十四歳で他界した。彼はキリスト教の布教には終始反対したが殉教者を出したことはない。その目は広く世界に向けられ最後まで太平洋貿易を模索した。しかし家康の後を継いだ秀忠や家光にはそれだけの見識もなければ度量もない。その後家康の外交顧問だった三浦按針も疎まれたすえに、平戸のイギリス商館の仕事に力をそそぐより他なかった。

ところで、等安が命じられた遠征隊はどうなったのだろうか。

長崎を出航したのち琉球を目指したが途中で台風に遭遇し四散し、一部の船は長崎に引き返している。残る一隻が台湾に到着したがまもなく土民に襲われ自滅した。別の二隻は中国沿岸で貿易を申し込み断られ、中国人数名を拉致して帰国している。

村山長安が率いる三隻は、交趾《こうち》（ベトナム）に到着、たまたま現地を訪れていた三浦按針と交易上の交渉を行い、帰路にマカオに立ち寄り、大胆にも長崎を追われた神父を一人乗せて翌一六一七年夏に長崎に戻っている。

このように台湾遠征は支離滅裂の結果に終わってしまった。秀吉の時代から長崎貿易を牽引してきた等安の財産はこのようにして浪費され、多大の犠牲者を出したことで世間の不評を買った。またそれが家康の目的でもあったのだろう。

逆に末次平蔵は内町の町年寄たちと手を結びさらに、長崎奉行を巻き込んで反等安派をつくりあげた。長谷川藤広は家康の晩年に堺奉行を兼任することになり、長崎を留守にし、自分の代わりに甥である長谷川権六を奉行代理に任命した。以後、権六は末次家と組んで、さらなる等安の追い落しを図る。

家康が亡くなった一六一六年（元和二）の秋のこと、西吉兵衛は本博多町の奉行所に呼び出され南蛮大通詞を申し渡された。唐突なように見えるがそうではない。彼がマカオ使節と共に駿府にあったとき幕府中枢に吉兵衛のことが記憶されていた。

そして将軍秀忠はマカオ貿易を幕府の管理下に置き、また長崎のキリシタンを捜索し締め出す上でも、自在にポルトガル語があやつれる吉兵衛が必要だった。吉兵衛二十六歳のことである。

第九章

徳川秀忠の禁教令

徳川家康の死により、権力は二代将軍秀忠に移った。

駿府の政府は解体され江戸に吸収されようとした。そのさい政権内部に分裂の危機が生まれたが、大坂の豊臣方との戦いにより統一され、無事に危機を克服できた。秀忠はそれをさらに継続するためにも新たな目標を探さなければならない。そこに「キリシタン」が浮かんでくる。

家康の死後四ヶ月、秀忠は父に次いでキリスト教を厳禁し、唐船をのぞく外国商船の入港を長崎と平戸に制限した。この時、英・蘭の国内での自由な商売も禁止した。したがってこれを鎖国に到る第一段階と見ることもできる。鎖国政策は家康からではなく秀忠にはじまる。

一六一七年（元和三）、家康の遺言に従って久能山から日光山に改葬し終えた秀忠は、将軍家の威力を見せつけるために数万の兵を引き連れて上洛した。その二条城で三浦按針が平戸イギリス商館長コックスを伴って訪問したとき、「キリスト教徒は処刑する」と明言した。二人は驚いて、自分たちはポルトガル・スペイン人とは異なり布教はしないと弁明した。オランダ人の弁解は常にこうである。キリスト教徒でありながら「彼らとは違う。布教はせず商売だけに徹する」と言う。日本人には分かりにくい。

世の中が落ち着くと幕府の耳に、追放したはずの宣教師がなお国内に潜伏していることが報告された。長崎住民を厳しく調べさせたところ、二名の宿主が見つかりただちに処刑された。また大村純頼《すみより》（純忠の孫）にも取り締まりを強化させたところ、領内に四名の宣教師が見つかりこれも処刑した。

長崎奉行長谷川藤広が大坂に転出し、その後を甥の長谷川権六が継いだ（一六一六）。彼は町年寄を呼び出して幕府の意向を説明し、キリスト教を棄てるようながした。

こうして一六一八年（元和四）、まず末次家が仏教徒に転宗、つづいて高木氏も棄教した。高木氏は権六から「棄教しないなら家督相続を認めない」と圧力をかけられ屈服した。二人の棄教は内町の人々に大きな波紋を投げかけた。

当然のことながら権六はオランダ大通詞西吉兵衛にも改宗をすすめてきた。吉兵衛にはすでに長子「新吉」が生まれている。ここでオランダ通詞を辞すわけにはいかない。父は、「幼児洗礼を受けさせたのは自分であって、お前の意思ではない。仕事が続けたいなら棄教しても構わない」と言ってくれた。

吉兵衛は高木家の二代目忠次と相談して、曹洞宗の晧台寺《こうたいじ》を菩提寺に決めた。禅宗はかつて巡察使ヴァリニャーノが、イエズス会を組織化する上で参考にした宗派でもある。こうして吉兵衛は家族とともども仏教徒になった。

ガリオット船団

その一六一八年（元和四）から、マカオから来る定航船の様子が一変した。屏風絵に描かれたような大きな南蛮船が姿を消した。

デウス号のような大型のガレオン船にたくさんの貨物を積めば速度が落ち、海賊を働くオランダ船の恰好の餌食となる。そこで帆でも櫂でも走れる小型の「ガリオット船」に目をつけた。試みにそれで長崎に向かわせたところ、これがまんまと成功した。大型のオランダ船はガリオット船を追撃できなかった。

以後、マカオからの定航船は荷物によって複数のガリオット船を用いることに決まった。そうすればリスクの拡散にもなる。

その年の定航船には吉兵衛がマカオでの顔見知りが大勢乗っていた。それまで教会で行われていた取引は、本博多町の奉行所に移された。

末次平蔵政直は江戸に三度目の訴訟を起こした。それは個人対個人の執拗な問題ではなく、内町と外町という分裂した町人層の勢力争いでもあった。

今回平蔵政直は、村山等安の息子がキリシタンであると訴えた。相変わらず強気の等安は「平蔵の方こそイエズス会を援助している」と逆訴訟した。幕府が詳しい調査をはじめると、等安の次男フランシスコが一六一四年マニラに追放されたにもかかわらず、途中で下船し長崎に隠れ住み、等安から武器・弾薬を援助してもらい翌年（一六一五）大坂城に立て籠もり、「大坂夏の陣」で戦死していたことが明るみに出た。

しかもそれを訴え出た者が、かつて等安に娘を殺された身近な使用人であった。これにはさすがの等安も言葉を失くした。取り調べの席で自らキリシタンであることを名乗り、その場で一切の財産は没収され、自身は常陸の秋田氏に引き渡された。裁判に関わっていた三男長安も駿河の牢につながれた。

一方、訴訟に勝った平蔵政直は正式に長崎代官に任命され、長崎に戻ったら潜伏している宣教師を告発するよう厳命された。長崎奉行と代官の共通した目的はキリシタンの弾圧で、こうして虱つぶしの家宅捜査が開始される。

長谷川権六はその際、報奨金制度を思いついた。宣教師の居場所を告発した者には銀三十枚を与えるというのだ。それは予想以上の効果をあげ権六と平蔵政直を喜ばせた。また住民を十軒一組として連帯責任をとらせ、互いを監視させた（のち五人組制度へとなる）。教会や病院もすべて姿を消し、キリシタン墓地もあばかれて更地にされた。この事態を目にした外国人商人の中には、さすがに嫌気がさして日本を後にする者がではじめた。

家宅捜索を察知した宣教師たちは、前もって山中に逃れたが、ポルトガル商人宅にいたスピノラは、出発の予定を一日遅らせたために捕縛され、他の四名の宣教師と一緒に異教徒である大村氏の鈴田の牢に繋がれた。

その一六一八年（元和四）から翌年にかけて、夜空に銀色の長い尾をひく彗星があらわれた。日本中の誰もがそれを不吉な思いで受け止めた。将軍秀忠でさえ、予定していた上洛を一年先延ばしにするほどだった。

英蘭の追撃

長崎での家宅捜索は続けられた。

一六一九年（元和五）三月、村山等安の長男徳安がドミニコ会の神父を匿っていた罪で捕らえられた。神父は壱岐に繋がれたのち、スピノラと同じ鈴田の牢に繋がれた。

同年八月、将軍秀忠が再度上洛した。それを機に、幕府の威厳を示すため京都のキリシタンの大量処刑を行った。

あらかじめ調べがついていた名簿の中から五十二名が七条河原に引き出され火焙りにされた。その中に宣教師はひとりもいない。キリシタンであるというだけで処刑された。そのことが長崎の市民をどれほど震え上がらせたことか。ひとり長崎奉行長谷川権六だけは「だから言わんこっちゃない…」と笑みを浮かべていた。

十月、江戸城に戻った秀忠は、村山等安の処刑を命じた。十月、等安と三男が江戸近郊で斬首された。同時に、京都郊外で等安の妻と三男の家族が、少し遅れて長崎の常盤崎《ときわざき》で長男とその家族がそれぞれ処刑された。栄華を極めた一族だけに処刑は江戸・京都・長崎に渡っている。村山家の墓地は現在長崎の三宝寺にあるが、多くの古びた石塔群に囲まれると、どこからともなく鬼気迫る思いを禁じえない。

東アジアの海上では英蘭両国が防衛協定で結ばれた。ヨーロッパでは「犬猿の仲」であるが、東アジアではポルトガル・スペインという共通の敵がいる。協力してこれを追い落とそうというのである。

一六二〇年（元和六）、マニラから長崎を目指していた日本船が台湾付近でイギリス船に拿捕された。その船底に二人の外国人が隠れていた。自分たちは貿易商だと主張したがイギリス人は怪しんだ。でなければ気絶するほど臭い鹿皮の中に潜んでいる筈がない。そこにちょうど平戸に向かうオランダ船が通りかかったので、二人をその船に預けて人質もろとも平戸に向かわせた。

捕えた外国人が狙い通りに宣教師だったら、幕府は怒ってスペインとの貿易を即時に禁止するだろう。しかしもし二人が本当に商人だったら、逆に英蘭両国が海賊行為で訴えられる。のみならず日本船には長崎商人が投資した多くの荷物が積まれている。彼らからも損害賠償を迫られる。のるか反るかの賭けである。

この事件を俯瞰すれば、新教徒であるオランダ・イギリス対、旧教徒のポルトガル・スペイン・長崎という構図が明らかにされる。遅れて来た者が先にいる者を追い落とそうとしている。

ズニガとフローレスという二人の外国人は過酷な取り調べと拷問にも拘わらず自らを商人であると主張して止まない。訴訟は幕府に持ち込まれ長期化した。将軍秀忠は外国人の顔など見たくもない。裁判権を平戸の松浦氏にゆだねた。

長崎から奉行長谷川権六と代官末次平蔵直政、そして町乙名たちが平戸に呼ばれた。長崎の人々にとっては二人が無罪であることが証明され、英蘭両国を日本から占め出したい。長崎にとって大事なものはマカオとの貿易である。平戸はその反対で二人を早く有罪とし長崎貿易を衰えさせ、英蘭との貿易に弾みをつけたい。

ズニガとフローレスは真実がばれると、自分たちを運んでくれた船長や乗組員までが殺されるので、命を賭けてでも商人であると頑張り通している。裁判は一年以上も長引いた。

ところがある日のこと、一人の盲目のキリシタンが牢から引き出され、法廷でズニガの声を聞いて、次のような証言をした。「はい、この声なら良ーく覚えております。パードレさまに間違いありません」と。こうしてズニガが落ちた。彼は壱岐の牢につながれた。

ひとり残されたフローレスは、長崎のキリシタンの助けを借りて牢から脱走を図った。海に面した崖の上に排泄物を捨てに出た隙に、入手した紐を伝って降りはじめたところ、途中でその紐が切れて海中に落ちた。しかし待ち受けていた小舟に救われ、近くの小島で一夜を過ごした。しかし脱走もそこまでだった。翌日、オランダ人を含めた大勢の捜索隊に見つかってしまった。こうしてフローレスもまた宣教師であることを自白し、事件に幕が下ろされた。

裁判に勝利したオランダ人は、日本船の荷物が自分たちの手に入ると糠喜びしたがそうはならなかった。政治的決着によって荷物はすべて権六や長崎商人に渡された。こうして権六も長崎奉行の首がつながった。

元和《げんな》の大殉教

松浦氏からの裁判の結果報告に将軍秀忠は激怒した。彼のポルトガルとスペイン、ひいてはキリシタンに対する不信感はさらに増幅する。

一六二二年（元和六）七月、かつて二十六聖人が処刑された長崎の西坂で、先ずズニガとフローレス、また彼らを運んだ船長平山常陳《ジョウチン》の三名が火刑になった。続いて船で働いていた水夫十二人が斬首され、焼かれた遺体と十二の首は五日間、厳重な監視の下に晒された。

じつは長谷川権六は血を見たり残虐なことは生理的に合わなかった。処刑が終わるまで天を仰いだり俯いたり、立ったかと思うと座ったりして終始落ち着きがなかった。顔面には脂汗が噴きだしていた。

八月五日、朝方は雨で荒れた天候だったが、やがて天気はゆっくりと持ち直した。長崎の牢を出されたキリシタン関係者三十二名と、大村の牢から出て来た二十四名、計五十六名の殉教者たちが西坂に集められた。刑場にはすでに二十五本の柱が二列に並んでいる。

その日、西吉兵衛も役人の中に混じっていた。しかし、奉行の権六は代理の者を遣わして、病気を理由に顔を出さなかった。

数万の群衆が背後の金比羅山の斜面から長崎の町にかけてを埋め尽くしている。女性のキリシタンの多くは膝まづき、白いマントを頭からかぶって賛美歌を歌いながら殉教を待っている。

観衆の中のひとりは、日本人にまぎれたスペイン系宣教師のコリヤドだった。この場で起きる一部始終をローマに報告しようと目を凝らしている。長崎湾には信者たちを乗せた多くの数の船が集まってその時がくるのを見守っている。

先ず長崎の牢から引きだされた三十二名が次々と斬首された。今回の殉教は宣教師を宿泊させた宿主が多く、したがって女性が多かった。彼女たちの幼い子供たちも捕らえられ、斬首された。中に村山等安の長男の妻マリアも含まれていた。

なかでもイサベラとその子イグナシオの殉教は見る者の感動を誘った。

四歳のイグナシオはスピノラから洗礼を受けていた。いま死を前にして母親に押されスピノラの前に歩み出てお辞儀をした。スピノラは両手でイグナシオを抱え上げ、頬擦りをしたのちゆっくりと地上に戻した。そしてこの世で最後のとびきり上等の笑顔をその子に贈った。その後イグナシオは両手で着物の前をととのえると、母の隣に正座した。

刀が浴びせられるたびに群衆から大きなどよめきが湧いた。地に落ちた首が台の上に並べられて行く。吉兵衛は思った。「空も山もこんなに明るいのに、地上でどうしてこんなことが起きなければならないのだろう」と。

柱には二十五名が縛られたが、紐はわざと逃げやすいようにゆるく結んである。ズニガとフローレスの処刑の際には、柱と薪の間が二メートル弱だったが、今回はさらに引き離された。苦しみを引き伸ばすことで、棄教する者が出るに違いないという計らいが働いていた。幕府の目的は残虐なみせしめというよりも棄教させ、転宗させるところに処刑の目的があった。

海の方から数えて五つ目の柱に五十八歳のスピノラが繋がれていた。顔はやつれ、白い髯は伸び

元和の大殉教図
左上の円の中には「長崎の55名の殉教」とある（『世界史の中の出島』より）

放題になっていたがそこに悲壮感はない。むしろ晴ればれとして見える。日本に来た当初から殉教は彼のあこがれだった。四年という歳月を狭い鈴田の牢で過ごし、ようやく今殉教に到れる喜びにあふれている。スピノラが歌いはじめた。吉兵衛も良く知っているなつかしい賛美歌『主は来ませり』だった。

火が放たれ煙が立ちはじめたとき、スピノラが外国人に向かって、「皆さん、これで迫害が終わるのではない。むしろこれははじまりなのです。まだ何とかなると思ってはいけない。主イエスキリストのために命を捧げる勇気の無い者はすべからくこの国を去り、ヨーロッパに帰るがいい。そのうち逃げようとしても逃げられなくなる時がきっと来る」と、予告した。

続けて日本語でキリシタンに向かって、「私たちの肉体は極めて弱い。だからこれから私たちが皆さんの前で苦しみをさらけ出したからといって、それをさげすんだり悲しんだりしないで欲しい。それは主に捧げる決意をした精神ではなく、あくまでも弱い肉体のせいだと、そう考えて私たちを許してほしい」と訴えた。

柱の端にはドミニコ会士の服を着た二十一歳のアレホ三橋三郎がいた。処刑人たちは彼に向かって「転べ。転べ。転べば助かるぞ」とうながした。三郎は「べーッ」と目をむいて舌を出した。

火刑者の中に唯一人の女性ルシアがいた。長崎生まれでポルトガル人と結婚、キリシタンになった。スペイン系の宣教師を看病しているところを見つかり、逃げようともせずその場で捕えられた。しかし刑場への道ではキリスト受難の聖画を胸に抱き、先頭を切って歩いた。彼女が八十に近い高齢者であるのを知っている者はその気丈さに圧倒された。

彼女の確信に満ちた言葉や賛美歌は、その場にいた役人たちをいらつかせた。彼女から聖画を取り上げ、ずたずたに引き裂き、ついでに彼女の服も引き裂かせた。それでも彼女は動じない。吉兵衛もこれには胸を打たれた。

殉教者への火勢が強くなると薪に水がかけられる。真っ白い湯気がたちこめる。そこに新たな薪が積まれてふたたび火が放たれる。それを一時間ほど繰りかえすうちに最初にスピノラの身体が脱力した。吉兵衛は胸の中で十字を切った。群衆のオラショ（祈祷）がひときわ大きくなる。吉兵衛は目をつむった。月食を観測した時に神父から耳にした、霊魂がこの世から天国にいたるまでの長い長い道のりを心の中に思い描いていた。

火勢と煙に耐えきれず、二名が柱から離れて薪の外に逃れようとした。一人は「もっと早く殺してくれ」と訴え、もう一人は「アミダ、アミダ」と棄教を口にしたが、興奮した死刑執行人たちは、彼らを許すどころか槍の先で燃えさかる火の中に押し返し、死ぬまで押さえ続けた。

処刑がすむと前もって掘られていた巨大な穴の中に、殉職者の遺骸や衣服、装飾品など一切合切が投げこまれた。その上からさらに薪や炭が放りこまれ、燃やすこと二日間。

灰や炭はすべて俵に詰め込まれ、三里離れた港の外に運ばれて放棄された。作業を終えた水夫たちは裸になって、自分と船のけがれを落としたのち戻ってくる。この手順はその後のすべての殉教に採用された。

この「元和の大殉教」の知らせがフィリピンのマニラに届けられると、宣教師たちは失望するどころか異常な興奮に駆り立てられ、以前にもまして殉教にあこがれ日本渡航を切望する。

第十章

イギリス商館の撤退

「元和の大殉教」以来、吉兵衛は鬱々とした日を送っている。

人の首が刀で切り落とされた場面が幾度もよみがえる。落とされた首はすぐに出血しない。身体は生きようとして首の血管を閉じる。一呼吸おいてあきらめたかのように一斉に血が噴き出した。そう、あれはきっと身体が何が起きたのか認識できなかったに違いない。戸惑っていたのだ。ところが斬られた瞬間に自分の認識が変わる。身体はモノに見え、土や石ころと何ら変わるところはない。何の感情も湧かない。あの際どい生と死の境にはいったい何が起きるのか。吉兵衛は幼い頃、二十六聖人の遺骸を見に出かけた年上の子供たちが、「あんなものちっとも怖くない。十字架と同じ」といったことを思い出した。死の瞬間、スピノラは真実キリストの元に行けたのだろうか。疑りはじめるとキリがない。そんな時、彼も酒を欲したくなる。

長崎には酒造りに適した水がない。他所から船で運ばるものが多い。だから吉兵衛はどちらかといえばチンタ酒（ブドウ酒）に馴染んでいた。勢い彼の足はマカオでともに過ごした末次平蔵茂貞の屋敷に向かう。そこに行くとチンタ酒のみならず、スペイン酒（シェリー酒）、ニッパ酒（ヤシ酒）、アラキ酒（東アジアの焼酎）など様々な酒が飲めた。

楽しみは他にもある。吉兵衛の一番のお気に入りは白い大きなオウムである。それが口真似をするのは何度やってもおかしかった。吉兵衛はよく外国の言葉をなぞらせて気分をまぎらわせた。

一六二三年（元和九）、秋晴れの一日、茂貞と吉兵衛の二人は大波止から小船に乗って近郊の十善寺郷の「御薬園《おやくえん》」に足を伸ばした。岬の教会は更地になって見る影もない。それを眺めながら岬をめぐり、大浦海岸に着いた。そこはかつてイエズス会の西洋庭園《ハルディン》があったところで、今は末次家が管理している。ここまで来れば誰に遠慮することもなく話ができる。

庭園には薬用植物もさることながら、南蛮イゲの花（バラ）、ザボンの実、ヤシの木（檳榔樹《びんろうじゅ》）、ボロン（時計草）、サフラン、コエンドロ（コリアンダー）、カミツレ、ゼルゼリン（胡麻）など、いかにも異国振りの植物を目にすることができる。吉兵衛は西洋人は庭づくりが下手だと思う。池もなければ築山もない。ただ四角四面に植えるのが彼らの好みらしい。

二人は段々畑を上り詰めたところから港を身下ろした。

「ほら、シャムから来た船がまだ停泊しているぞ。西はあの船に乗ったことがあるのだろう？」

「うん、仕事で何度か登った。大きな船だった。あれは『メスティッサ（mestiza）』とも呼ばれている」

「メスチッサ？　何だそれ…」

「合いの子（混血児）というエスパーニャ（スペイン）の言葉ですよ」

「どうして『合いの子』なんだ？」

「シャム（タイ）という国は天竺（インド）と中華の中間にあって、港には南蛮船も入れば唐船もやってくる。だからシャムでは、西洋船と東洋船の良いところを兼ね添えた造船術が発達した。それを『合いの子船』と呼んでいるんです」

「だったら朱印船も『合いの子船』だろう」

「そうです。その通りです。朱印船もはじめは唐船を真似ていたが、今では大きくなって『末次船』も『荒木船』も日本独自の形をしている。帆や帆柱、舵などは唐船と同じだけど、船首に張り出した帆や帆柱の上に張られた木綿帆は南蛮船と同じ。つまり『合いの子』ですよ」

「荒木船といやァ、この夏に荒木宗太郎が安南のお偉いさんの娘を嫁にして、長崎に連れ戻ったじゃないか。あんときゃ町中が大騒ぎだったなァ」

「そう。そう。でも、長崎の人が彼女のことを『アニオーさん』って呼ぶのはおかしいですよ」

「なんで？」

「アニオーという名前は安南にはありません」

「じゃア…、『奥さん』っていう意味じゃないのか」

「いや、あべこべだ。向こうでは奥さんが主人を呼ぶとき『アイン、オーイ』という。『アイン』は男性に対する敬語で、「オーイ」は呼びかけだから『旦那さま』くらいの意味かな。彼女がそれを連発するから、長崎の人がそれを聞いて、いつの間にか彼女のことを『アニョーンさん』と呼ぶようになり、それが訛って『アニオーさん』なったんじゃないかな」

「さすがに西は言葉にくわしいなァ。しかし長崎もすっかり変わってしまった。キリシタンは鳴りをひそめるし、外国人は出て行くし、これからマカオとの貿易はどうなるのだろう」

「欲がある限り人間は自分にないものを欲しがる。それは何時になっても変わらないと思う。だから貿易が絶えることはない。ただ、スペインとの貿易は難しくなる。現に朱印船のマニラ渡航は禁止されたし、そのとばっちりを受けてマカオのポルトガル人も長崎に住めなくなり、船も越年できなくなった」

「ところで西は、昨年（一六二二）、紅毛人（英蘭）が一緒になってマカオを攻めた話は知っているか」

「唐人から聞きました。オランダ軍は大敗したようですね」

「そうなんだ。船に戻ろうとする兵士まで見殺しにして撤退したらしい」

　茂貞の言葉は正しかった。同盟を結んだとはいえイギリスとオランダは、兄弟のように親しいわけではない。マカオを攻めた時、イギリス軍は兵員の不足を理由に海上から援護するだけだった。兵士を上陸させたのはオランダの方である。ところがマカオの防衛は強固で、オランダ軍は多くの犠牲者を出した。それ以来オランダはイギリスに対して良い感情を抱いていない。平戸でも両国

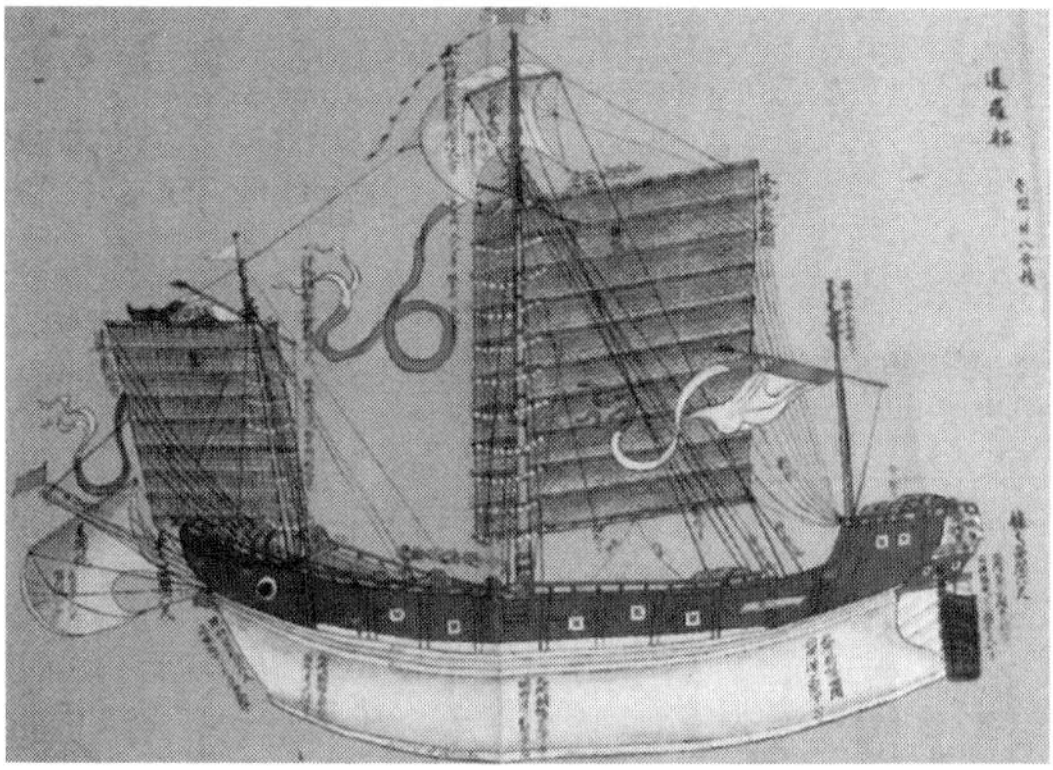
シャム船（合の子船）（『長崎の海と船展』より）

はいざこざを起こし、松浦侯が仲裁に入ったこともある。

このくすぶり続けた感情はついに赤道直下の小さな島アンボイナで爆発した。イギリス人十名と日本人傭兵九名が現地のオランダ商館で火責め・水攻め・四肢の切断などで惨殺された。ここに登場する日本人は、「大坂の陣」で豊臣家に組した武士や、改易された浪人たちが朱印船で海外に流出していることを示している。当時、シャムで活躍した山田長政もまたそのひとりだ。

「アンボイナ事件」によって英蘭同盟は破綻し、その余波は平戸のイギリス商館にまで及んだ。一六二三年十一月、イギリスは平戸商館を閉鎖して、インドまで撤退した。商館には巨額の毛織物の代金が焦げついたままだった。

スペインとの国交断絶

一六二三年（元和九）、京都で政権交代が行われた。二代将軍秀忠が隠居し、徳川家光が三代将軍になる。家光は祖父（家康）を異常なほどに崇拝しており、日光の東照宮を現在のような絢爛なものにしたのは彼の嗜好《しこう》による。

八月、家光が京都から江戸に戻ると、キリシタンが大勢捕えられていた。なかに二人の宣教師が含まれていた。家光の癇癪が破裂した。「宣教師はこの日本にひとりも居ないと聞いていたのに、この有り様はいったい何事か。即刻全員を火焙りにすべし」と命じた。

十月、小伝馬町の牢から五十五名が芝の刑場まで引き立てられ、火焙りにされた。宣教師のひとりはイエズス会士のヒェロノモ・デ・アンジェリスで、ヨーロッパ人として初めて蝦夷《えぞ》に足を踏み入れ、その地図をローマの本部に送っていた。

この事件に前後にして江戸の町で他にも三十七名が処刑された。そのなかの十六名は子供で三分の一が仏教徒だった。キリシタンでもないのに教会関係者に連座して処刑された。キリシタンでなくとも、みせしめとして処刑されるという不気味な家光政権の時代がやって来た。

その年、江戸には家光が将軍の座についたことを祝うために全国から大名が集まっていた。彼等は家光の固い決意を目のあたりにして、自分たちが国元でどのように振舞うべきかを学んだ。こうして厳しいキリシタン弾圧の時代が幕を開ける。

元和が終わり、寛永という新しい年がはじまった。

一六二四年（寛永元）、三月、薩摩の山川港沖に一隻の大型の黒船が現れた。マニラのフィリピン政庁から来た船でフェリッペ四世の使節を乗せている。一行は大殉教があった長崎を避けて薩摩に船を着けた。この使節こそが家康が首を長くして待っていたスペイン使節で、今になってのこのこ来航して将軍に謁見したいという。何という間の悪さ。彼らは家康の存命中に来るべきであった。明らかに遅きに失した使節だった。

正使以下七、八十名は、先ず陸路で長崎を目指した。彼等が携えた贈り物は絹・羅紗・金襴・白砂糖などで、それを運ぶために三頭立ての馬車が用意された。日本で馬車が走るのはこれが初めてのことで、見物人はその光景に目を丸くした。

長崎奉行長谷川権六は、将軍への謁見が難しいのを知っていたので、できれば彼らを長崎で追い返したかった。だから何度も、「もしあなた方の目的が布教に関するものであるならば、決して成功しない」とクギを刺した。すると大使は、「我々はフェリッペ四世の皇位継承知らせるためと、これを機に両国間の通商を望むためにやって来たのであって、宗教的な意図は断じてない」と食い下がった。

彼等を思いとどまらせるのが難しいと判断した権六は、一足先に自ら江戸に旅立った。ところが京都付近で病に伏し、湯治の治療を受けなければならず、江戸までは代理の急使を送った。

急使に接した江戸の幕閣たちは、権六の予想通りに動いた。

「かつて我が国が貴国に対して熱心に要請したのは交易であった。にもかかわらす宣教師だけを盛んに送り込み、邪教をもって我が国の良俗・美俗をたぶらかした。だから先年これを制止したのであり、今さら交渉をはかろうとするのは言語道断」という文書を権六に送りつけた。

マニラからの使節団はその間にもじっとしておられず、五隻の船を整えて平戸を出港し、瀬戸内海に入り備後の室《むろ》に上陸した。そこに権六からの使者がやって来て「今すぐに贈答品を携えて一刻も早く日本から立ち去るように」と言い渡され一歩も先に進めなかった。

使節は踝をかえして長崎に戻り、薩摩から回航されていた船に乗って帰国した。こうしてイギリスに次いでスペインが日本との国交を失い、残るはポルトガルとオランダ国だけになった。

一六二五年（寛永二）、スペイン船が入港しなくなった長崎は貿易が半減した。裕福な人々はまだしも下層階級の人々はたちまち生活に窮した。彼らにとってキリスト教など最初からどうでも良かった。それは暮らしの糧を得る手段に過ぎなかった。

ある日吉兵衛は、踊り狂う人々の行列が道を塞ぐように進んでくるのに遭遇した。鉦や太鼓がかしましい。吉兵衛は壁に身を寄せて一行が通り過ぎるのを待つしかなかった。男も女も子供の姿も見られた。中の一人が吉兵衛に悪態をついた。顔を背けて耐えるしかなかった。犬が盛んに吠え立てていたが突然、キャン、キャン鳴きながら遠ざかっていった。誰かに蹴られたのだろう。

それは「伊勢踊り」であった。キリスト教を捨てた彼らが落ち着く先は所詮、日本の神、「お伊勢さま」である。教会が消えた長崎にはその頃から神社、仏閣が増えはじめる。のち長崎くんちで有名になる諏訪神社が西山郷円山《まるやま》に造られたのもこの年である。

ところでオランダがマカオを攻撃したのは、マカオのような明との貿易の中継基地が欲しかったからで、ポルトガルを相手に戦争をはじめたわけではない。マカオの奪取に失敗したオランダは、今度は大陸と高砂（台湾）の間にある澎湖島《ほうことう》に寄ろうとしたが、これも明の官憲からにらまれ、結局、高砂の南方にあるタイオワン（台南）にゼーランディア城を構え、港湾を整えていった。現在の「台湾」という名称もここに発する。

同年（一六二五）、そのタイオワンに日本の朱印船が入港した。長崎の末次船で船頭の名前を浜田弥兵衛という。

ゼーランディア城のオランダ人はタイオワンに朱印船が入り唐船から絹を仕入れることはのぞん

でいない。彼等が絹を持ち帰れば日本市場で絹の値下げ競争になる。そこで日本人が仕入れる絹の価格に一割の関税をした。弥兵衛にしてみれは、以前から朱印船は高砂で唐船と出合貿易を行っていたので、なぜ唐突に課税されるのかその理由がわからない。弥兵衛が拒絶すると、オランダ人はそれに匹敵する商品を差し押さえた。

翌年（寛永三）年、弥兵衛が不満を抱えたまま帰国した。彼から話を聞いた平蔵政直はすぐにそのことを幕府に訴えた。それを機会にオランダと日本の間に険悪な空気が生まれた。

このままではいけないと先行きを危ぶんだ平戸のオランダ商館長は、バタビアにつくられたオランダ総督府に弁明のための特使を日本に送った方が良いと勧告した。頭を抱えた総督府では、東アジアに来たばかりのヌイツを台湾長官に任命し日本への特使とした。

長崎奉行水野守信

京都から長崎に戻った長谷川権六はキリシタンの処刑のたびに、頭痛・いらいら・不眠などの不定愁訴に襲われた。床に臥すことがしばしばで幕府には辞職願を出していた。

一六二六年（寛永三）、長谷川権六が辞職し、四月、水野守信という新任の長崎奉行が下向した。長谷川藤広と権六が三百俵の旗本だったのに対して、新任の水野は三千石の旗本である。今流にいえば「エリート官僚」で、町人など虫けらとも思わない。長崎代官や町年寄たちはそのことがひたすら恐ろしかった。

長崎に下る水野にたいして、家光がキリシタンの取り締まりを厳命したのはいうまでもない。水野は長崎に到着すると、棄教した平蔵直政と高木作右衛門を奉行所に呼び出し、最初に行ったのがキリシタンの処刑である。あらかじめ島原と大村から九名の囚徒が長崎に送られていた。いったん追放されて日本に潜入した者もいれば、国内に潜伏していた者もいる。

二日後、新奉行水野は末次平蔵と大勢の兵を従えて西坂の処刑場に臨んだ。九名は柵の中に追い込まれ、火刑は半時間で終わった。

翌五月、五名が火刑、四名が斬首だった。水野はこれだけの経験から「こんなことではキリシタンを根絶するには何百回も、何千回も処刑を繰り返さなければならない」と悟った。

彼は「日本の台所」といわれる大坂で奉行を七年間勤めている。だから商人が最も嫌がるのは経済的な締めつけであるのを良く知っている。そこで平蔵政直らと一緒に知恵を絞った。

すべてのキリシタンに対して、自分の資産や取引の内容を報告させる。どれくらいの金額を海外に投資し、貸付先はポルトガル人（南蛮船）か日本人（朱印船）か、あるいは中国人（唐船）か。何を取引しその商売でどれほどの利益があがっているか。それらのことを詳細に申告させ、虚偽を報告すれば即刻その場で処刑とした。

貿易船が入港すると奉行所から役人を派遣し、荷物のすべてに目を通し、販売先も調べあげ、それが贅沢品なら禁制品として奉行所が没収した。これには多くの商人たちが悲鳴を上げ、次々と棄教を申し出た。

水野のやり方は決して冷酷なものではなかった。逆に温和な言葉で、まるで忠告でもするかのように、貧者が棄教を申し出た場合には、家屋や金銭財宝の援助まで行った。水野の采配ひとつでそれまで豊かに暮らしていた者が没落し、貧者がいきなり裕福になったりした。

それまでと異なった方法で、千人以上の長崎商人を棄教させるのに成功した水野は、一六二七年(寛永四)、新たな使命を帯びて江戸から下ってきた。

町年寄の後藤家と町田家を棄教させることである。両家を呼び出し「棄教しなければ死刑に処する。不服ならば江戸に訴えるように…」と命じた。

そこで両家は江戸に旅立った。そして奉行所に「手前どもは太閤様・内府様の時代に宣教師を追放するように命じられました。ですから宣教師を匿ったことはありませんし、むしろ彼らが日本から出て行くように努力しました。そんな私たちが信仰を禁じられることには納得ができかねます」と訴え出た。

奉行所からの答はあらかじ用意されていた。「将軍の言いつけに従いキリスト教を捨てるように」と繰り返すだけで、処刑にするわけでもなく両家をそのまま放置した。棄民である。

彼らは常に監視されており、泊めてくれる宿もない。仕方なく河原で枝を集めて粗末な家をつくり雨露をしのいだ。下男が買い物に出ても、あらかじめ役人の目が届いており、どの店も物を売るのを尻込みした。子供たちは面白半分で石ころを投げつける。家を留守にすると壊されたり、盗みに入られたりした。

半年後、家長の後藤宗印が亡くなった。集まった子供たちを前に、「キリシタンに自死は許されない。老いて死を迎えられる自分は幸せである。わしは自分の意思で受洗した。だが、お前たちは違う。わしの希望で宣教師に受洗させてもらったのだ。だから親としての願いはひとつ、お前たちは死んではならない。何が何でも生き延びよ。棄教しても構わない。お願いだから必ず生き延びておくれ」。と顔面を涙で浸した。そして最後に「お上にはわしのことは自死したことにして報告せよ…」と命じて瞑目した。

遺児たちは父の命じた通りに奉行所に父の自害を報告をした。それを聞いた幕府は喜んだ。自死を選んだことはキリスト教を棄てたことになるからだ。こうして長男庄左衛門はそれまで通り町年寄の地位と資産の相続が認められた。次男は宗門目明しとして生きることになった。

もう一つの町年寄・町田家も同様に家長と長男が奉行所に呼ばれたが、二人とも口を揃えて信仰を守り通すことを表明し、記録に残されることもなく斬首された。家はお取り潰しとなり、その役職は高木一門の彦衛門にとって変わられた。

第十一章

迫害のはじまり

大坂夏の陣で功を立てた松倉重政は、一六一六年(元和二)、有馬直純と国姫が日向に移ったあとの島原の城主となった。

最初、松倉氏は家康の禁教令が出されてもなお島原半島に潜伏していた宣教師やキリシタンに対して寛大だった。殉教がなかったわけではないが、大村藩と比べるとはるかに少なかった。

ところが徳川家光の代になった一六二五年(寛永二)、参勤した際に「自領にはキリシタンはひとりもいない」と報告した直後、島原でイエズス会の神父が捕縛された。家光は松倉をなじって、「キリシタンを殲滅させなければ領地を取り上げる」と脅迫した。

一六二六年(寛永三)、島原半島に戻ると松倉は人が変わったように弾圧に乗り出した。もちろん棄教する人の方が多かったが、抵抗するキリシタンに対しては、尋常を通り越した弾圧でのぞんだ。「切」「支」「丹」の三つの鉄印をつくり、それを真っ赤に焼いて両頬と額の三ヶ所に押し付けた。

水責め、火炙り、指切り、針刺し責め、木馬責め、竹鋸切り、子責め、蛇責め等々。中でも有名なのが雲仙獄の「湯責め」である。それがどんなものであるかは字面を見ただけで分かるだろう。

いずれの拷問も目的とするところは殺さない点にあった。キリシタンを殺せば殉教という名誉を与えることになる。だから彼等は死を恐れないし、喜んで死んで行く。そこで死よりも辛い目に遭わせなければならない。こうして松倉は「責め」という究極の「いじめ」に走った。

一六二七年（寛永四）、長崎奉行水野守信は、後藤家と町田家の人々が江戸に出かけたあと、長崎の町年寄の下に位置する乙名《おとな》たちに棄教を迫った。それを拒絶する者は免職とし、仏教徒に転宗させた。代官末次政直や町年寄高木家もこれに手を貸し、大勢の手下が町中を隈なく走りまわり転宗をすすめた。

キリシタンが借家住まいの場合ただちに追い出した。家主がキリシタンの場合、入り口や戸を釘付けにして出入りを禁じた。食糧に窮した人々は壁に穴を開けて隣人から食品をめぐんでもらった。

キリシタンから生業《なりわい》を取り上げ、船乗りや漁民たちは船に乗ることを禁じた。こうして海沿いにあった五島町ではほとんど全員が棄教した。

山中に追われた人々は町や郷に戻ることが禁じられ、たちまち食べものに窮した。雨風をしのごうと粗末な家をつくっても、役人たちが見つけ次第、焼かれたり壊されたりした。

日中の暑さ、夜間の寒さに耐えられない子供たちは次々と倒れ、疥癬《かいせん》や吹き出物ができてヒキガエルのように膨れあがった。最初は信仰を捨てないと固く誓った両親も、我が子の悲痛な泣き声には耐え切れず棄教していった。彼らの息抜きは長崎奉行が江戸に戻る冬の間だけで、その時は山を下りて、友人や知人の家を訪ね施しを受け、一息つくことができた。
水野守信が捜索させたのは人間だけではない。彼等が室内に残した或いは隠していたキリストやマリアの聖画・十字架・ロザリオなどの儀式を行うための諸道具をすべて没収し奉行所の蔵に納めさせた。奉行所内の蔵はそれらの品々で次々と埋まっていった。

踏み絵

水野は前任地の大坂で次のような話を聞いたことがある。かつて一向一揆で捕えた者たちに阿弥陀仏の画像を踏ませ、それを拒んだ者は死罪に、踏んだ者は他の宗派に入信させたという。彼は蔵の中に積まれた聖画の掛け軸を見ているうちに「これは使える」と思った。それが「踏み絵」である。

踏み絵は信仰を正直に映す鏡であった。

床に広げられた聖画を何のためらいもなく踏む者、怖れながら踏む者、顔を赤らめて踏む者、息使いを荒くして踏む者、目をつむって踏む者、油汗を流しながら踏む者、天を仰いだまま踏む者など、ちょうど一人ひとりの顔が異なるように各人の信仰を映し出して見せた。

こうして踏み絵によってキリシタンとそうでない者との正確な名簿がつくられていった。水野がそれを幕府に報告したところ、家光から棄教しない者は雲仙に送るようにと命じられた。島原半島にある雲仙嶽には噴煙や熱湯を湧き出す「地獄」がある。家光はすでに松倉氏の湯責めを把握していたのだ。

長崎の南西に当たる茂木の港から五十名近くの信者たちが十数名ずつに分けられ、船で千々石湾《ちぢわ》（現橘湾）を横切り小浜に上陸した。そこから標高一〇〇〇メートルの雲仙まで歩かされた。人々はそれを「山入り」と称した。

信者たちは「地獄」の温泉の岩場で裸にされ両手両足をくくられる。背中を縦に切り裂いた傷口に熱湯を注いだ。たまったものではない。湯をかけるたびに悲鳴をあげる信者に向かって、「これでもか。まだ転ばないか」と怒鳴る。

拷問は飲まず食わずで行われ睡眠も許されない。衰弱して倒れると医師が飛んで来て、回復させたのち再び同様にいたぶる。三日と絶えられる者はいない。たとえ耐え抜いたとしても、今度は役人の憎悪の対象となって、蹴られて熱湯に突き落とされた。

雲仙の地獄で棄教した者は、「これだけ酷い目にあっているのだから、必ずや天から救いが来ると信じていたのに何の効き目もなければ、霊験もなかった。さては自分はたぶらかされていたのかとようやく気がついた」と口をそろえて告白した。彼等は「神の沈黙」を恨んで次々と転んでいった。

こうして山入りしたほとんどが命を失くすか、棄教して長崎に連れ戻された。その姿は迎えに出た人々さえも目を背けたくなる姿だった。火傷や打撲で肉体は腐敗し変色し、ふんぷんたる悪臭を放っていた。全身がひとつの傷といった方が正しい。せっかく我が家に戻りながらほどなく息を引きとる者もいた。この山行きはその後、五年間続けられた。

タイオワン事件

一六二七年（寛永四）八月、高砂のタイオワン（台南）で末次船が不当な扱いをされたことを弁明するために、タイオワンから長官ピーテル・ヌイツが日本にやってきた。彼は平戸から通訳、案内役、書記、召使、駕籠かきなど二百人以上の行列をつくり、将軍への贈り物である大砲や火薬まで準備して、浅草の寺院で登城できる日を今か今かと待っていたが、ついにその日は訪れなかった。

その裏には強力なライバルが控えていた。長崎代官末次平蔵政直である。

平蔵政直は先年、晩年の家康が村山等安に命じて、あわよくば高砂を計略しようとしたことを知っている。そこで、自分の朱印船がタイオワンで不当な扱いを受けたことに加えて、オランダ人がゼーランディア城を築きあげ、行く行くは高砂全土を我ものにしようと企んでいると幕府に報告した。

将軍家光はたちまち不機嫌になり江戸にやって来たヌイツとの謁見を引き伸ばし、挙句の果てに取りやめた。使節としては面子丸潰れである。ヌイツは憤懣やるかたないまま、その年の暮れにタイオワンに戻るしかなかった。

その年（一六二七）、マカオからのガリオット船は一艘も姿を見せなかった。代わりに小型の通信船が入港し、オランダ艦四隻が再度マカオの海上を封鎖したという。それを聞いた西吉兵衛は、タイオワンにゼーランディア城を築いたオランダが次第に勢力を強めている気配を肌で感じとった。

一六二八年（寛永五）、四月、末次船二隻がタイオワンに入港した。船頭は前回と同じ浜田弥兵衛。

ヌイツは自分が日本で味わされた屈辱をはらす絶好の機会がきたと喜んだ。ゼーランディア城から大砲を放ち、末次船に港から出ないように脅迫した。次に交渉のために城内に入った弥兵衛一行を捕え抑留した。その人質を盾に船中を捜索させ、すべての武器をとりあげた末に出港を禁止した。

ヌイツは弥兵衛に関税を押し付けようとしている。交渉のたびに弥兵衛は引き出されるが、相手は高い椅子にふんぞり返っている。のみならずしばしば片足をもう片方の膝の上に重ねてブラブラと揺する。それがちょうど日本人の顔の高さにあるので腹立たしくてならない。

武器を押収されたとはいえ、短刀ぐらいなら船内のしかるべき所に隠してある。何度目かの交渉のとき、弥兵衛はそれを取り出して羽織の下に隠し持ち、紙縒《こよ》りで胸紐を結び、何時でも使えるようにした。

常のようにヌイツの前に出されたときに、聞き取りにくいことを口実に、すこしずつ相手に近づき、隙を見て一気にヌイツに襲いかかった。まわりにいた従卒が気がつき銃を構えたが、如何せん、短刀がヌイツの胸元に押しつけられている。異変に気づいた兵が駆けつけてくるが「やめろ！　やめろ！　静かにしないと長官が殺される」と若い通訳フランソア・カロンが叫び、発砲を止めた。

両者にらみ合いの末に談判をかさね、弥兵衛たちは日本に帰してもらうことになった。その際、たがいに人質を出し合い、日本船にはオランダ人をオランダ船には日本人をそれぞれ五人ずつ乗せて長崎を目指し、着いたら人質を返すということで決着した。その際カロンも人質となった。

ところが平蔵政直は、日本人人質が解放された時点でオランダとの約束を反故《ほご》にした。カロンを除き人質を解放せずそのまま大村と島原の牢に監禁、オランダ船は御船蔵町に陸揚され土俵で囲われた。人質の中にはヌイツの息子もいた。

さらに平蔵政直は幕府と討議した上で平戸オランダ商館を閉鎖させ、町との境の塀の周囲に兵を置いた。こうして幕府とオランダの関係は最悪の状態におちいった。

悪いことは重なるもので、同年（一六二八）、ポルトガルとの関係にもまたヒビが入った。というのは昨年夏、オランダ船がマカオを海上封鎖した際、一隻の通信船が戦場を抜け出てマニラに救助を求めた。これを受けてフィリピン政庁から三隻の軍艦がマカオを目指したが、時すでに遅くオランダ船はすでに立ち去っていた。

そこでフィリピン艦隊は目標をシャム（タイ）に変え、南下してチャオプラヤ河にあったシャム船に報復のための戦火を開いた。ところがその際近くに停泊していた日本の高木船にまで襲い掛かり、船を焼き払い、幕府が発行した朱印状を奪い取ってしまった。

それは将軍家光の自尊心をはなはだ傷つけ、ただちに長崎に入港中のマカオのガリオット船五隻のうち三隻を抑留し、責任を取らなければ乗組員共々返さないと迫った。本来ならフィリピン政府に抗議すべき問題であったが、すでに国交が断絶していたのでマカオに持ち込んだのである。これには西吉兵衛も頭をかかえた。ポルトガル人は、「どうして我々がスペイン人の尻ぬぐいをしなければならないのだ」と怒りをあらわにした。もっともだと吉兵衛も思う。

そこで彼は、「これはオランダ人がポルトガルとスペインは同じ国王を冠していると幕府に吹聴したからに違いない。幕府から見れば両者は同じ穴のムジナとしか映らないのだ」と説明した。

実際その通りで、ポルトガルがスペインに併合されてからすでに五十年が流れようとしている。

この答弁にはポルトガル人も二の句が継げず、諦めるしか仕方がなかった。

長崎奉行竹中重義

踏み絵をはじめた長崎奉行水野守信は家将軍光から高く評価され、一六二九年（寛永六）、大坂奉行に返り咲き、さらにのち江戸で初代大目付のひとりに任ぜられる（一六三二）。

水野の代わりに長崎奉行に着任したのは、豊後国《ぶんごのくに》府内（大分）の竹中重義、二万石の外様大名である。三千石の旗本から今度は外様大名である。家光のキリシタン殲滅への決意がうかがえる。

豊後は別府温泉で有名で、じつは島原の松倉重政よりも先に「湯責め」を思いついた人物ともされている。家光はそんな竹中に水野がつくったキリシタン名簿を手渡した。竹中が腕まくりしたのはいうまでもない。

一六二九年（寛永六）六月、馬に乗った竹中が四〇〇名の兵士を伴って長崎に入った。奉行所に到着すると直ちに長崎の周囲を封鎖した。茂木・浦上・矢上への陸路を封鎖し、船の運航もすべて停止させた。長崎の住民を人質にとったのに等しい。

翌日、辻ごとに柱を立て薪を積みあげ、処刑場をいくつも再現させた。この異様な光景に人々は震えあがった。吉兵衛も、「これはただ事ではない」と思った。

不安を紛らわせるために平蔵茂貞の家に向かった。途中で竹中の武装した兵士が三々五々足早で過ぎて行く。長崎がまるで戦場になったのようだ。

平蔵茂貞は吉兵衛を認めて、「西、あれはこけ脅しだ。安心しろ」といった。「たった今、うちの取り調べが終わったばかりだ。西の家でもはじまるだろう。だからすぐに帰った方が良い」と諭された。「それから俺は親父と大喧嘩をした。これからしばらく姿をくらますから当分は会えないと思う。でも心配するな。また必ず会える」と言いのこして別れた。もっと色々と語りたかったが事情がゆるさない。吉兵衛は言われた通り家にもどった。

末次家や西家はすでにキリシタン名簿から外されていたが、竹中から見れば代官も通詞も関係ない。虱つぶしに調査が開始された。

家に戻ると平蔵茂貞のいう通りだった。家族は吉兵衛の帰りを待っていた。ほどなく役人が竹中の家来と共にやってきた。神妙な顔つきで帳簿と照らし合わせながら「オランダ通詞、西吉兵衛であるな」と尋ねられた。

「いかにも。我が家はすでに棄教し晧台寺の門徒であります。どうかお確かめ下さい」と答えると、役人が出てきて「では、これから踏み絵を行う」と口にした。「そこまでやるか…」と吉兵衛は思った。

桐の箱から取り出された掛け軸が畳の上を転がった。表装に豪華な金糸が使われている。いったいどの屋敷に掛けられていたのだろうか。聖画は母子像である。聖母マリアはキリストを抱き、まなざしを見る者に向けて微笑んでいる。吉兵衛が足袋を脱いで右足で踏むと一瞬、絹の冷たさが伝わった。

妻の絵踏みが気がかりだった。彼女の知人や友人にはキリシタンが大勢いた。だから心中ためらうところがあった。「腰が低い！」と役人に叱られた。役人は彼女が聖像に向かって辞儀をしたと見てとったのだ。

驚いた彼女は腰を伸ばした。勢い足は聖像の上にあった。「良しッ！」という兵士の言葉に吉兵衛はホッとした。子供たちにはあらかじめ、「両手を組んではいけない。天を仰いでもならない。役人の目を見つめてもならない」と、細かく注意していた。だから踏み絵は無事に終わった。

踏み絵を拒んだ者は雲仙送りとなるが、その雲仙が竹中にとってはあまりに遠すぎた。牢内のキリシタンは増える一方だ。いら立った挙句に、竹中は大きな青銅の釜をつくらせ、塩水を沸かせ、その中にわざわざ雲仙から運ばせた硫黄まで混ぜて、長崎で「地獄」を再現させた。そして信者をその中に漬けたり、背中に熱湯を浴びせかけた。

母子の場合、熱湯を汲んだ柄杓を持たせ、互いの背中の傷めがけて注ぐよう命じた。それができず怯えて立ち尽くしていると、白刃が抜かれ首に当てられた。「できぬなら棄教したとみなす」と脅され、踏み絵のある場所に連れて行かれた。また兵士が子供の手をとって、両親がつながれている柱の下に連れて行き、火種を渡して薪に火をつけるよう命じた。当然ながら子供はそれを拒む。すると両親は転んだものとみなされた。

若い娘たちは、裸にされ衆人の中を四つん這いで歩かせた。兵士や衆人が辱めの言葉を浴びせかける。その屈辱を耐えぬいても、さらなるひどい屈辱が待ちうけていて、結局は棄教するより他なかった。

こうしてわずか一ヵ月半で長崎からキリシタンが消滅した。というよりも竹中の暴力に屈したという方が正しい。

長崎に残された記録にも、「寛永六（一六二九）年七月十四日、十五日でひとり残らず転んで仏門に入る」と日付まで記されている。その日をもって表立ってキリシタンを表明する者は長崎から消えてしまった。

竹中は棄教した町民に少なくとも日に二回の墓参を、そしてかならず寺に立ち寄って僧侶の説教を聞くことを強制した。七月の盂蘭盆会《うらぼんえ》はできるだけ盛大にとり行うようにとも命じた。いまなお長崎の「精霊流し」は派手派手しい。

こうして一息ついた竹中は、慰労をかねて息子や部下たちを引きつれて近隣の名所や名園にあそび、夜になると豪勢な酒宴を催した。新たに町乙名に選ばれた者たちが、ひっきりなしに竹中のご機嫌うかがいにあらわれる。

何処に隠していたのか、巨大な教会の鐘を持ち込んだ者があった。高さ八十センチ、重さは百キロを越える。鋳なおせば石火矢《いしびや》（大砲）にできると考えた竹中は、それをはるばる自分の領地（竹田）まで運ばせた。

二ヶ月たって、ようやく町の封鎖が解かれ、吉兵衛も役人たちと御船蔵《おふなぐら》町まで足を伸ばした。そこには昨年（一六二六）からマカオからのガリオット船三隻が土嚢《どのう》で囲まれて動けないままになっている。幸い異常はどこにも見られなかった。

港に目をやるとたくさんの唐船が停泊している。唐船は全国どこにでも入港できたが、実際には近くて便利な平戸と長崎に集中した。今回のように幕府とオランダとポルトガルとの関係が悪化したので、中国人にとってかつてない好機が訪れたことになる。

唐船の数がふえると、唐人のための唐寺《とうでら》が建ちはじめた。筑後町の福済寺は漳州《ちゃくしゅう》出身の、鍛治屋町の崇福寺《そうふくじ》は福州の、そして寺町の興福寺には泉州の人々がそれぞれ寺を建て船神様をまつり、その結果、中国文化が長崎に根づきはじめる。

第十二章

長崎代官末次平蔵茂貞

浜田弥兵衛がタイオワン長官ヌイツの鼻をへし折って帰国してからというもの、末次平蔵政直は増長した。バタビアのオランダ総督はウィレム・ヤンスゾーンを交渉人として平戸に派遣させたが、船は平戸に抑留されたままで何の進展もなかった。

そのヤンセンに平蔵政直は、「長官ヌイツが日本人の貿易を妨害するなど不届き千万である。その代償としてタイオワンのゼーランディア城をとり壊して、その土地を日本の将軍に割譲せよ。でなければ今回の人質たちは釈放されることはない」という手紙を持たせて追い返した。

さらに江戸に出かけた平蔵政直は閣老に向かって、「タイオワンが将軍のものとなった暁には、高砂国は私に割譲されてしかるべきだ」と吹聴した。彼の周辺には「その通りだ。貴殿が高砂の大名になれる日も夢ではない」と彼の肩を持つ者も大勢いた。

平蔵政直には自信があった。スペインとの貿易が絶えて以来、朱印船も減る一方でその分、国内の資金はだぶついている。平野船と末次船だけがタイオワンに出かけて絹を仕入れていた。勢いこれに投資する人々が増える。閣老の松平正綱や永井尚政《なおまさ》、井上正就《まさなり》もこれに含まれていた。

しかし将軍家光にしてみれば、海外貿易に投資して儲けるなど決して許されるものではない。だが町人平蔵政直はそこら辺がわからない。鼻高々で自分の後ろ盾となる有力者たちの個人名を表に出しはじめた。

翌春(一六三〇)、江戸にあった平蔵政直はにわかに体調をこわした。激しい腹痛をおぼえ、嘔吐と下痢の日が続いた。口からは泡のまじる唾液が流れ出し、皮膚にむくみが出はじめた。

毒を盛られたのに気づいたときにはすでに遅かった。大声で周囲の人々をののしることだけしか彼にはできない。すると彼は精神錯乱と称されて、いきなり城内の牢にほうり込まれ、五月十四日、急死した。刺客に切られたともされる。いずれにしろ消されたことに間違いない。

すぐさま平蔵政直の後継者、すなわち平蔵茂貞が呼び出された。ところがこれが行方不明である。幕府はあわてた。幕府から見ればタイオワン事件は、オランダ人と末次家との問題であり、ゼーランディア城を壊そうとか、高砂を取り上げようという魂胆はない。だから息子がこの問題にどこまで関わっていたのかを確かめる必要があった。場合によっては彼もまた消えてもらわなければならない。

八方に手をつくした末、ようやく京都の橋の下で浮浪者同様の姿をした平蔵茂貞が見つかった。江戸に引き出された平蔵茂貞は、徹頭徹尾知らぬ存ぜぬで押し通した。

彼は終始首を横に振り、「自分は何も知らない。事件はすべて亡くなった父が関わったことで、自分はつんぼ桟敷に置かれていた。だから幕府に対してもオランダ人に対しても何ひとつ申し上げることはない」と主張した。

幕府は事件が政直の独り芝居であったことを確認し、平蔵茂貞に三代目末次家を襲名させた。世間は彼のことを「河原乞食から長崎代官への出世」と揶揄《やゆ》した。

平蔵茂貞は父の遺骨をともなって帰郷した。行方を案じていた西吉兵衛は、再会の喜びに、日見峠を越えて諫早まで迎えに出かけ、二人は兄弟のように抱き合った。

幕府との交渉に行き詰まった平戸のオランダ人は、新長崎代官の下に足繁く通い、何かと幕府との交渉について相談に乗ってもらった。平蔵茂貞は「これは亡き父の問題であり、自分には無関係」としながらも、「だからと言って、別にオランダ人に敵意を抱いているわけでもない。困っているというのなら相談に乗っても構わない」と、オランダ人に様々なアドバイスを与えてやった。亡父は南蛮貿易と心中したような一生であったが、三代目はそうではない。腹の中ではすでにオランダとの貿易を考えている。

奉書船制度

一六三〇（寛永七）年、ガリオット船が二年間も抑留され、貿易も中断されたままという問題を解決するために、大使ドン・ゴンサロ・ダ・シルベイラという軍人がマカオから送られて来た。大使の一行は五隻のガリオット船に七十人が乗っていたが、彼らの中には生え抜きの音楽隊が揃っていて、長崎に上陸すると毎日のように灰色の帽子に白い羽根飾りをつけ、にぎやかなマーチを演奏しては町中を歩きまわった。

それは奉行竹中政重の暴力に抑圧されていた町の人々にとっては余りにも場違いで最初は耳を覆った。しかし老人たちの中にはその演奏にポルトガル人気質をなつかしく思い出したり、また子供たちにしてみれば初めて耳にする外国の音楽を素直によろこんだ。音楽隊の行進が終わるまでは町中の誰もが唯一息抜きのできる時間だった。

しかしシルベイラが幕府と協議をする前に、ポルトガル商人たちが長崎奉行竹中政重に贈った袖の下が効いたのか、あっさりと貿易再開の許可が下り、ポルトガルとの貿易は再開された。吉兵衛がシルベイラに向かって、「産むは案ずるより易《やす》しですな」と声をかけると彼は、「通訳の分際で何がわかる」と見下された。シルベイラは、「自分はもう一つの使命である将軍との謁見が許されるまでは五年でも十年でも居座るつもりだ」と豪語した。彼の尊大な性格は、滞在中に一度も長崎奉行とも長崎代官とも顔を会わせなかったことでも分かる。

秋、四隻のガリオット船が二年分の貿易品を積んでマカオを目指して出港した。どの船も銀の重さで喫水線が隠れていた。しかもそれは彼等の銀ではなく日本人が投資した「投げ銀《がね》（海上投資）」と呼ばれるものだった。

長崎貿易にはもはや宣教師は一人も介在しない。資金を調達するには、ロドリゲスが『日本プロクラドール覚書』の中に書き残した「禁じ手」、すなわち日本人から投資を募るしかない。その結果、スペイン船や御朱印船に流れていた銀がわんさと集中した。でもそれが禁じ手であることには間違いない。

将軍家光はシャム（タイ）で高木船が襲われ、朱印状が外国に奪われたことを重く見て朱印船制度を改めた。朱印状は海外への持ち出しを禁じ、長崎奉行にあずける。引きかえに奉行から渡航許可書（奉書）をもらって渡航させることにした。これが奉書船制度と呼ばれるものだ。

これを一番喜んだのは長崎奉行すなわち竹中政重だった。

竹中はその権力を最大限に利用して悪の限りを尽くした。彼は高木船を襲った謝罪と賠償を求めるという名目でマニラに船を出した。表面上は問題もないように思えるが、中身は酷いものだった。先ず宣教師を運んだ罪で大村の牢に繋がれていたジェロニモ・デ・マセードというカピタンに目をつけた。カピタンは富裕層である。彼を牢から開放する代わりに、船の手配や運行資金を彼に出させた。「ギブ・アンド・テイク」である。しかも航海の真の目的はマニラとの密貿易にあり、出費なしで丸儲けしたのは竹中だった。

翌一六三一（寛永八）年末に、竹中は再度マセードに命じて船をシャムに向かわせた。船は途中で渡航が禁じられているマカオの港に入った。これは竹中とポルトガル人とのグレイゾーンを裏書きするもので、彼は一方で徹底した苛酷なキリシタン弾圧を行いながら、他方で金銭的なうまみさえあればスペイン人やポルトガル人に対してもあいまいな姿勢をとった。でもマカオ側からすればそんな柔軟性のある長崎奉行は大歓迎であった。何故なら日本で潜伏している宣教師の活動費を委託することもできたのだから。

さてマカオを出たその船は南下してシャムを目指したが、途中でオランダ船に拿捕され、バタビアに曳航された。しかし竹中はついていた。オランダ総督府はたまたまタイオワン事件が沈静化に向かっていたので、長崎奉行と諍いを起こすのは賢明ではないと判断し、竹中の船と乗組員たちを厚遇し、出帆に当たっては航海に明るい舵手二名まで乗り込ませる始末だった。

竹中重義と妖刀「村正」

竹中重義の職権乱用は海外渡航だけではない。奉書船を最初に利用したのは二代目平蔵茂貞であったが、彼は渡航許可証を得るにあたり竹中から法外の金額を要求された。また入港した唐船の貨物にも高い関税をかけてそれを自分の懐に入れた。

そんな長崎は金さえあれば無法がまかり通る町になり下がってしまった。いつわりの訴えでも、金品さえ奉行所に納めればまかり通り、何の罪のない者が貶められた。それを目にした人々は我が身を守ろうとして一生懸命に金銀財宝を奉行に贈る。またこの竹中は美女と耳にすれば、娘であれ他人の妻であれ無理やり自分の妾にした。

平野屋三郎右衛門もそのひとりで、妻を盗まれた上に財産まで没収された。彼はそのことを長崎代官平蔵茂貞に訴えた。もとより竹中の暴政はすべて平蔵茂貞の下に集められ、彼の堪忍袋も限界に達していた。

一六三二年（寛永九）、平蔵茂貞は江戸につかわす使いの中に平野屋を同行させて、竹中の悪事を羅列した書状を江戸の奉行所に投げ込ませた。

「恐れながら謹んで申し上げます。
一、長崎奉行竹中重義殿は、江戸に報告する必要のない輸入品はすべて我物として奉行所の蔵の中に収納しています。その蔵の数は二つ、三つではありません。
一、先年、唐船が鮫皮《さめがわ》（大型の赤エイの皮で刀の柄に使用）を運んでまいりました。こんな上質な鮫皮は初めてで、口をそろえて幕府に献上しようと検討していたところ、竹中殿が割って入り、その場の者たちを脅迫して奪い取りました。
一、唐人たちが申すには、唐船がもたらす貨物に十三パーセントの課税をし、長崎奉行が着服しているということです。
一、幕府に納める高級品の中から良いところを抜き取っては、地元で売りさばき儲けはすべて自分の懐に収めています。
一、自ら渡航許可証を発行し、自分の船を海外に派遣しています。寄港が禁じられているマカオにまで船を入れ、密貿易を行っています。
一、キリシタンの取り締まりに対しても金品次第で手加減を加えています。
一、裁判でも原告側に正しい理由があっても、賄賂次第で敗訴になります。
一、竹中殿は美女と聞けば長崎中の妻女・娘の区別なく奪い取り自分の妾にしています。その仲介をとった者には法外な褒美を与え、何人もの妾を手に入れています。
一、町人たちは竹中殿から何をされるのか畏れるあまり、我が身に災難が振りかからないように必要以上の金銀財宝を奉行所に上納しています。

じつはかく言う私自身が竹中殿から妻を妾にと所望され、お断りしたところ、大勢の者をつかわして強引に妻を連れていかれた末に、財産までも取り上げられてしまいました。このこと何卒御詮議のほどよろしくお願い申し上げます。

長崎町人　平野屋三郎右衛門

その中に将軍家光の逆鱗に触れる個所があった。竹中がマカオに船を送り出し、彼等と取引しているという個所である。これは断じて許されるものではない。こうして一六三三（寛永十）二月、竹中父子は免職。すぐさま調査が開始された。奉行所の蔵の中からは証言通りあきれるほどの金銀財宝が見つかり、訴えに間違いのないことが裏づけられた。

世間では竹中の仕置きは所領を没収され、遠島《えんとう》になるだろうと噂されていたが、取り調べの最中に奉行所の蔵の中からとんでもないものが顔を出した。名刀「村正」のことである。

「村正」は切れが良すぎて家康が傷を負ったり、徳川家三代にわたり不吉な出来事が続いたので「妖刀」とみなされ、所持することがはばかられていた。それが二十四振りも出てきたのである。

それを蓄えていたのだからたちまち不忠の臣とみなされ、浅草の海禅寺で父子ともども切腹、ここに竹中家は断絶した。検死役を命じられたのは、かつての長崎奉行水野守信で、その時彼は江戸にいて初代の「大目付」に出世していた。

その夏、平戸で予期せぬ出来事が起きた。オランダ船がタイオワン長官ヌイツを護送して来たのである。それはバタビア総督府が事件の責任はすべてヌイツにあり、日本との関係改善ために思い切ってヌイツを罪人として日本側に明け渡したのであった。このいさぎよい処置に将軍家光は大喜びして、日本に拘束していたオランダ人総勢四十三名を解放した。しかし気の毒なことにヌイツの息子は大村の獄で病死していた。

ヌイツは平戸の町外れの小さな民家に幽閉されたが、うっぷんを晴らすかのようにオランダ商館のツケで高価な衣装や身の回りの家具などを購入し、おまけに毎日、平戸の山海の珍味を注文したものだから、オランダ商館長から叱責される始末だった。

竹中父子の詮索が続けられている最中に長崎で大火があった（一六三二）。本博多町の奉行所から失火、周囲の五、六町が焼けた。人々は獄中の竹中の指図で放火されたのだと噂した。幕府はこれを契機に奉行所を岬の教会跡地に移転させることになった。もとはといえばそこが長崎の出発点だったので、奉行所としては最もふさわしい場所である。

西吉兵衛はこれまでの放埒な竹中父子の無茶振りと、傲慢この上ないマカオ大使シルベイラの両者の間を往来しているうちに身体をこわした。家が焼けた心労も重なって下血が続き、ついに寝込んでしまった。

穴吊りの刑

宣教師たちの日本潜入、そして信者への弾圧はなおも続いていた。

一六三三（寛永十）年九月、西山の処刑場でイエズス会士が六名、ドミニコ会士二名の処刑が行われた。その中にクリストヴァン・フェレイラが含まれていた。彼はポルトガルに生まれ、十六歳でイエズス会に入会、一六〇九年（慶長十四）マカオを経て来日した。有馬で日本語を学んだのち長崎を経て京都にうつった。当時京都にあったスピノラとも交りがある。

家康の禁教令（一六一二）が出されると潜伏し、二十年にわたり日本のイエズス会の首長として活動を続けたが、この年、長崎に逃れてきたばかりのところを捕縛され牢に入れられていた。

フェレイラ処刑の日も吉兵衛は自宅で寝込んでいた。

刑に立ちあった名村八左衛門が西坂からの帰りに吉兵衛の家に立ち寄ってくれた。見舞いの言葉もそこそこに、「じつはフェレイラが…」と手拭いでしきりと顔を拭う。「神父がどうした？」と問うと、「…転びました」と口早に答えた。

吉兵衛は床から起き上がるほど驚いた。「な、何と！、いったい何が？」と吉兵衛が問う。

「『穴吊り』です」

穴吊りはその年（一六三三）の夏にはじめられたばかりで、一メートルほどの穴を掘り、身体を黒い袋で包み縄で縛りあげたのちその中へ逆さに吊るす。地上に飛び出た両脚を板でふさぎ、穴の中を真っ暗にする。下役の者たちが穴の周囲をドタドタと足踏みをして嫌がらせをする。

本来、ヒトの身体は立って歩くようにつくられている。直立した姿勢に合わせて血流がある。例えばふくらはぎは歩くたびに収縮して血液を上に押し上げる。全身の静脈には逆流しないように弁もついている。そんな身体を逆さにすると血液が脳に集まり脳卒中を起こす。そこで意識を混濁させないために両耳の側に穴を開け、少しずつ血液を体外に流し出す。そうすれば名状しがたい苦しみの果てに三日ほどで亡くなる。

「何のためにそんなことを…」と吉兵衛がつぶやく。

「穴吊りにすれば説教もできず、聖歌も歌えません。足先だけしか見ることができないその場の光景は、決して崇拝の対象とはなりません」

「確かに…」

「どんな立派な神父でも蔑まれながら死んでゆくのです」と、名村は次第に顔を赤らめ、涙目になっている。

「で、神父は？」

「二夕時（四時間）ほどたった頃でしょうか、何かを叫ぶので蓋を外してみると右手をしきりに動かすのです。私もそれをこの目で見ました。その時の役人たちの喜び様といったら…」

二人ともしばらく無言でいた。

その時、フェレイラの意識は少しも混濁していなかった。自分が何をやっているのか明確にわかっていた。日本管区長代理が棄教すればイエズス会がどうなるか冷静に判断できた。それでも彼は手を動かした。

神父の穴の中には執行人が肥樽を蹴倒し、人糞が撒かれていた。

穴は悪臭芬々《ふんぷん》としている。風はそよりともしない。暑くてたまらない。黒い袋で包まれたわけにようやく気がついた。汗まみれの顔面を銀蠅が歩きまわる。くすぐったい。瞼は動かすことができる。瞬きをすれば蠅は逃げる。首も巡らせばこれもまた逃げる。でも、でも、またすぐに戻ってくる。

耳元で蚊が飛ぶ音がした。これに刺されたらどうする。彼は若い頃に読んだ『プリニウスの博物誌』の一節を思い出した。

「蚊を見たまえ。あの小さな身体のいったいどこに目があるのだろう。どこに鼻があるのだろう。あのプイーンという声をどこから発しているのだろう。一体どこの誰がなんという巧みな技であの薄いはねを、そしてあのか細い肢を取りつけたのだろうか。いったい誰がどのような意図で、我々の皮膚をつらぬく鋭い武器を与えたのだろうか」

プリニウスは小さな蚊を通して創造主の技を賛美した。しかしもし彼が自分と同じ立場に置かれたらどうしただろう。

目の前の赤土を這っていた一匹のウジ虫がいつの間にか顎の方に移動している。いや、違う。移動しているのは自分の方だ。そうだ…縄がゆるんでいるのだ。自分を吊り下げている縄が。頭のてっぺんからじわりじわりと汚物の中に浸って行く。そのうちに耳が、目が、鼻が、そして……。

神父の胸深く押し殺されていた人間としての自尊心が首をもたげる。ついに彼は叫んだ「ナン　ゴスト（嫌だ）！　ナン　ゴスト。アブソリュタメンテ　ナン　ゴスト（それだけはゴメンだ）！」と大声を発し、右手を振って振って振りまくった。

フェレイラの隣の穴で、豊前小倉で捕まった中浦ジュリアンが吊るされていた。中浦ジュリアン。西彼杵《にしそのぎ》半島中浦の生まれで遣欧少年使節のひとり。四人は有馬のセミナリオで学んだ生徒たちであった。大村の千々和ミゲルはすでに棄教し、肥前波佐見《はさみ》（長崎県東彼杵町）の出である原マルチノはマカオへ流され、伊東マンショは長崎で病死していた。

唯ひとりの生き残り中浦ジュリアンもこの年六十五歳。長い潜伏期間を経てもはや何が起きても怖れるものはないという面構えであった。穴吊りにされる前に、「自分はローマを目にした中浦ジュリアン。その最後をしっかりと見届けてもらいたい」と役人にむかって頭を下げた。

そのジュリアンの耳に慌ただしい動きの足音がする。いったい何が起きたのだろう。聴き耳を立てる。誰かが穴から引き揚げられている。聞こえたのはフェレイラの声だった。はっきりした声で「冗談じゃない！　断じて許さん」と、繰り返し繰り返し叫んでいた。

頭から額にかけて糞尿がしたたっていた。役人たちは露骨に嫌な顔を見せながらフェレイラを刑場から連れ去った。

Ⅲ　国を鎖《とざ》す

第十三章

鎖国令

一六三三年（寛永十）、竹中父子の不正を受けて幕府は長崎奉行を二人制にあらためた。今村伝四郎と曽我又左衛門が選ばれ、両者は交代で長崎に在住する。将軍家光は長崎に向かう二人に「大綱十七条」を手渡した。

要約すれば次のようになる。㈠、奉書船をのぞいて日本人の海外往来の禁止。㈡、キリスト教の禁止と宣教師の取り締まりの強化。㈢、外国船取り締まりの規定。これらはのち「第一次鎖国令」と呼ばれる。

今の我々は便宜上「鎖国令」という言葉を使用しているが、当時はまだ「鎖国」という言葉は存在しない。その条文は、長崎貿易と宣教師の取り締まりの具体策であって、長崎奉行の業務命令のようなものである。新しい長崎奉行曽我又左衛門はそれを携えて長崎に入った。

吉兵衛の身体がようやく回復した。

少しずつ身体を普段の自分に戻して行く。ただ立って歩けるということがこんなに有難いとは思わなかった。道端の草むらからキチキチバッタが跳ねる。逃げた先で待っていてまた跳ねる。虫けらまでもが自分を祝福してくれるような気がした。

彼が最初に出かけた先はポルトガル商人の宿泊所で、彼等は吉兵衛を認めるとすぐに飛んで来て、「カルバッリョではないか、しばらく振りだなァ」と両手を大きく開き吉兵衛をひしと抱きしめてくれた。相手は身体が大きいので、まるで自分が親に包まれた子供のように思える。

吉兵衛がドン・シルベイラの様子をたずねると、「あゝ、元気でいるよ。相変わらず将軍に面会するのだと豪語している。棄教したフェレイラ神父にも何度も会おうと試みたが、すべて断られたようだ」と教えてくれた。

フェレイラの棄教は、やはり彼らの最大の関心の的である。マカオはもちろん、ヨーロッパからも関心を集め、結局、三十四名の宣教師がフェレイラの罪を自らがあがなおうと日本潜入をこころざした。フェレイラの棄教はかえって日本に宣教師を向かわせる要因となり、それからの二年間に四十六名もの神父が日本で逮捕されている。

フェレイラはもはや日本人といった方が正しい。

踏み絵をし、「転び証文」を書かされたのち、「沢野忠庵」という名前をもらい、吉兵衛とおなじ皓台寺の門徒となり、妻帯して五島町に住んだ。外国人にとって「チュウアン」は発音しにくいらしく、「シュウアン」とか「ジョアン」と呼ばれていた。

フェレイラは宗門吟味役や翻訳係を兼ねているので、吉兵衛とは役所でよく顔を合わせる。この二人、聞かれて都合の悪いところは外国語で話せるので、いつしか日本人同志以上に心が通いあう仲になっていった。フェレイラの方が吉兵衛より十歳年長だったが、その博識ぶりにはしばしば圧倒された。

「キチ（と彼は吉兵衛のことを呼ぶ）、あなたはポルトガル語とスペイン語は自由に使えるが、オランダ語はどうなのです？」

「長崎に住んでいるオランダ商人から少し学んだことがあります。でも彼等は日本人と話すときには南蛮の言葉で来ますからあまり役に立ちません。それにしてもヨーロッパの人々はどうしてあの様に他国の言葉が平気で使えるのか不思議でなりません」

「キチ、それは私たちの言葉がよく似ているからですよ。ちょうど京言葉と長崎言葉が違っていても日本人同志なら少しも困りません。それと同じことです」

「そうですかねェ。私たちの耳にはまったく別々のものにしか聞こえません」

フェレイラはにやにやしているだけで何も答えない。

「ところであなたは医学の知識をどこで仕入られたのですか？」

「もちろんイエズス会です。見知らぬ国で何が起きても困らないように前もってある程度の医学を学びます」

「じつは、うちの息子が祖父の血を引いて医者になりたいと言うのです。もちろん漢方を学ばせていますが、南蛮医学も学びたいというのです。如何なものでしょうか？」

「それは良い。そっちの方が私にとって余程やり甲斐がある。なんならオランダ語の初歩くらい一緒に教えてあげても良い」

ということで、長男の新吉はその年からフェレイラの家に通って西洋医学を学ぶことになった。

金鍔《きんつば》次兵衛《じひょうえ》

長崎奉行曽我又左衛門が在任中に、「キリシタンが十字架やロザリオを首に掛けていたように、長崎町民は残らず仏像を首に掛けることにしよう」と提案し、町にお触れを出した。ところがこれがなかなか徹底しない。奉行は町民が命令に従わないのは、なお宣教師が潜んでいる可能性があるとして、それまで調査が及ばなかったところを中心に再調査をはじめた。それが奉行所の内部に及んだとき、ひとりの馬丁が突如姿をくらました。

奉行はこの消えた馬丁こそが日本人神父だったことに気がついて、絵師に似顔絵を書かせ、それを槍の先に掲げて町々を歩かせた。それを見た吉兵衛は驚いた。その丸顔で八の字眉毛はセミナリオで見覚えのある顔だった。

金鍔次兵衛は大村藩の出身でキリシタンネームを「トマス」といいラテン語が良くできた。常に親の形見の金鍔の脇差を差していたところから「金鍔次兵衛」と呼ばれたとされるがそうではない。無頼派と呼ばれた坂口安吾にいたっては「彼の刀の鍔には、金の十字架がはめこんであった」と脚色している。そんなもの禁教下を持ち歩けるわけがない。では「金鍔」とは何か。セミナリオの名簿に「金鍔トマス」とあるところから、れっきとした姓名だと思われる。

金鍔次兵衛は一六一四年の大追放でマカオに流され、セミナリオで神父を目指すも目的を果たせず、一六二〇年、十九歳で唐船に乗って禁教下の長崎に帰国。潜伏中のアウグスチノ会士と出会いスペイン語を学び、二年後にスペイン船でマニラに出国、念願通り神父となって三十歳で再度長崎に潜入、竹中奉行の馬丁として住み込んだ。そして桜町牢内にあった宣教師バルトロメオ・グチェレスと連絡を取りつつ、夜の闇にまぎれて盛んに布教活動を続けた。

どうして彼にかくも大胆な動きができたのだろうか。それはひとえに長崎奉行竹中父子の暴政のせいである。人々は常識を逸した竹中の暴力におびえ棄教を余儀なくされたが、心中ではなおキリシタンであり、潜入した宣教師に協力を惜しまなかった。人々は潜入した次兵衛の肩を持つことで奉行の暴力に反発した。次兵衛をかくまった容疑で数多くの人が摘発されたにもかかわらず、当の本人は杳《よう》として行方が知れなかった。

次兵衛が消えた先は、天領長崎と深堀領の境にある谷間（現・戸町）である。そこは天領と深堀領がたがいに遠慮し合って警備が薄い。長崎から行けば山を越えなければならない。浜から行けば石ころだらけの細い道をのぼり、その途中にグロテスクな岩山がそびえている。その巨岩の中腹にパックリと横穴が開いており、人ひとりが雨露をしのぐことができる。次兵衛はそこをアジトにしていた。

一六三四年（寛永十一）春、ポルトガル大使シルベイラが念願かなって将軍への謁見が許された。一行七十名は相変わらす派手な演奏を奏でながら江戸城に入ろうとして人々のひんしゅくを買った。シルベイラには雇われた日本人が長い柄の日傘をさし出していた。これが日本人を従者にしたかのような印象を与え見る人々を不快にさせた。城内に入るときシルベイラが上靴を出したところ、そんなものは無用と、ここでもひと悶着あった。

将軍はシルベイラから見えない所にいて、質問だけが与えられた。「マカオとの貿易は日本人からの借金で賄っている。これをどうやって返す積りか？」。家光が聞きたいのはまさしくその点にあった。シルベイラも負けておらず、「そんな子供でもわかるようなことを聞くとは呆れた話だ。借金は貿易を続けることで返せるに決まっている」と自信をもって答えた。家光はいよいよもってポルトガル人への憎みを深めた。

念願の将軍との謁見が果たせたシルベイラは、長崎に戻り、季節風が北西に変わるとマカオに帰っていった。最後の最後まで横柄極まりない態度で押し通した。

同年（一六三四）、長崎奉行は榊原職直《もとなお》と神尾内記に代わる。彼らに託された「第二次鎖国令」は最初の鎖国令と大きな違いは見られない。ただし長崎に住んでいるポルトガル人を日本人と隔離するために、人工島（出島）の造築を命じた。こうして町年寄の高木作衛門を筆頭に博多商人など二十五名が出資して岬の突端の浅瀬に埋立工事を開始した。

またこの年平蔵茂貞が、「末次船」の絵馬を長崎の清水寺に奉納した。縦横二メートルもあり、墨で「奉掛御宝前　諸願成就　皆令満足　寛永十一年、七月、吉日」とある。船頭や船客十六名の名前も連ねてある。それは朱印船貿易がまもなく終焉を迎えるのを予感しての奉納だった。

出島の完成

突然奉行所に、金鍔次兵衛が大村藩の西彼杵半島の戸根村（現琴海町）の洞窟に隠れているという有力な報告がもたらされた。それっとばかりに佐賀・平戸・島原・大村の四藩に命じて、かつてない大規模な山狩りが展開された。

まず長崎から人を出して半島の首根っこにあたる淵村から時津までの間に非常線を張り、蟻一匹通れないように備えた。

次に四藩の者たちが半島の北の突端から捜索をはじめた。今でいうローラー作戦だ。横一列で隣との間隔は一、二歩。佐賀勢は腰に注連縄《しめなわ》を巻き、平戸勢は刀の鞘に白紙を三つ巻き、島原勢は左の袖に白紙を巻き、大村勢は背中に隅取《くまどり》紙を付けてそれぞれの目印とした。

各グループに奉行と目付を置き、時刻を合わせて歩き進める。日が暮れると鉄砲が発せられ、その場に篝火を焚いて不寝番を置いて眠る。こうして少しずつ半島を南下する。山を越え谷を渡り歩きに歩き、ようやく長崎勢と合流できたのは三十五日目であった。

こうして網にかかったのは次兵衛ではなく、無数のイノシシと大村領内のキリシタン七十一人、そして次兵衛の世話をしたという塩焼の婆さんが一人だった。次兵衛が網にかからなかったのには訳がある。その頃彼はすでに九州を脱出して江戸に滞在し、大胆にも江戸城内の小姓組数名にキリスト教の伝道をしていた。

将軍家光がカンカンに怒ったのはいうまでもない。西日本の到るところに関所をつくり、往来切手のない者は誰ひとり通行できないことになった（その後この制度は踏襲される）。それでも次兵衛は捕まらない。世間では、「伴天連はつい先ほどまで目の前にいたかと思うと、たちまち姿をくらましてしまう。まるで妖術使いのようだ」と噂しあった。以後、宣教師のイメージは魔法使いか、忍者のように扱われる。坂口安吾は忍者が胸に印を結ぶのは、次兵衛が十字を切ったところに始まると推理している。

翌一六三五年（寛永十二）の「第三次鎖国令」には平蔵茂貞が予想した通り大きな変化が起きた。㈠、日本船のすべての渡航が禁止。㈡、三十年以上続いた日本人の海外渡航に終止符が打たれ、奉書船制度も廃止された。これにはさすがに特権商人たちも困り果てて、禁止の緩和を願い出たが将軍家光は聞く耳を持たない。

同時に海外から帰国する者もすべて死罪と定められた。当時海外に住んでいた日本人商人やその家族は六、七千人に達していたが、家光は彼らをすべてキリシタンとみなして見棄てた。また宣教師を訴え出た者への懸賞金を百銀から二百銀、場合によっては三百銀に増やした。家光の宣教師への憎しみが良く伝わってくる。

貿易統制に関しては、絹の取引は五ヶ所商人（長崎・堺・京都・大坂・江戸）に限り、唐船の入港も長崎と平戸に限定することで、各藩が行っていた海外貿易が完全に不可能となった。

ポルトガル人の普段の行動についての細々とした規制が出された。日本人を雇って日傘をカピタンにさしかけさせてはならない。奉行所に入る時には履物を脱ぐ。貧者への施しは十二匁までに限る等とある。明らかに大使シルベイラの行為を意識したものだった。

同年（一六三五）は武家諸法度が改正され、全国の大名が一年置きに江戸と国元の間を参勤交代することになる。諸大名が競って江戸に屋敷を持ち部下たちを住まわせた。その結果、江戸の人口が膨張し、大名たちが使う五街道をはじめとする交通網も発達した。名実を伴った「江戸時代」がはじまろうとしている。

寺請制度が全国津々浦々にまで行き渡り、仏教徒にあらずんば日本人にあらずということになり、薩摩藩主島津家久が琉球にまでキリシタン宗門の禁止を通告したのもこの年である。

長崎では二年をかけて「出島」が完成した。

その年の「第四次鎖国令」（一六三六）には、ポルトガル人の国外追放が記されていた。

「ポルトガル人はひとり残らず日本に残留してはならない。長崎で生まれた子供、またその子を養子にした日本人の両親は死罪に処するところを、特別に命を助けるのでポルトガル人と一緒に国外に出て行くように。二度と日本に帰って来てはならないし、文通も許されない。もしこれを破れば死罪に処す」。

でも出島に最初に収容されたのはポルトガル人ではなく、彼らを宿泊させていた日本人二十六名であった。彼らはポルトガル人を宿泊させたのみならず隠れて貿易を行っていた。続いて長崎生まれのポルトガル人やその妻子、ポルトガル人を養子にした者などが次から次と出島に収容されていった。最後に江戸から戻ったポルトガル商人が出島に入った。

内町では彼らが立ち去ったあとに空き家が目立つようになった。ちょうど奉行所が教会跡地に引っ越したように、その後、外町から商人が続々と内町の空き家に移り住み、町の様相が変わっていった。

夏に入ってきたガリオット船四隻は、これらの出島に集められた総勢二百八十七名を分乗させマカオに戻っていった。今回は銀ではなく泣き叫ぶ人間で溢れていた。

金鍔次兵衛の最期

その頃平戸のオランダ人にも変化が起きていた。

タイオワン事件のとき通訳を勤めたフランソア・カロンが商館長となり、江戸にあいさつに出かけた際に、アムステルダム製の背丈を越える巨大な銅製のシャンデリアを進呈したところ、家光はそれがいたく気に入り日光の東照宮に運ばせた。つまり祖父（家康）に捧げる「燈籠《とうろう》」として受け取ったのである。

そのシャンデリアのお陰で、五年間平戸に幽閉されていたヌイツは図らずも開放された。しかし息子は赤痢で亡くなり、彼の身を案じてわざわざオランダから東アジアに向かった家族たちは全員が海上で病死してしまい、ヌイツは天涯孤独の身の上となって故国の土を踏まなければならなかった。

金鍔次兵衛の潜伏活動はなお続いていた。彼のアジトの対岸約四百メートル先に西泊郷がある。そこは淵村の庄屋志賀親勝の支配で、あるとき庄屋に、「対岸の山の中腹にときどき薄灯りがする」という話が耳に入った。遠眼鏡を用いてさらに観察を続けると確かに人影を認めた。

一六三六（寛永十三）年六月十五日、捕り方たちによって次兵衛はあっさりと捕縛された。彼らも奉行所の役人たちもただのキリシタンと思っていた。ところが尋問がはじまると「私はトマス・デ・サン・アウグスチノ。名前は次兵衛」と正直に答えた。

役人たちは思いがけない逮捕劇に狂喜の声を挙げた。奉行自らが次兵衛の獄に足を向けた。この身の丈の低い、風采のあがらない男のいったい何処に四年間にわたる幕府捜索をくぐり抜け、西日本を逃げ廻るだけの力が秘められていたのだろうと不思議に思った。結局、次兵衛を捕らえるための捜査費は三十万両にものぼった。逮捕の知らせはたちまち全国を駆けめぐり、家光もまた胸をなでおろした。

次兵衛の取り調べには、吉兵衛もフェレイラと一緒に参加したが、次兵衛はひとことも語らなかった。自分も有馬のセミナリオで学んだと告げてみたが無視された。ところがフェレイラに向かって彼が何かをつぶやいた。吉兵衛には聞き取れなかったが、あとになってフェレイラが教えてくれたことには、「神はすべてをお許しになる」とラテン語でつぶやいたという。

次兵衛の最初の拷問は水責めである。水の入った手桶を並べ、片っ端しから飲ませる。飲めなくなると、じょうごで無理やり注入し、お腹が樽のように膨れるまで飲ませる。口、鼻、耳から血の混じった水が溢れる。気を失うと牢屋に戻し、手当てを施したのち再びこれをくり返す。

次は鉄の針を爪の間に刺した。またもや失神して倒れる。次兵衛の逃走に手を焼いた分、役人たちの憎悪は深く、拷問は次第にエスカレートしてついには銛の付いた竹で全身の筋肉を突き刺しては引き抜いた。肉は裂かれ、ちぎれ、屠殺された獣のようになった。

最後は穴吊りである。

一六三七年（寛永十四）九月二十日、次兵衛は牢から出され、彼と関わりのあった十二名のキリシタンと一緒に刑場につれて行かれた。真っ先に次兵衛が吊るされたが他の十二名の方が先に息絶えた。次兵衛は飲まず食わずで三日間生きていた。その体力に誰もが不気味さを感じた。

そんな彼が突然、穴から引き出され手当てを受け、薬を飲まされた。目的は入港した六隻のガリオット船の中に、かつて次兵衛に金銭的な援助をしたポルトガル人が乗っているという情報があり、奉行所では本人確認をさせたかったからである。そのときも吉兵衛とフェレイラが立ち会った。

次兵衛は黙秘を貫いた。何をいっても首を横に振るだけであった。役人たちは目的が果たせなかったくやしさから、「このたび次兵衛が穴から引き出されたのは転んだからである」という嘘の情報を町に流した。そんなことはもはや次兵衛にとってどうでも良かった。ただただ願うのは殉教のことだけだった。

次兵衛は再び晒されて刑場に向かった。

普通なら刑場までの道を馬で行くところを、体力のない彼は竹で編んだ駕籠に入れられた。頭は右半分を剃られて赤く塗られている。口は説教できないように猿ぐつわがはめられ、先導する者が「この者は転んだぞ」と叫ぶたびに次兵衛は首を横に振り、「この者はキリシタンのパードレ（宣教師）であるぞ」というときには、首を縦に振ってうべなった。

刑場には次兵衛を泊めた四名のキリシタンが先に到着していた。駕籠から出されるとき、次兵衛は猿ぐつわを外されたので賛美歌を口ずさんだ。野太い美しい声だった。四名は泣きながら何度も何度もうなずいた。

次兵衛の肉体はすでに限界に達していた。死刑執行人たちのなすがままに縛られ吊るされ、そして今回は誰よりも早く息を引きとった。三十七歳の生涯だった。

鎖国を語るに以て金鍔次兵衛が登場することはまれであるが、しかし、このひとりの殉教者の江戸と長崎における布教活動は、幕府をして鎖国へと決意を急がせたのに違いはない。

第十四章

天草島原一揆

雲仙地獄での拷問を思いついた島原城主松倉重政は、長崎奉行竹中重義奉行と手を組んでマニラ攻撃を計画したが実行に移す前に亡くなった。その子松倉勝家は小心者の上に自己中心的な性格で常識を逸した悪政を行い、南島原の人々は反旗をひるがえし松倉重政がつくった島原城を取り囲んだ。

一方、島原半島のすぐ南にある天草諸島は、マニラに流されたキリシタン大名小西行長の旧領地でキリシタンが多く、小西のあとに入った唐津藩主寺沢堅高《かたたか》が、領民に苛酷な政治をしいたので領民は蜂起して富岡城を囲んだ。

天草島原一揆が起きた一六三六年（寛永十三）十月、たまたま長崎奉行は二人とも江戸にいた。榊原職直《もとなお》と馬場三郎左衛門は、それを聞いた時てっきり自分たちのいない隙を見計らって、天草と島原のキリシタンが蜂起したものと思った。将軍家光や閣老たちもそうである。つまり幕府はそれを最初から宗教一揆として認識した。それ以外の発想は割り込む余地はなかった。

二人の奉行はただちに旅立った。江戸・長崎間を十八日で踏破したとある。オランダ人ケンペルの初回の江戸参府（一六九一年）を例にとれば二十九日かかっているので、比較すれば彼らがどんなに急いだかがわかる。

長崎街道の矢上《やがみ》に着いた時、平蔵茂貞の配下の者が出むかえ、長崎の町が平穏であることを告げたので、二人はひとまず胸をなでおろした。

平蔵茂貞は一揆の第一報が入るとすぐに、大村藩や筑後藩に使いを出して兵士による警護を求めた。この処置は奉行が留守の間は長崎代官が権力を握っていたことを教えてくれる。こうして長崎がしっかりと守られていることを知った二人の奉行は、島原城を目指して引き返した。

大村藩や筑後藩の兵士が長崎にのり込んできた光景を目にした人々は、かつて豊後から竹中氏が乗り込んで来たときの恐ろしい記憶がよみがえりパニックに陥った。あわてて山野に隠れる者もあれば、大村領の時津や諫早領の長与に逃れようとする者が出た。平蔵茂貞や町年寄たちは、彼らを落ち着かせるのに奔走しなければならなかった。

長崎の東南に位置する茂木は、かつて有馬晴信がイエズス会に寄進したこともあり、一揆の報が入ったとき、庄屋の惣兵衛をはじめとして多くの住民がキリシタンに立ち返ろうとした。そのとき、その地方の代官佐野惣左衛門が庄屋の息子を人質にとり、決して一揆に加勢してはならないと説き伏せ、米や食糧を島原城内に届けるのにこぎつけた。つまり幕府側に味方したのである。

天草の一揆軍は富岡城を、島原は島原城を囲んでいる。両軍の総大将は天草四郎。参加者のほとんどが棄教を強いられ立ち返ったキリシタンだった。彼らは最初の計画からして長崎の町を狙っていた。一揆勢を二手に分け、日見と茂木に陣地を構え、使者を長崎に送り一揆に協力しない場合、町に攻め入り火を放ち、金銀財宝をうばい盗り、島原城に籠もる予定だった。

富岡城は城代家老三宅藤兵衛がおさめていた。三宅は一揆勢を侮っていた。しかし相手は数限りなく増えて行き、しまいには彼自身が戦場で討たれてしまう。残された兵士は唐津に急を告げるとともに、城に立て籠り、援軍が来るのを信じてひたすら待った。

富岡城危うしの知らせに、唐津藩はさっそく数隻の救援の軍船を向かわせた。

船団は平戸の瀬戸を抜けて、金鍔次兵衛の大捜索が行われた西彼杵半島にそって南下、長崎半島の突端を迂回して東に舵を取った。千々和《ちぢわ》湾に入ると、正面から近づいてくる船団がある。それは天草から長崎の茂木を目指していた一揆勢の船団であった。「すわっ、海戦！」と思われたが、武士に出会った百姓の悲しさ、相手はたちまち反転して逃げ帰った。そのタイミングがわずかでもズレていたら、一揆勢は茂木に上陸し、長崎は危機におちいったであろう。のちのちそれに気がついた人々は「あれはきっと長崎の守護神の御配慮であったに違いない」と噂しあった。

援軍が富岡城に到着したという知らせは一揆勢に大きな動揺を与え、その結果天草島原両軍が合流し、島原と天草の中間にある原城に立てこもる作戦に変更した。原城は日野江城の出城を兼ねていたが、家康晩年の「一国一城令」により廃棄された城で、海に突き出たつくりは一揆勢の手によって盤石な砦へとつくり変えられていった。集まった人々は農民だけでなく、商人や職人、漁民や女子供を含めて三万七千人へと膨れあがった。

オランダ御忠節

事件発生から一ヵ月余が過ぎた十二月三日、島原城主松倉勝家が江戸から到着、続いて五日に板倉重昌率いる幕府軍が島原に着いた。板倉は三河一万石という小藩の藩主だった。家光もまた相手は百姓と頭からタカを括っていたのだ。

板倉は十日から原城攻撃をはじめたが戦果は見られなかった。彼の指揮は最初から外様大名たちから軽く見られ統一を欠いた。思ったように決着がつかない様子が江戸城に伝わると、家光は自分の権威が傷ついたと思ったのだろう、老中松平信綱に命じて諸藩六万人の兵を率いて江戸を出立させた。

現地の板倉重昌は追い詰められた。自分の立場はどうなる。信綱が到着する前に決着をつけなければ面目が立たない。焦ったあまり、一六三八年（寛永十五）元旦早々から総攻撃の指令を出した。その結果四千人という大きな犠牲者を出し、板倉自身も戦死した。

松平信綱に率いられた幕府軍が到着したのはその二日後である。現地の兵と合わせると軍勢は十二万人に膨れあがった。信綱は板倉の敗因を検討し、一揆勢を軽んじていたことを踏まえ、布陣により陸側を幾重にも取り巻き、海上にも長崎から呼び寄せた船で包囲し、原城を孤立無援の状態に追い込んだ。そして城内に盛んに矢文を放っては投降を呼びかけた。

そんな状況を読みとった長崎の平蔵茂貞は、平戸のオランダ商館長ニコラス・クーケバックルに声をかけ、「今こそ幕府に恩を売る絶好の機会である」と、オランダ船を原城に回航させるよう呼びかけた。

クーケバックルは、日本国内の争いごとには巻きこまれたくなかった。そこで停泊中の四隻の船のうちライプ号だけを島原にまわし、残りは急ぎバタビアに向けて出帆させた。

十二日、クーケバックルを乗せたライプ号は原城沖に到着し、大砲を放った。玉が当たり城が崩れることはなかったものの、砲弾の与える心理的なダメージは大きく、一揆勢は「異国の手を借りてまでして、同胞を殺すとはなにごとか。恥を知れ。恥を」と矢文に書いてよこした。

砲撃による味方の損傷も出た。玉が飛びすぎて幕府軍の陣地に落ちたり、陸揚げした大砲の一つが発射の際に破損し、オランダ人ひとりが即死した。当時の大砲にはありがちなことだったが、犠牲者を出してまで尽くしたオランダは「忠誠を尽くした」と評価された。朱印船に乗っていた宣教師をあばいた平山常陳事件（一六二〇）に続いて、オランダは二度目の手柄をあげることができた。

じつは長崎から唐人たちも動員されていた。

彼らの作戦が突拍子もないもので、口径が二尺五寸（七十センチ以上）もある木製の筒に、巨大な玉が二つと、薬缶《やかん》ほどの小玉を二十五個入れる。土塁に横穴を開けて城の方に掘り進み、長さ百五十メートルほど離れたところから導火線に火を点ければ、本丸から二の丸まで一瞬にして吹っ飛ぶというものだった。さすがに「白髪三千丈」の国だけのことはある。しかしすでに寄せ手が近づき過ぎていてその計画は中止された。

兵糧も尽きようとするある日のこと、天草四郎は本丸で碁を打っていた。突然、彼の袖を破って一個の砲弾が飛び込み、周囲の男女五、六名が死んだり傷ついたりした。神の子の四郎でさえ玉が当たったというので、これを機に城内の戦意は著しく低下し、脱走兵も出はじめた。

松平信綱は兵糧責めが効いてきたのを確かめた上で、一六三八年（寛政十五）二月二十六日を総攻撃の日と決めた。ところが翌日は雨で急遽中止となり、二十八日の早朝に延期された。しかし二十七日、佐賀藩が抜け駆けをして原城に踏み込み城に火を放った。その煙を見た他藩もあとに続いた。その結果、その日のうちに三の丸、二の丸を攻略し、夜になって兵を撤退させた。

そして二十八日、総攻撃が開始され、正午までにあっさりとケリがついた。十二万人の戦闘のプロフェッショナルが自分たちの三分の一以下のしかも戦闘能力のない女子供を含む三万七千人を寄ってたかって殲滅した。

刎ねた首は三分し、諫早の愛野、天草の志岐、長崎の西坂に埋めた。天草四郎とその関係者の首は出島の入り口の広場に晒された。首の無い屍は海に投棄され、島原湾や千々和湾を漂い、八代や茂木まで漂着したものもあった。

四郎の首、四郎の姉、大矢野小左衛門、有江監物の四つの首がわざわざ出島の入り口に晒されたのは、キリスト教徒とポルトガル人への見せしめのためである。幕府は乱の背景に、ポルトガル人による影の援助があったとにらんでいた。しかしポルトガル人にしてみれは、宣教師を送り込む余裕などどこにもなかった。

オランダ商館長フランソア・カロン

こうして四ヶ月で一揆勢との戦闘は終わった。松平信綱は帰りに長崎と平戸に立ち寄った。長崎では外国船の入港を一刻も早く見つけるための番所を長崎半島の突端に設置するよう指示した。また緊急事態を他藩に知らせるために狼煙《のろし》をあげる烽火台を長崎の山頂につくらせた。

マカオ貿易が「風前の灯火《ともしび》」となった現在、町人代表の平蔵茂貞はこの時とばかりに信綱に向かってオランダ人を平戸から長崎に移すことを提言したが、家康公の決めたこととしてきっぱりと断られた。

信綱の平戸行きには吉兵衛の配下にある通詞肝付名左衛門が同行した。信綱は平戸でオランダ商館や倉庫を見学したのち、オランダ船に乗せてもらったり、最新式の大砲の試射も見せてもらった。大砲は信綱が島原で目にしたものより命中率が優れており、オランダ人畏るべしと思った。

一揆軍を殲滅したあと、幕府は平蔵茂貞をはじめ長崎警護をつとめた町年寄を表彰した。彼らにはそれぞれ銀百枚が与えられ、長崎から船を出した浜田新蔵、六長十左衛門、島谷市左衛門そして薬師寺久佐衛門が表彰された。彼らはいずれもかつて御朱印船で活躍した面々で南蛮航海術を身につけていた。

浜田新蔵はタイオワン事件で活躍した浜田弥兵衛の息子で、島谷市左衛門は、のち一六七五年（延宝三）幕府の命令で小笠原諸島の探検航海に成功する。薬師寺家は長崎警備の大砲を幕府から預けられ、幕末まで家を継承した。

有事の際、長崎奉行が不在であったことを反省し、以後いずれかひとりの奉行が長崎に常駐することも決められた。

思いのほか死者とケガ人を出した天草島原一揆は、家光のキリシタンへの恐怖をさらに増大し、閣老たちは自国民の大量殺戮を、ポルトガル人に責任転嫁した。

大目付井上政重はオランダ人に向かって、「キリシタンという理由で殺されていった罪のない日本人と同数のポルトガル人を殺すまで、我々は気がおさまらない」と告げて、一緒にマカオを攻撃しないかと誘った。つまりそれまで予定されていたマニラ攻撃をマカオに変えたのである。しかしオランダ側はマカオの要塞が手強いことを知っているので婉曲にそれを断った。

天草島原一揆の知らせが入ったマカオでは、危険を察して一時は長崎に船を出さないと決めたものの、背に腹はかえられず二隻のガリオット船を送り出した。

彼らが出島に上陸すると、予想通り借財を清算してもらおうと多くの商人が押しよせてきた。ポルトガル商人は出帆するまでに三分の一を清算することができたが、残りは返せないままに終わった。

ところがその年の帰りの船には、日本人々からさらに四千貫もの銀を借り入れることができた。彼らにしてみれば、日本の商人にとって自分たちが必要不可欠であると自信を深めたはずである。

将軍家光がポルトガル人の追放に踏みきる前に、ひとつ大きな懸案があった。彼らを追放したのち果たして日本が必要とする物資をオランダ人が十分に補充できるか否かという問題である。

明けて一六三九年（寛永十六）四月、平戸から商館長フランソア・カロンが江戸城の大広間に呼び出された。閣老たちの前にはさまざまな世界地図がひろげられている。ほとんどがイエズス会士の手を通して伝わったものか、セミナリオで西洋絵画を学んだ人々によって描かれた地図だった。

カロンは大目付井上政重から、「もし我々がポルトガル人を追放した場合、そなた達の船がポルトガルやスペインの船から復讐されることになりはしまいか」と質問された。

カロンは少年の時から、コック見習いとして船に乗り日本の土を踏んだ。いち早く日本語を身に着け、タイオワン事件の際も日本人とのきわどいやり取りを経験している。カロンの妻は日本人で、日本語で自在に会話ができるので閣僚たちからも全幅の信頼を勝ち得ていた。

「そのように我々がポルトガル人を恐れていると思われては心外です。実際には彼らの方が我々を恐れており、我々の船を見つけると一戦も交えないまま逃げ去ります。また我々はポルトガル人の根拠地ゴアやマラッカ海峡の要塞を何度も攻撃し、もはやゴアとマカオ間のポルトガル人の通行も途絶えています。ですからそのようなことは絶対にありません」

一同がうなずいた。

「ポルトガル人のように、毎年、絹や絹織物を運んでくることができるのだな」、井上は念を押した。

「もちろんですとも」と、カロンは胸を張った。

「従来ポルトガル人がもたらした商品なら、何だって我々にも供給できます。その他の商品にいたっても、品目をあげてもらえば何時でも要望にこたえることができるでしょう。我々は中国との貿易も確立しており、どのような商品でも入手に応じることができます」と言ってのけた。

カロンのいう「中国との貿易」とは中国と直接貿易することではなく、唐船が出入りする東南アジアの国々、言いかえればかつて朱印船が向かった先をオランダが押さえたことを意味する。シャムで活躍した山田長政が一六三〇年に毒殺された事件も、背景にこのオランダの覇権が影を落としていた。

オランダ人が平戸に商館を開いて三十年、その間、タイオワン事件による十年の空白があったが、今回の尋問の内容からようやく幕府の信頼を勝ち得たような感じがした。退出する際カロンは、長い畳廊下を快哉を叫びながら駆けだしたい衝動に駆られた。

最後の「鎖国令」

このようにオランダ貿易の保証が得られたのち、最後の「第五次鎖国令」が発令された。鎖国令はそれまでは新任の長崎奉行の手によって長崎にもたらされてきたが、今回は違った。

一六三九年（寛永十六）、七百名という部下を引連れた特使太田資宗《すけむね》が長崎に入り、自らがポルトガル人、唐人、オランダ人という順序で、四日間をかけて言い渡したのである。そのうやうやしい様子を目にして、長崎の人々は今度こそ幕府が本気であることをさとった。

ポルトガル人に対しては出島にいた代表者二名と、牢に繋がれていた二名とが急ぎ奉行所に呼び出され、吉兵衛によって追放文を読み聞かされた。

「一、日本がキリシタン禁制の国であるのを知りながら、今日まで絶えず宣教師を送りこんでいる。二、もしキリシタンが徒党を組み、邪悪なことを企てるならただちに誅罰する。三、我が国に隠れ潜んでいる宣教師やキリシタンを経済的に援助し続けている。よって以後ガレオット船の長崎への渡海を停止する。それでもやって来る者がいれば、船は破却し、乗組員はすみやかに斬罪に処する」

そのあとで太田特使自らが「我が国ではキリシタンが禁じられているのを知りながら日本にやって来たそなた等は、本来死罪に値する。だが、将軍の特別の慈悲によって命を与える。ただし二度と日本に来ることはないように」といい含めた。

四名のポルトガル人は、最後の最後まで悪あがきをみせた。

「マカオは日本から生活の糧を得ており、それを失えば惨憺たることになる。布教とは関係の無い商人だけでもこれまで通り交易を続けさせて欲しい」と。しまいには辺りの目もはばからず、大声で泣きわめきながら懇願した。その大仰な表現に、役人たちは顔を見合わせて呆れ果てた。

同年十月、ガリオット船は取引を許されないまま白帆をあげた。船には日本人に手渡すはずだった大量の商品と、巨額の配当金とが積まれていた。もちろん将軍自身に属する高価な品物も含まれていた。

そのときの長崎商人たちの本音をさらけ出していえば、我さきに海に飛び込んで、ガリオット船にたどり着き、自分の商品や代価の分だけでも取り返したかった。しかしそれはできない。

人々は大波止に立ち尽くし、天を仰いだり、地を見すえたりして両手を固く握りしめた。そして互いに慰めあいながら船を見送るしかなかった。

船の帆が風をはらみ、船が動き出した瞬間、銀二千貫にものぼる投資金が焦げつき、回収されなくなった。それまで三割から四割という高い配当金を生んだ貸付証文も、一枚残らずただの紙切れとなってしまった。

もはやマカオからの船は日本にやって来ることはない。ポルトガル船の消えた港町に、首を吊ったり、店に放火する人が続出したことが記録されている。

第十五章

鎖国の完成

一六三六（寛永十三）年、将軍家光はすでにポルトガル人を長崎からマカオに追放したがそれでもなお安心できず、一六三九年（寛永十六）の長崎への特使太田資宗に、長崎在住のオランダ人とその混血児もひとり残らず追放すべしと厳命していた。この頃の家光の外国人嫌いは妄想性障害《パラノイア》にも匹敵する。

その結果、長崎で日本人と結婚して子供をもうけたオランダ人家族三十二人が追放された。これをもって教科書では「鎖国の完成」としている。言いかえると平戸のオランダ人をのぞいて、日本国内が純血の日本人だけになった。

追放された一行は、平戸からオランダ船ブレタ号でバタビア（日本人はジャガタラと称した）に流された。その中のひとりのオランダ人、メルヒオール・ファン・サントフォールトにこだわってみたい。彼は一六〇〇年に豊後に漂着したデ・リーフデ号の乗組員であった。ということは約四十年間を日本で暮らしたことになる。

サントフォールトは帰国が許されなかった三浦按針の代わりに平戸侯の朱印船でオランダ東インド会社の拠点パタニまで出かけたことがある。それを契機に平戸の松浦侯とオランダ人との関係がはじまる。松浦侯にしてみればポルトガル人を大村侯にうばわれて以来、海外貿易の機会を鵜の目鷹の目でうかがっていたのだろう。

一六〇九年（慶長十四）、デウス号を狙ったオランダ船二隻が平戸に入港した時、サントフォールトは上陸した東インド会社の代表者と一緒に江戸に出かけ通訳として活躍した。この時徳川家康から渡海免状が下されたわけで、日蘭交流の歴史で重要な役目を果たしている。

その帰路の途中で彼は一行と別れ、大坂の堺で貿易商を営んだが、やがて大坂の陣の噂を耳に入れ、避難するようにして長崎に移った。好人物だった彼はすぐに外国人社会にとけこんで、幸せに暮らしていた。

しかしキリシタンの弾圧がきびしくなるにつれ、また海外貿易が制限されるにつれて、外国人は一人減り二人減りして、最後はサントフォールト夫妻とその友人の家族などの十一名になってしまった。

その中にお春という十四歳の少女がいた。彼女の父はイタリア人で、朱印船の雇われ航海士をしていた。本当はキリスト教徒だったがオランダ人を偽って追放を免れていた。しかしその父も亡くなり家族四人になってしまった。彼女にとって追放されるのは身を切るほど辛かったのだろう。毎年バタビアから日本に向かうオランダ船に託して親族や友人に便りを寄こした。のち彼女は「ジャガタラお春」として知られている。

平戸にあった商館長カロンは、この最後の外国人の追放を他人事として受けとれなかった。次は自分たちではないかという危惧を抱いた。彼は部下たちにキリスト教関係のものは一切表に出さないように厳重に注意した。すなわちオランダ人牧師の活動は船内にとどめ、決して陸でそれらしい振舞いを見せない。また聖書やロザリオは決して日本人に見せないなどである。

将軍家光はキリシタンはいうに及ばず、国内に日本人でない者が居ることが気になって仕方がなかった。彼が目指したのは民族の純化であり、他国と関わりも一切持たないことである。そうでもしないとまたどこからかキリシタンが忍び寄ってくる。

だから日本人ができるだけ輸入品を当てにしないで暮らして行けるように、奢侈《しゃし》禁止令を出した。庶民が絹の着物を身にすることを禁じ、また大名、貴族、役者の衣服や布団に、金の刺繍を入れるよう贅沢は慎まなければならないというお触れを出した。

平戸のオランダ人に対しても、日本は自給自足の国であり、外国には束縛されないことをわざわざ伝えた。カロンがヨーロッパに帰ってから著した『日本大王国志』には、「人生に必要なもので、日本に不足するものはない」と書かれてある。よほど頭にしみこんでいたのだろう。

贅沢品が禁止されると諸物価が値下がりして商人たちは困った。なかんずく貿易に関わる五ヶ所商人たちは頭を抱え込んだ。彼らは自分たちが生き延びるためには、一度、松平信綱に提案したオランダ人の出島移転を再度実現させようと幕府に働きかけた。その中心にあったのは末次平蔵茂貞である。

マカオからの使節

一六四〇年（寛永十七）、長崎の青々とした山々に椎の花がハイライトのように冠さる五月半ば、港に一隻の小型の唐船が入って来た。それは港の奥には進まないで、大村領の「大浦」という入江に隠れるように停泊した。

さっそく奉行所から役人を乗せた船が駆けつけると、乗組員は唐人ではなくヨーロッパ人である。いや、それはなんとマカオのポルトガル人ではないか。彼らはいつものガリオット船で来るとすぐに発覚するので、わざわざ唐船でカムフラージュして入港したのである。

奉行所宛ての書簡には「自分たちはマカオからの使節である。通交を差し止められているので、遠慮して大浦に碇を降ろした。できれば奉行所に出頭し、申し開きをさせて欲しい」と書かれてあった。

長崎奉行馬場三郎左衛門は通詞たちを集め、事実を確かめるように命じた。西吉兵衛は役人と共に二隻の船で大浦に急いだ。甲板にのぼった吉兵衛は、ルイス・パエス・パシェコ、ロドリゴ・サンチェス・デ・パレデス、ゴンサロ・モンテイロ・デ・カルバーリョ、シマン・バス・デ・パイバの四名の代表者を認めた。いずれも顔見知りばかりだった。しかし今回は彼らを笑顔で迎え入れることはできない。

パシェコはキリシタンの迫害が強化された水野守信が奉行の時、カピタンとして長崎に来たことがある。その時、吉兵衛は彼に「宣教師を連れてくるのは厳禁である」という奉行の通達をいい聞かせたおぼえがある。

次のパレデスはマカオの有力な商人で商務員として二度来日し、マカオを去った末次家の代理人を兼ねている。末次家には全国からの投資金が流れていたので、日本商人の総代理人といった方が正しい。

三人目のカルバーリョは、商務員として何度も長崎への航海を務めた人物で長崎でも良く知られていた。

最後のパイバは、マカオ市議会の書記官で、竹中重義が長崎奉行のとき来日し、奉行がアユタヤ事件の補償を求めてマニラに船を向かわせた際、マカオから乗り込んで商務員として同行した。

吉兵衛は先ず船内を調べさせ、商品が積み込まれていないことを確認した。網代《あじろ》帆と舵を取りはずし、武器はすべて没収した。乗船者名簿をつくらせ唐船を去る前に、「明日あなた方は、上陸できるだろう」と告げると、彼らは抱き合って歓呼の声をあげた。「相変わらず能天気な連中だ…」と吉兵衛は苦笑した。

翌日、水夫八名を船番として残し、他の六十六名が出島に上陸した。生活用品まですべて移したので予想外の時間がかかった。彼等は石灰をふんだんに用いた白い壁の屋敷を好み、外壁も白が多かった。

そこに行くと出島は対照的だ。土壁で囲われ、火事のときに火が燃え移らないように表面が炭化した板壁の家敷が並ぶ。彼らには、日本人がどうしてこんな無彩色の憂鬱な建物に住んでいるのかさっぱり理解できない。

それぞれの戸口には大村藩士が警護に当たっている。長崎人でもいいのであるが、ポルトガル人の味方をするかもしれないので、奉行所がわざわざ大村藩に依頼したのだ。日暮れるになると必ず点呼が行われた。牢獄と少しも変わらない。

翌日、四名の使節が奉行所に呼び出された。奉行所には幔幕《まんまく》が張られ、兵士が武具を構えて並んでいた。パシェコが代表して口を開いた。

「昨年ガリオット船が戻って貿易停止を告げられた時は、私たちマカオ市民は底知れない絶望の淵に落ち込みました。私たちは長年日本との貿易でパンを得てきたので、それが停止されれば暮らしは成立せず、ついには滅びてしまいます。この原因をつくったのは日本に宣教師を送り続けたフィリピン総督府にあり、私たちマカオ政府にはありません。私たちはその後マニラに特使を送り、以後、日本には決して宣教師を送らないという決議書をもらって来ました。御覧ください。これがそれです」と、彼はその決議書をうやうやしく提出した。それはまるで鬼の首でもとったかのような得意満面なしぐさであった。

フィリピン総督の決議書には確かに、フィリピン長官・市長・司教・その他大勢の教会関係者のサインが認められた。間違いなく本物であった。

続けて、「ところで私たちは、日本人から多額の資金を預かったままなのです。放置すれば日本人に多大の迷惑をかけます。それは私たちの望むところではありません。負債の返済は貿易を継続することで必ず返済できます。この点を十分に考慮してもらい、少なくとも負債が無くなる日が来るまで、私たちとの貿易を延長してもらいたいのです」と嘆願した。

馬場三郎左衛門は彼らの言い分を聞いたのち、「こんなマニラからの決議書が何だというのだ。同じキリスト教徒のくせに、なんと面の皮の厚い連中だろう」と不機嫌になった。彼らの嘆願書と決議書は、その日のうちに江戸に早馬で送られた。

幕府の回答

ポルトガル使節が出島に収容されてから一ヶ月が過ぎようとしている。

彼等は毎日のように降り続く雨にうんざりしていた。どの部屋も黴臭く、到るところにナメクジが這いまわった。蚊にも悩まされた。散歩でもしようと表に出ると藩士にとがめられ、非常な不自由を強いられていた。

その日は梅雨の晴れ間だった。待ちに待った江戸からの返事が届けられた。大目付加賀爪《かがつめ》定澄と、目付野々山兼綱の二人が奉行所に入った。その前触れのない到着は馬場三郎左衛門を驚かせた。茶を出す暇もない。上使はただちに、出島のポルトガル人を奉行所に呼び出すように馬場に命じた。

その間に上使と奉行との間に慌ただしく打ち合わせが行われ、その場に控えていた西吉兵衛は「これは不吉なことが起きるに違いない」と直感した。

使節の七十四名は上使の到着の知らせに小躍りした。胸をときめかせた。四名の高貴な生まれの使節たちは、衣装箱からもっとも豪華な衣装を引っ張りだして精いっぱい身の周りを飾った。召し使たちにも一番上等な服を着るように命じた。

西国の夕日はなお稲佐山の上にある。何という明るさ。好晴の下をポルトガル人一行が列をなして進む。貴人たちは縁のついた帽子をかむり、金のモールのはいったマントを羽織っている。帽子に刺さった長い毛はなんの鳥の羽根であろう。黒坊たちは柄の長い日傘を彼らの上にかざしている。かつてはこの行列の中に高価で豪華な贅沢品が数々運ばれたものだが、今回は荷物はない。

階段を上って奉行所に入ると数百名の役人と兵士がぎっしりと集められている。一同が中に揃ったところで、四名の代表が呼び出され白洲の上に導かれて行った。彼らにはそれがどんな場所なのかご存知ない。通詞が座るようにいうが正座ができない。「違う、違う、こうだ」と小役人が見本を見せてもそれができない。しまいには両脚を前に伸ばしたまま座らせるほか仕方がない。

正面の廊下を先導されてあらわれたのは馬場三郎左衛門である。続いて役人や吉兵衛も従ってきた。一同が平伏する。

「貴下たちは大悪人である。来日が禁じられているのを知りながら、それをあえて犯した」。この個所を吉兵衛が告げると四名は狐につままれたような顔になった。馬場は続ける。「本来ならば最も残酷な死に方を与えるところを、今回は貿易品はなく請願にのみにやって来たことを考慮した上で、貴下たちに安楽な死を与える」。

吉兵衛は「酷い死に方」とは火焙りや逆さ吊りのことで、「安楽な死」というのは斬首のことであるとつけ加えなければならなかった。

申し渡しが終わるといっせいに取り巻きの兵士たちが動いた。七十四名がひとり残らず捕縛された。本来ならすぐに処刑されるところを、その夜が満月だったことから慣例に従い処刑は翌日に延ばされた。全員が桜町の牢獄まで連行され、この世で最後の一夜を過ごさなければならない。

吉兵衛をはじめとする通詞たちは奉行所に戻り、大目付から指示を仰いだ。それによれば今回の事件の経過を正確にマカオに伝えるために、ポルトガル人のうち若干名を選んでマカオに帰さなければならないという。ついては通詞たちに人選をまかせるということだった。

牢屋には沈黙が支配していた。吉兵衛等が着くといっせいに注目された。吉兵衛はいったん深呼吸して間を置いた。そして思い切り大きな声で叫んだ。「この中にピロートはいないか?」と。フェルナンデスが手を挙げた。次に船医のクアドロスと、書記係のデルガドが選ばれた。この三名は船をマカオに届けるのに最低必要だった。残りはくじ引きで十人の水夫が選ばれた。そのほとんどがポルトガル人と中国人の混血で、マカオでも下層階級に属する人々だった。

「この十三名は、貴下たちの殉教を正しく伝えるためにマカオへ帰す」と宣言すると、牢内がにわかにざわめいた。抗議や文句は留まるところをしらない。

「良く聞いて欲しい」。吉兵衛は両手を開いて押さえるような所作を見せながら、声を荒げた。「よろしいか。これから言うことが一番大切なのだ。こころして聴いてほしい。我々はキリスト教徒ではない者まで処刑するつもりはない。だから今この場で申し出るように」と結んだ。

座が静まり返った。それは良い。しかし返事がない。ひとつとして答えがない。しらけた時間が流れる。通詞たちはあまりの意外さに互いの顔を見合わせた。

吉兵衛はもう一度繰り返した。「キリスト教徒でない者はしない。だから申し出るように」。やっぱり答えがない。その時、使節のパシェコが立ち上がり凛とした声をあげた。

「これまで日本人がキリスト教徒をこのようにして捕え、そして殺してきたことが身をもって理解できた。私たちもキリスト教徒である。そんなに殺したければ殺すがいい。我々は何ものにも決して動じない」と。

その響きの良いポルトガル語に吉兵衛はしばし我を忘れた。言葉に聞き惚れてしまった。育ちの良さというのは隠そうとしても隠しきれないものとしみじみ思う。

我にもどると、「そうだ。その通りだ」と周りの声が聞こえた。すると全体が同調して「そうだ《シー》」「そうだ《シー》」の連呼になった。手を挙げる者は最後までひとりとして現れなかった。

使節団の殉教

ところが通詞たちが出て行くと牢内の空気が一変した。

強がりのあとの本音である。すすり泣きや溜息が溢れ、生き残ることが決まった十三名を取り囲み押し合い圧し合いになった。彼らを通して自らの言葉を家族に託したかったのである。そのために牢番たちは十三名を隔離しなければならなかった。

吉兵衛はいったん引き下がったが、深夜になって再度通詞たちに牢屋に集まってもらった。彼は処刑される者の中にインド人、マレー人、遠くはアフリカのモザンビークから来た黒坊たちも混じっているのを知っている。彼等がキリシタンとは思えない。だから再び声掛けをした。今度は一人ひとりに向かって「キリスト教徒でなければ、故国に帰れる」と語りかけをした。

それでも無駄だった。彼等は首を横に振るか黙秘を通した。果敢にも眼を吊りあげて吉兵衛をにらむ者もいた。「何故だ？　これはいったいどうしたことなのか？」。帰りしなに通詞同志で語ってみたが答えは見つからなかった。

牢を出てしばらくすると小雨が降りはじめた。彼等の足が重かったのは、必ずしも道がぬかるんだせいではなかった。

翌朝、雨はなお降り続いていた。処刑場までの一キロ足らずの道のりは前日とは打って変わった光景を程した。泣き、叫び、だだをこね、道に座り込み、暴れまわってその場から動こうとしない。それを数人掛かりで兵士たちが引きずって行く。身体は泥まみれになり、終いには担がれて運ばれる者まで出た。

しかしそれが刑場に到着すると今度は静まり返った。思いっきり鳴き騒いだ子供が急におとなしくなるのに似ていた。帰国を許された十三名もまた現場に立ち会わされた。

処刑は四人の使節からはじまった。雨が次第に本降りになる。役人から通詞たちに番傘が配られた。油紙の上にバラバラと大きな雨音がかむさる。余計な音が消されて吉兵衛はかえって救われた。首が落ちるたびに足裏に地響きが届く。人の頭の重さを感じる。中にはすっ飛んで落下するものもあった。こうして殉教者たちの血は雨水を紅く染め、幾筋にもわかれて崖下の海に注ぎこんだ。

六十一名の首は八つの板の台の上に並べられ、ほとんどは瞑目していたが、カッと目を見開いたままの顔も混じっていた。

翌日、マカオに返される十三名は船に乗せられ、自分たちが乗ってきた船が焼き捨てられるのを目撃しなければならなかった。船の底には殉教者たちが出島に残した衣類や一切合財が、そして長崎商人に返済される筈の銀が山積みにされたままであった。

こんな芝居がかったことを見せることで、将軍家光がマカオ政府に伝えたかったのは「我々にとって金銭など関係ないのだ」という誇り高き見栄であった。

幕府は最初は、十三名のためにオランダ船を準備した。ところが彼らは頑強にそれを拒絶し続けた。オランダ人は長年の彼らのライバルである。結局、幕府が折れて小型の唐船が用意され、それに通行許可証、米・水・酒肴・薪などが積み込まれ、七月半ばに出航させることとなった。

例年よりも二ヶ月も早い。まるで一刻も早く日本から消えてしまえといわんばかりの性急な船出であった。

案の定、船は三度も台風に襲われた。最初は長崎港を出てまもなくのことで、経験の浅い航海士は船を操るのに苦労した。陸から積み込んでいた三つの舵は壊れ、航海中につくった四つの舵も全部壊れてしまった。結局マカオまでの航海を無事につないだのは八枚目の舵であった。

空屋となった出島には、ポルトガル人が連れて来た一匹の洋犬と一羽のウサギが取り残され、役人たちはそれをどう扱っていいのか困った。結局、奉行の馬場太郎左衛門がそれをもらい、子供への土産とすることで落着した。

第十六章

西吉兵衛の憂鬱

平蔵茂貞を初めとする五ヶ所商人たちはオランダ商館を長崎に移転させたい。他方、平戸侯とオランダ商館長フランソア・カロンはあってはならじと、両者はここに対立した。

商館長カロンは急遽江戸に向かう。オランダ商館は古い建物をこわして新築したばかりである。石積みの二階建てで、長さ四十六メートル、幅十三メートルの純西洋建築だった。その白亜の建築物は平戸の海にまばゆいばかりの光を映している。長崎に移転するとなれば新築した意味がない。カロンにしてみれば「日頃から長崎代官にはお世話になっているが、これだけは譲れない」という思いだ。

今回の献上品は新型大砲二門、銅製のシャンデリア、白蝋燭五百本、そして望遠鏡である。特に性能の向上した大砲は喜ばれた。彼の江戸滞在は五十日におよび、将軍への謁見こそかなわなかったものの商館移動に反対する意思は十分に閣僚たちに伝わった。その結果五ヶ所商人たちの願書は却下された。

平戸にもどったカロンは、留守中に長崎で行われた六十一名のポルトガル使節の処刑を耳にしてショックを受けた。彼はバタビアに送る書簡に、「ポルトガル人に降り注いだ雨は、いつ我々の上にも降っても不思議ではない」と、予言めいた言葉を残した。

三年前に父隆信を亡くした松浦重信が、参勤交代を終えて平戸に帰ろうとする直前になって、将軍家光から直々の呼び出しがあった。

大きな不安を抱えたまま重信が登城すると、「肥前殿、そなたの父上はオランダとの貿易を大きな破綻もなく良く守り通してくれた。そなたもまた亡父を見習って、何事が起きても秩序良く国を治めなければならない。よろしいか。オランダ人は布教こそしていないが、やはりキリスト教徒なのだ」と念を押された。平戸侯はかしこまって平伏するのみであった。帰路の駕籠の中で重信は終始ふさぎ込んでいた。

長崎でも南蛮通詞たちが憂鬱そうな顔を揃えている。ポルトガル使節をひとりでも処刑から助け出そうとして見事なまでに裏切られた。西吉兵衛をはじめ誰もが自分の不甲斐なさと向き合わなければならなかった。さらに自分たちの将来のことである。このままでは仕事がなくなってしまう。

平蔵茂貞はオランダ商館の長崎移転に二度も失敗している。そうなると今の出島同様自分たちも用無しとなる。いや、もしかしたら自分たちが貿易のために平戸に移り住むことになるかも知れない。

吉兵衛は名村八左衛門と猪俣伝兵衛に使いを出し、五島町のフェレイラの家に集まることにした。

奉行所には語学の研修ということで通してある。何でもいい、ともかく鬱陶しい気持ちから一刻でも逃れたかった。

フェレイラの家は見たところ普通の家敷とまったく変わりない。ただ五島町は岬から見下ろすところにあり、ちょうど出島が奉行所から見張られているように彼の家もまた、常に誰が目を光らせている。

入り口にも監視が立っている。中に入ると八畳の間に円卓と椅子が置かれてある。フェレイラは室内でも踵《かかと》のついた白っぽい上履きを用いている。西洋人には靴を脱ぐ習慣がない。靴が離せないのだ。これが日本人には理解できない。したがって「オランダ人には踵《かかと》がない。だから靴や上履きでそれを補っているのだ」と妙な説が流布されていた。

フェレイラは胸元に猫を抱いたまま現れた。彼はその後、日本人妻を押しつけられた。かといって夫婦仲も悪いようには見受けない。棄教したとき五十歳を越えていたのに、男女二人の子宝にまで恵まれた。

しかし、彼が宗門目明しとして役所に出かけるときの顔は別である。無表情で、言葉数も必要最低限で済ます。フェレイラの一番の楽しみは吉兵衛の長子新吉が医学を学びに来ることである。日本の医術は中国の漢方であるが、フェレイラはそこに西洋医学で風穴を開けたいと願っている。それが自分にはできなくとも、新吉ならやってくれると確信している。

和暦と洋暦

名村がフェレイラに抱かれた猫を指して「名前は何ですか?」と尋ねると、「ミチフー」と言う。「ミチフー?」と、尻あがりに繰り返した名村は「そんな名前、聞いたこともないし、これからも聞かないだろうなァ」と猫に顔を近づけて笑っている。フェレイラが「そうですか。日本ではどんな名前が多いのですか」と聞くので、「ウーン、やっぱり『タマ』とか『ミケ』かな…」「それではあまりに短か過ぎて可哀そうです」とフェレイラが答える。

吉兵衛はにやにやしながら会話を楽しんでいる。しばらくすると猪俣が、平戸に出かけたときのことを語りはじめた。

「ちょうど新しい倉庫が出来たばっかりでしてね、石造りのその建物の三角形の破風《はふ》の下に、会社の紋章をはさむようにして、『16』と『39』という数字が書かれていたのです。あれは何だったんだろう…」

「あゝ。それは年号ですよ。我々の建築物には完成した年を刻み込むのが普通なのです。でも西洋の年号を説明するには、暦の話からはじめなければなりません」とフェレイラが応じた。

「暦?ですか…」

「さよう。暦です。あなた方の暦は月の満ち欠けを基本に置いてつくられている。月はかたちを変えながら正確にひと月を繰り返してくれる。こんな便利な暦はない」

「月のかたちから今日は何日とわかりますからねェ」

「その通りです。しかし一ヶ月は二十九日と半日だから、大の月（三十日）と小の月（二十九日）を交互に用いなければならない。そうなると大の月の六ヶ月と、小の月の六ヶ月で、足して三百五十四日。一年の三百六十五日に十一日足りません。そこであなた方の暦には三年か四年に一度、天文方が思い出したかのように一ヵ月を補っているわけです。そうしなければ季節との間にズレが生じますから」

「閏年《うるうどし》のことですね」

「そうです、ただそれが不規則に顔を出すので、どの年が閏年だったのかいちいち調べなければなりません」

「確かに面倒ですよね」

「私たちの暦は太陽を中心にしてつくるので、一年が三百六十五日と四分の一日です。ですから四年に一度、一日を加えて閏年《うるうどし》とします。こうして…」とここで、フェレイラは外を窺い声を落とした。「キリストが生まれた年を基準に番号を振り、年号が決まります。猪俣さんが見た二つの数字は、『16』と『39』ではなくて、『１６３９』、すなわちキリストの生誕から一六三九年目に建てられたということです」

「あ、なるほど」猪俣がうなづいた。

「ところが…一年が三百六十五日と四分の一の件ですが、さらに詳しく測った結果、そんな風に割り切れず、実際にはさらに一日に十一分ほどが不足していたのがわかった。でもそれが積りに積もって千数百年が過ぎると、暦と季節の間に十日という大きなズレが生じてしまったのです」

「へーェ。十日も。面白いなァ」

　ここで再度フェレイラは小声になった。

「こうしてグレゴリウス十三世がパパ様（教皇）だったときに、十月四日の翌日をいきなり十月十五日に変えました。十日間がいっぺんに吹っ飛んだわけです。その結果、暦のズレが季節と合うように調整されたのです」

「そのパパ様とは、日本からローマに出かけた四名の少年が謁見したパパ様ですよね」と、吉兵衛が念を押す。

「そうです。そうです。実際に改暦に関わった人物はクラヴィウスという天文地理学者で、日本に来たスピノラもこの人に数学を学びました。いま中国でヴァリニャーノのあとを継いだマテオ・リッチもそのひとりです」

「そうだったのか」と吉兵衛はうなずく。元セミナリオで学んだ自分たちはヨーロッパと深く結ばれていたのだとあらためて思い返す。

「しかしですよ、十一分のずれで本当にすんだのでしょうか？　さらに細かい同じことが限りなく繰り返されるのではないでしょうか…」

「はい、猪俣さん。その通りです。だからそうならないように今度は時間を減らすのですよ」

「時間を減らす？」

「そうです。末尾二けたがゼロで終わる年のうち、四〇〇で割り切れる年だけ、閏年を加えない」

「こうしておけば一日のずれが生まれるのに三千年以上かかり、まず心配はありません。これが万年暦（グレゴリオ暦）です。これはカトリカ・ロマーナ（ローマ・カトリック）がつくり上げた誇るべき暦なのです。今はそれぞれの国で異なった暦を使っていますが、いつの日か世界がこの暦に統一される日が必ずやってくるでしょう」

吉兵衛は、「今から思えばセミナリオにいたとき先生達が『カレンダリオ』と呼んでいたのがそれだったんですね。カレンダリオを見て祝日などを決めていましたが、その仕組みは今はじめて聞きました」

「そうですか。カレンダリオは少年使節が持ち帰った印刷機で毎年つくられていたはずです」とフェレイラが答えた。

「しかしですよ、オランダ人は常々『自分たちはキリスト教徒とは違う』と繰り返しておきながら、倉庫に『一六三九年』と書き入れたのはどういう料簡でしょう。まるで自分たちはキリスト教徒だと宣言するようなものではないですか」と、猪俣が感想を述べた。

吉兵衛は「確かに。いわれてみればその通り。だったら、これはオランダ人を長崎に移させる格好の理由になるかもしれない。これは末次様に報告しなければ…」と早々と浮足立つ。

「よーし、これでオランダ商館を出島にもって来れるぞォ」と、三名のこころが久しぶりに軽くなった。フェレイラも、オランダ人に一矢《いっし》報いたような笑みを浮かべていた。

平戸商館の危機

一六四〇年（寛永十七）の秋、大目付井上政重が百五十人の部下を連れて長崎に入った。将軍の代理で、重要な決定事項を告げるためである。

商館長カロンもただちに長崎に挨拶に出向いた。井上はカロンに四日後に平戸に向かうことを告げた。カロンがその足で平蔵茂貞の屋敷に立ち寄ると、「やァ、やァ、カロン殿か。こんなところに立ち寄らずとも、早く平戸に戻って井上様のお迎えの準備をなさるがいい」と機嫌が良かった。

カロンはいわれた通りその日のうちに平戸に戻り、商館の内部や船の中を清掃させた。江戸からの一行は長崎奉行柘植《つげ》平右衛門を伴い、先ず河内浦《かわち》（平戸市）に停泊しているオランダ船に乗せてもらい、そのあとで商館や倉庫をつぶさに見学したのち、藩主の招待を受けた。

秋晴れの一日、カロンは平戸城内にあった。そこから見下ろす湾の向こう正面に自分の商館が見える。海上すれすれを白いカモメが横切り、上空には時折り鴛鴦《おしどり》の群れが渡る。カロンはそれを目で追いながらふと、平蔵茂貞から「あなたが建てた新しい商館は派手すぎる」と非難されたことを思い出していた。もし大目付から同じことを指摘されたらどうしょうと不安がよぎった。

そしてその時が来た。井上は正装したカロンを前にして申し渡した。

「オランダ人は、常々自分たちはキリスト教徒とは別だと言い張ってきたので、これまで大目に見てきた。しかし貴下らは今でも安息日（日曜日）を守り、聖書を通して、十戒・主の祈り・洗礼・聖餐礼・使徒・予言者・モーゼなどを信じている」

平戸商館図　（『十七世紀のオランダ人が見た日本』より）

井上自身がかつてはキリシタンで、四十歳のとき転宗したという経歴の持ち主である。そこら辺の事情には精通している。

「すなわち貴下らと日本のキリシタンとの大きな違いはない。しかも今回、城郭にも匹敵するような石づくりの商館をつくり、誰もが目につく高いところに『１６３９』という数字を入れた。これはキリスト生誕を宣言するものである。そこで将軍は私に商館を破壊するように命じられた。以後は休息日を守ることも許されない。日曜礼拝に日本人の大工や日雇いを招き、仕事もしないのに賃金を払ったことが報告されている。これは布教意外の何ものでもない。また以後、同じ商館長が一年以上日本に留まることも許されない。日本人と長いつきあいをしていれば、何時いかなる所でキリスト教徒にならないとも限らない。オランダ人はわが国がキリシスト教禁制の国であることを胆に銘ずべきである」

　カロンは間髪を入れずに「ハハーッ、すべて仰せの通りにいたします」と、畳の上に額をつけた。井上は青い目のカロンが見せた神妙なしぐさに多少の滑稽味を覚えながら、部下に合図を送った。

廊下には二十数名の侍たちが片膝を立てて控えていた。やがて一人去り、二人去りして持ち場から離れていった。カロンはその気配に我が身が八つ裂きにされる寸前であったことを悟った。オランダ船がつながれている河内浦にも、平戸・肥前・肥後・有馬の藩士数百名が山中に潜んでおり、合図があればオランダ船を襲い、火を放ち海中に沈めるよう命じられていた。

その日は四十年間交流を続けてきた日本とオランダが迎えた最大の危機であった。その時、カロンのような日本通の商館長を持ったオランダは幸運だった。かつまたフランスでの宗教迫害から逃れてきた少年カロンを、コック見習いから最終的に商館長にまで引き上げた前任の商館長クーケバックルも偉かった。彼に人を見る目がなかったら、オランダはこの危機を乗りきることができなかっただろう。

胸を撫で下ろしたのは井上政重とて同じである。彼は成り行き次第では多くの流血を見るのをつぶさに知っていた。だから無事にことが運んだことを心から喜び、安心して長崎に戻った。

オランダ商館の取り壊し

井上の乗った船を見送ると、カロンはすぐさま商館をとり壊すための段取りに入った。オランダ船から乗組員二百人が集められた。そこに平戸の藩士や町人たちが加わって五百人ほどが、倉庫内の品物を運び出した。商品や生活道具はそこだけでなく、ヌイツが幽閉された屋敷、市民の家、果ては城内の蔵までが借用されて納められていった。作業は松明《たいまつ》や提灯をともして夜を徹して行われた。

足元が明るくなる頃、建物の北側から取り壊しがはじまった。砂煙が立ち、土と石の匂いが周辺に漂いはじめる。カロンと平戸藩主は作業半ばにして現場を離れて長崎に向かった。二人とも睡眠不足だったが、井上への別れの挨拶に出向かねばならない。

長崎奉行所での形式的な挨拶が終わると、井上はカロンに向かって「わたし個人的には貴下に深く同情している」とねぎらいの言葉をかけた。その後カロンは代官屋敷に平蔵直茂を訪ね、「貴方からわが倉庫が派手過ぎると指摘されたときに気がつくべきだった」と自らの愚かさを告白した。

平蔵直茂は、「貴下には何の不手際はない。これは日本の問題なのだ。将軍は大のキリシタン嫌いで日本からすべての外国人、合いの子（混血児）を排除しなければキリシタンを断つことができないと考えている。以後、オランダ商館長は出島に住むことになるだろう。将軍の目には出島は日本ではない」と教えてくれた。

振りかえればカロンと末次家と因縁は深い。タイオワンでの入港税の件で先ずヌイツが来日した。その際カロンはヌイツの通訳として江戸に同行した。ところが初代平蔵政直の妨害で将軍との謁見は許されなかった。問題はこじれてタイオワン事件へと発展した。その時、ゼーランディア城内にあったカロンは通訳として命賭けで活躍した。

その後、カロンは商館長代理となりオランダ燈籠（シャンデリア）を家光に贈ることで非常に喜ばれ、人質だったヌイツ救出に成功した。三十九歳で商館長となり、古い倉庫を新築した。

「自分のちょっとした油断が今回のできごとにつながった」とカロンは自らを振り返る。しかし

日光東照宮のオランダ燈籠
（『世界史の中の出島』より）

平蔵茂貞はそういうカロンをさえぎった。

「いや、それは違う。あなたのお陰で日蘭貿易は生き残れたのだ。そうでなければオランダ人は我が国から永久に追放されただろう。貴下は間違っていなかった」。それがカロンに投げかけた最後の言葉になった。

一方、長崎の奉行所には平戸藩主松浦重信が吉兵衛を訪ねてきた。平戸の通詞たちは実際の商務ではポルトガル語を使う。しかし中には秀島藤左衛門や志筑《しづき》孫兵衛（その十六代目が「鎖国」という言葉をつくった志筑忠雄）のようにオランダ語を使える者もいる。

問題は今後の彼らの処遇である。平戸の通詞や世話人たちはオランダ商館から雇われの身の上だった。それが出島で働くならば幕府のお雇いになる。吉兵衛には自分の一存では決められないと、通りいっぺんの返事しかできなかった。

一六四一（寛永十八）二月、マクシミリアン・ル・メールという新しい商館長が平戸の河内浦に到着した。カロンはそのオランダ船に乗って妻と子供たち五名を連れて平戸を離れた。本来なら家族は昨年中にバタビアに送られるところを、幕府の特別な計らいでこのようになった。

平戸侯は城山から河内浦を出て行くオランダ船を眺めていた。船が島影に消えようとしたそのとき、いきなり足元にかがみこんで小石をつかみ、「オランダの馬鹿野郎‼」と空高く放り投げた。石は放物線を描いて落ちていったが海までは届かなかった。

Ⅳ　ポルトガル特使ソウザ

第十七章

オランダ大通詞

一六四一年（寛永十八）、新商館長マキシミリアン・ル・メールが将軍家光に挨拶にあがると、閣老は彼を一ヶ月も待たせたうえで、「わが国は外国と貿易しようがしまいが大した影響はない。オランダ人の場合は家康公の朱印状があるから貿易を許可する。ただしこれからは平戸を引き揚げて長崎の出島に住まなければならない」と命じられた。

ル・メールは平戸に戻るとすぐに引っ越しにとりかかった。平戸と長崎の間を何隻もの大小の船が往復した。そうして自らが出島に上陸できたのはその年の六月だった。

その日、出島の土はぬかるんで革靴で歩くのが不自由だった。周囲を取り囲む土塀はオランダ人の目には逃亡を阻止する監獄の壁に思えた。ル・メールはたくさんある建物のうち自分たちの住まいとしてふさわしい七軒を借りて、家主二十五名に挨拶し、改修の必要な個所を細かく指摘した。

オランダ人に遅れて平戸から通詞たちがやって来た。肝付《きもつき》伯左衛門（のちの吉雄家）、石橋荘助、中山作右衛門、秀島藤左衛門、高砂長五郎、横山与三右衛門、作衛門（姓不詳）などである。

　このうち胆付伯左衛門と作衛門の二人だけが幕府に雇われた。この厳しい選択の背景にはかつて平戸にキリシタンが存在していたことが影を落としている。このとき失業した大量の通詞たちはのち、オランダ人の私生活を手助けする「オランダ内通詞」として再雇用される（一六七〇）。

　出島ではもはや「南蛮」という言葉は禁句である。それまでの「南蛮通詞」は「オランダ通詞」となり、西吉兵衛も「オランダ大通詞」と呼ばれるようになる。だからといって彼らが使う言葉がオランダ語に変わったわけではない。

　長崎の商人たちは長年、商品の名前や取引用語などポルトガル語で交わして来たので、オランダ語は役に立たない。オランダ人もまたビジネスにはポルトガル語やスペイン語を用いる。ポルトガル語は捨てられるどころか大いに重宝された。こうして貿易用語としてのポルトガル語は元禄時代の初期まで使われた。つまりポルトガル人は追放できても、彼らの使う言葉までは追い出すことはできなかったのだ。

　新しいオランダ商館長と通詞たちは揃って、奉行所の馬場三郎衛門に挨拶に出向いた。商館長はその場で、平戸から連れてきた使用人たちを出島でも雇って欲しいと申し込んだが、馬場は即答を避け、江戸から大目付井上政重が来るまで待つようにと答えた。続いて一行は代官屋敷をたずねたが、末次平蔵茂貞は病と称して顔を出さず、息子の平蔵茂房が代理をつとめた。
　二、三日たつと事件が起きた。
　入港した一隻の唐船からヨーロッパの小さな貨幣が見つかった。たったこれだけのことで奉行所は蜂の巣をつついたような大騒ぎとなった。それがどこの国のコインなのかはっきりするまで、中国人船長以下乗組員は連行されて牢屋に閉じ込められた。

そのコインを携えて役人が出島のル・メールの下に駆けつけてきた。ル・メールにはそれが一目でオランダの貨幣とわかったので、その名前と価値を日本人に教えたところ、今度はフェレイラを呼出し、同じ質問をした。フェレイラもまた商館長と同じ証言をしたのでようやく騒ぎは納まった。そして牢屋の中国人乗組員が開放された。

しかしそれがポルトガルの貨幣だったら、船長は斬首、船と荷物は焼かれ、乗組員は追放され二度と来航は許されない。たった一個の貨幣のためにである。ル・メールは、この事件を通して日本人が如何にポルトガル人を嫌悪しているのかを理解できた。でもその矛先が自分たちにも向けられていることにはまだ気がついていない。

瀬戸際のオランダ貿易

平戸ではヤン・ファン・エルセラックという次席商館員が残り、残務整理に追われていた。平戸時代には取引も自由で、オランダ人が町を歩くのも、日本人女性と結婚することもできた。ところが長崎にはそれができない。

出島には二つの出入口しかない。表門と水門《すいもん》だ。表門には番所があり見張りを続けている。もう一つの水門は海に開いている。結果的に出島から外に出歩くことはできない。

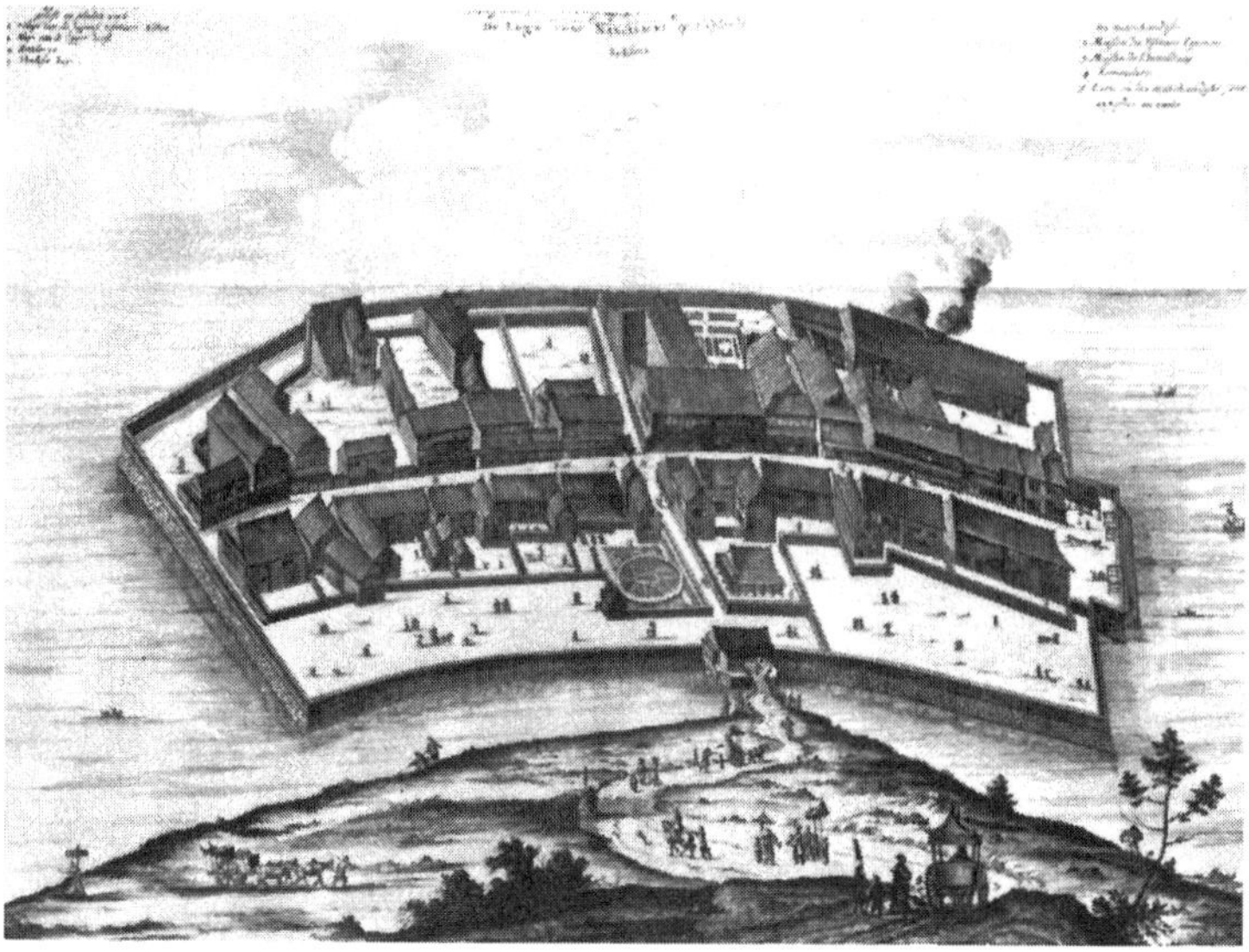

出島図（『大航海時代の日本』より）

長崎港に最初のオランダ船が入ってきた。ちなみにこの年（一六四二）のオランダ船は全部で九隻。これに対して唐船は九十七隻。数の上ではとても問題にならない。出島のオランダ人のライバルはこの鄭芝龍《ていしりゅう》一族の船だった。彼らは明の後期、中国・台湾・日本を股にかけて貿易で莫大な利益をあげていた。

さっそくル・メールが小舟で出かけ、オランダ船に乗り移ろうとすると、いきなり小役人の手が商館長の身体を探りはじめた。何か隠していないか疑られたのだ。彼は不愉快になってそのことを奉行所に訴え出たところ、「今後、商館長だけは身体検査はまぬがれるが、他の随行員は身体検査を受けなければならない」といわれた。

荷揚げがはじまると、監視の役人が船と出島に二名ずつ配置され、オランダ人が荷物に触れようとするとその手が払い退けられた。自分たちの荷物にさえ触れることができない。すべてが不慣れな日本人によって事が運ばれるので無駄な時間が多い。しかも荷物の扱い方がぞんざいで商品がこわれないかハラハラする。商館長は居ても立ってもたまらず途中からカピタン部屋に戻り、そのことを西吉兵衛に抗議した。

吉兵衛はだまって耳を貸した。そんなことは前もって知っていたという塩梅《あんばい》で、「あなたの怒りはごもっともであり、言い分も正しい」と言った。ル・メールは吉兵衛の続く言葉を待っている。

「よろしいか。ポルトガルと絶交した将軍は、今度はあなた方に疑いの目を向けている。少しでもキリスト教的な片鱗が隠されていないかと、それが不安でたまらないのです」。

「いま長崎で新たに貿易をはじめるにあたり、日本人はあなた方の一挙手一投足に全神経を尖らせています。しかしあなた方がキリシタンとは縁がなく、ポルトガル人とは異なることが明らかにされれば、この緊張がほぐれることは私が保証します。問題はそれまであなた方が辛抱できるかできないかです」

そういわれてル・メールは気をとりなおした。

荷下ろしが終わると次は船内に検査がはじまった。残された箱の類いはすべてフタを開け中を調べ、樽なら錐《きり》で穴を開け、中身が本当に飲料水で聖水（キリシタンが儀式で用いる水）でないかが問われる。

乗組員の所持品はすべて金品から聖書、聖歌集にいたるまで袋に収められ、出帆の日まで返してもらえなかった。ある乗組員が没収を拒んだところ、下役人が抜刀に及んだ。さすがにこれは行き過ぎがみとめられ、奉行所が詫びを入れて役人の交代を命じた。

その夕べ、吉兵衛を含めた三名の通詞が商館長室にやって来て、将軍は以後、入港した外国船からすべての武器と弾薬を没収することを決定した、ついてはオランダ人がこれに従うかどうかを尋ねてきた。

ル・メールは今夜の評議会にかけた上で同意することになるだろうと答えたところ、吉兵衛が近づいて来て耳打ちした。「良かった。これがもし拒否されたら即刻、オランダ人は出島からの撤退を申し渡されるところだった」と。

オランダ人の葬儀

八月に入ると、ひとりのオランダ人の死亡が報告された。奉行所に届け出たところ、キリスト教徒であることを理由に土葬が拒否された。ル・メールは平戸では土葬が許されていた事実を示して再度訴えたが、奉行所の反応はない。平戸から来た通詞たちは、「確かにオランダ人はキリスト教徒の一派だが、イエズス会士とは違う。宣教師は一人もいない。平戸の住民ならそんなことは誰もが承知している。だからこそ三十年も貿易を続けてこれたのだ」と商館長の肩を持った。

オランダ人の埋葬については吉兵衛も抗議した。彼は、「亡骸に対してこのような処遇をとることが世界中に知れ渡れば、日本の恥さらしになる」と主張した。そして出島乙名《おとな》(代表者)たちを説得し、彼らと連名で奉行所に嘆願書を提出した。それでも幕府は譲らなかった。

吉兵衛は商館長の前に出て、何の力にもなれなかったことを詫びた。ル・メールは吉兵衛に、「悪いのはあなたではない。あなたは勇敢だった」と慰めてくれた。こうしたことがあって長崎の「最古老の通詞西吉兵衛」がバタビアの総督府まで知れ渡った。

結局ル・メールは船長と相談した上で、乗組員には亡骸を港口の島に埋めると説明した上で運び出し、袋に石を結びつけて海の底にしずめる他なかった。

予告通り長崎に到着した大目付井上政重は、奉行所に商館長を呼び出して幕府の方針を告げた。「一、貿易は従来通り「パンカド（糸割符）」方式で行う。二、商品は五ヶ所商人で分配する。三、東インド会社は日本人の使用人を雇ってはならない」そして「これに関して不服があるなら、日本から撤去しても構わない。我が国は産物に恵まれており何ら困るところはない」と、言い切った。

数日後、平戸から連れてこられた日本人使用人二十一名が解雇された。吉兵衛があとから聞いたところによれば、解雇された日本人たちはそのあとで町年寄の高木家に呼ばれ、オランダ人からキリスト教を勧められなかったか、厳しい尋問を受けたという。

残務整理を終えたエルセラックが平戸から出島に戻ると、長崎奉行馬場三郎衛門から平戸に空き家となった建物もひとつ残らず整理するように命じられた。商館長は数名の商務員を平戸に向かわせた。これで平戸からオランダ人の痕跡はすべて残らず消え失せてしまった。現在、平戸に「オランダ塀」が残されているが、それは町とオランダ人居住地を仕切っていた塀の名残りである。

最初の出島貿易

その年の取引がはじまる前に主だった日本人が奉行所に集められた。長崎代官の代理、町年寄四名、出島の家主二十五名、そしてオランダ通詞が顔をそろえ、全員が井上政重、馬場三郎左衛門、柘植《つげ》平右衛門の前に平伏した。

そこで言い渡されたことは、貿易で不正を働かないこと、オランダ人からいっさい進物を受け取ってはならないこと、オランダ人が布教をしないか監視を厳しくすることなどで、最後に全員が奉書紙に署名をし血判を押した。

いよいよ出島での貿易が始まった。

幕府から命じられた通り、先ず五ヶ所商人側が生糸を見極めた上で値段を決める。それを元にオランダ側が値段を上げたり、場合によっては下げたりする。最終的に両者が歩み寄って値段が決まる。こうして商品がさばけた順に帰りの荷物が積みこまれ、オランダ船が次々と出帆していく。

オランダ人の目には長崎の商人たちは粗暴で少しも好意を示さないように見受けた。商品ごとにちょっとだけ余分の目方を要求する。「おまけ」をねだるのだ。出来る限りは譲歩するが、不可能な場合には説明をした上で断る。するとそれが癪にさわるらしく悪態の限りをつくす。ル・メールは、これはきっとこれまでポルトガル人に対して日本人がとって来た態度であろうと推測した。

取引の間に、将軍の世継ぎが誕生したり、大目付や福岡の黒田候のオランダ船見学が入ったり、長崎の秋祭り「くんち」がはさまったりして、予定よりも長引いた。それでも何とか無事に終えることができた。しかもその収支は、平戸での石造りの倉庫を破壊した損失を埋め合わせた上に、まずまずの利益が残った。長崎貿易は成功のうちに幕を開けたのである。

吉兵衛は、ル・メールからエルセラックに商館長が交代したのを見届けたあと、勝山の代官屋敷を訪れた。平蔵茂貞のことが気になっていたからである。手土産に舶来の「テリアカ」という薬を携えた。ローマ皇帝ネロの侍医が発明したとされる有名な万能薬で、数十種の薬草を蜂蜜で練り合わせたものだ。

平蔵は「これは、これは、高価なものを…。このところ身体が不自由で仕方がない。若い頃は湯治など思いもしなかったが、今回は思い切って雲仙まで足をのばしてみた」と言う。代官としての役目はすでに息子の平蔵茂房にまかせてある。

下女が葡萄酒とアーモンドを運んできた。代官屋敷にはオランダ人譲りのワイン蔵がある。その日のワインは豊穣なスペインの赤葡萄酒であった。吉兵衛がギヤマンを片手に、「なんとか無事に乗り越えることができました」と感慨深そうにいう。

「ご苦労だった。長崎での貿易は諦めていただけに格別うれしい。これまでバタビアのヘネラル（総督）にも何度も手紙を出したり、進物を届けたりして関係が途切れないように気を配って来たが、これでもうおしまいだ。その必要もなくなった」

「それははじめて耳にします」

「自分は父（政直）が健在の頃から、ポルトガルとの貿易は行き詰まるに違いないとにらんでいた。父とはことごとく対立して長崎を出奔したが、母や姉の援助もあって京都に隠れていたんだ」

「世間では乞食同然の姿だったと噂されていますよ」吉兵衛がからかう。

「うん、あの時はこっちも逃げるのに必死だったから、乞食の群れに紛れこんだのだが、密告する者がいて結局捕まってしまった。でも京都は今でも好きだ。自分の墓は京都につくろうと思っている」

「まだ早すぎるでしょう」

「いや。いや。胸を患ったし、もういつお迎えが来てもおかしくない」

平蔵茂貞がそんな弱気な言葉を吐くのはめずらしい。話が暗くならないように、いそいで話題を変えた。「ところで幕府は平戸のオランダ人がキリスト教徒である証拠をこと細かに調べさせたようですね」

「そうなんだ。昨年（一六四〇）六十一名のポルトガル使節一行を処刑するために二人の大目付がやって来たろう。彼等は帰りに平戸に立ち寄って、部下を使ってオランダ人を偵察させ、オランダ人がキリスト教徒であるという尻尾をつかみたかったらしいが、これという大きな証拠はあがらなかった。そこにあの商館に書かれた年号の件が浮上した。あれは効いたよ。よくぞ指摘してくれた。あらためて礼をいう」

「いえ、いえ。あれは私だけの手柄ではない。いってみれば『瓢箪から駒』ですよ」

「吉兵衛。出島の貿易も無事に終わったし、もう大丈夫。長崎は天領だし、以後はこの出島でオランダ貿易が続けられるだろう」

「今回、幕府から強い要請があって帰国するはずの商館医ヘンセラインが出島に留まることになりました」

「そうらしいなァ。これからの長崎は西洋医術を学べる唯一の場所になるかも知れない。いや、きっとそうなるだろう」。平蔵は瞑目してそういった。吉兵衛は葡萄酒の酔いが回ってきた。

「ところで茂貞殿はいつからオランダ人のように豚肉を食べるようになったのです？」

「な、何と？　私がいつ豚肉を？」と平蔵が目を丸くした。

「いえ、じつは屋敷の隅にヤギや豚が飼われているのに気がついたものですから…」

「あゝ、あれか。あれはまだ馬城《まき》（放牧場）が決まっていないのだ」

「馬城？」

「そう、商館長のル・メールが出島に上陸してのち、馬城をどこにするかと問うてきた。畜生とはいえ、長い航海の間に身が痩せ細るらしい。だから目的地に着くと出来るだけ早く船から降ろして、馬城で飼ってあげなければならないそうだ」

「そうですか。そういえば平戸にも小さな島に豚や牛が飼われていましたね」

「そう、確かにあった。だから自分も長崎の港口に適当な場所を探しているのだが、あそこら辺は佐賀の領地だからすぐに話がまとまらない。それまではウチで飼っているのさ」

「そうでしたか。餌代も馬鹿にならないでしょう」

「それより風が吹くと臭くて、臭くて…」二人は大きな声で笑った。

夜もすっかり更けた。表通りに出ると東の方角に彦山から月が登っている。

「十三夜か…」と吉兵衛は供の者につぶやいた。「自分にはやっぱり月で暦を読む方が性に合っている」とほろ酔いをお覚えながらそう思った。

第十八章

オランダ商館長の江戸参府

一六四一年（寛永十八）の暮、西吉兵衛と名村八左衛門は江戸参府のために長崎を出発した。商館長はヤン・ファン・エルセラック。先ず船で平戸を目指し玄界灘を抜けて下関へ、そして周防灘から瀬戸内海に入った。大坂では海老屋太郎右衛門の屋敷に宿泊した。井蛙の人々からはオランダ人はキリスト教徒とみなされており、彼等のゆくところは厳重な監視が敷かれていた。

京都ではポルトガル人が使っていた宿に泊まり、ここもまた監視が厳しかった。箱根を越える時には人夫と馬を雇った。戸塚辺りは治安が悪く強盗犯のひとりが、処刑場で梟首にされていた。

品川までくると常宿の主人長崎屋源右衛門が迎えに来ていたが、世間の風当たりはさらに厳しく、一行は「唐人！　唐人！（外国人）」と罵声を浴び続けた。宿は古く、天井は低いし部屋も狭い。エルセラックはポルトガル人たちはよくもこんな場所で我慢をしたものだとあきれた。のみならず食事や生活必需品がべらぼうに高い。宿の主人は、「ポルトガル人はこんなものではすみません。

もっと高価で買ってくれましたよ」とすまして口にする。

それでエルセラックが思い出したのが出島の借地料の件だ。

前商館長によれば、ポルトガル人の出島の借地料は銀八十貫目だったことを前提に、オランダ人にも同額を請求してきたという。彼はそれは高すぎるとして五十貫目を提示したが話がつかず、結局奉行所が中に入って五十五貫目（およそ一億円）に決まったという。これを見てもポルトガル人が如何に高額な金額を吹っかけられていたかが良くわかる。

江戸で有難かったのは、長崎奉行柘植《つげ》平右衛門がパンの差し入れをしてくれたこと。彼は長崎で部下に命じてパンの作り方を学ばせていたのである。お陰で江戸でもパンを食べることができた。

今回エルセラックは総督府の命令で三十年以上も前の家康の朱印状を持参した。そこにはオランダ人はどの港にも入って良いし、商売をしても良いとあった。それを幕府に提示し、自由貿易を取り戻したかったのである。しかし即答はなく検討するという返事だけで終わった。

エルセラックが大目付井上政重の屋敷を訪れたときには吉兵衛も同行した。井上は「我々はその後のオランダ人の行動には満足しており、このまま行けば出島でも自由な生活をとり戻すだろう」と述べた。

将軍謁見の日はたくさんの献上品を伴って登城した。といっても家光は外国人を疫病神のように嫌っている。実際には一行は将軍にではなく閣老たちに挨拶する。将軍への貢ぎ物には、青銅の臼《うす》砲《ほう》（モルチール砲）や西洋の騎士の武具一式が、その長子のためには金の象眼入りの美しい笛などが含まれていた。

四時間待たされたのち、やっと松平信綱・阿部忠秋・阿部重次の前に出ることができた。阿部が山と積まれた献上品を前に、「オランダカピタンが遠路はるばる運んで来たのがこれらの品々でござる」と説明したとき、エルセラック自らが流暢な日本語で「これらすべてを皆さまに献上いたしまする」と頭を下げたものだから笑いがうまれ、その場がなごめいだ。

城内でのエルセラックの振るまいは要領を得ており評判が高かった。彼が通る廊下という廊下の襖や障子には、オランダ人を一目見ようと襖や障子に隙間がつくられ、女性や小姓たちの目で埋まっていた。エルセラックは上機嫌で長崎屋にもどると、主人の家族や監視の役人まで交えて祝宴を開いた。長崎発の最初のオランダ人の参府はこうして成功裡に終わった。

次の日、通詞名村八左衛門が長崎屋の主人が一緒に平戸藩邸を訪れ、贈り物を届けると、「オランダ人はもはや平戸にはいないのに、このような進物は受け取れない」と、頑なに拒否された。

一六四二年（寛永十九）は元日から雪が舞いはじめ、二日は積もってしまった。出発を一日延ばしたが、それでも雪と氷の残る道で非常に難儀した。馬は足を滑らすので乗ることができない。全員が徒歩で進んだ。ようやく箱根の山を越えたところから晴天が続いた。

京都、大坂では、三年前（一六三九）ポルトガルと断交したのち、多くの豪商たちが負債を抱えて倒産した話を聞かされた。

船で玄界灘を越えて平戸に近づいたとき、ヤギや豚の放牧場でもあり、同時にオランダ人の埋葬地でもあった「横島」の側を通った。エルセラックは同輩の墓石が早くも風化しているのに気がつき、「一年は千年のようであり、千年は一年のようである」という聖書の文句を思い出した。

出島の土を踏んだのは三月の終わりで、一息ついた吉兵衛は奉行所に願い出て妻を連れて湯治に出かけた。宿は平蔵が世話してくれた。そして雲仙の湯に浸ったままで鶯の初鳴を耳にすることができた。

今回の江戸参府の成果はさっそくその年の貿易に現れた。馬場三郎左衛門から「これからはオランダ船を認めたら通詞が港外に迎えに出て、入船を手伝うこと」、また「オランダ船の乗組員は食料や買い物のためなら出島に上陸できる」などのお達しがあった。商館長エルセラックは日記に「明らかに我らに対する態度に変化がみとめられる」とペンを走らせた。

第一回ルビノ宣教団

そんなある日のこと、唐船の船長が乗組員のひとりがキリスト像が彫られた小箱を持っていると役人に告げた。その乗組員は日本の禁令を知らなかったと言い訳をしたが、直ちに処刑された。もし船長が告発しなかったら乗組員全員が処刑され荷物は没収、船体は焼かれてしまうところだった。幕府のキリスト教徒に向ける目は依然として厳しい。

その夏、さらに輪をかけた大きな事件が発覚した。

沢野忠庵すなわちフェレイラが棄教し仏教徒になって以来、イエズス会ではなんとしてでも彼を立ち返らせ、日本から救出しようという悲壮な計画が立てられた。その先頭に立ったのがアントニオ・ルビノで、日本語を学び、日本人に変装をした宣教師九名が一六二四年、マカオからカンボジア、マニラを経て、薩摩の甑島《こしき》に上陸した。しかし深長な計画のわりにじつにあっけなく拿捕された。いかに巧みに装ったところで、身体つきからして違うのだ。

フェレイラが棄教してすでに八年の歳月が流れていた。長崎の人々も驚いたが、最も驚いたのはフェレイラ自身であったろう。

長崎奉行所での取り調べが始まると一行は、「後生だから処刑される前にフェレイラに会わせてくれ」と懇願した。奉行馬場三郎左衛門はそれを知って「よかろう。これは面白い」と思った。いったい何がおこるかと興味津々だった。

翌朝、奉行所の白洲にフェレイラが西吉兵衛と一緒に姿をあらわした。一行を代表する三名の前にゆっくりと歩み出て正対した。四方の山々から熊蝉の声が姦しい。数分の間、蝉の声だけがその場を占めていた。

「私が日本副管区長、クリスト・ヴァン・フェレイラである。いったい私にどんな用があるのか？」と忠庵が口火を切った。

とたんに宣教師たちの形相が変わった。目を見開き、頬が震え、額に青筋が立った。三名が同時に口角泡を飛ばして語りはじめた。何と叫んでいるのか分からないが、フェレイラのことをののしっているのは良くわかる。馬場も身を乗りだして固唾を呑んで見守っている。

三名の囚人の高揚がおさまりかけたところでフェレイラが言葉をはさんだ。「あなた方に棄教することを勧める。そうすれば命だけは助かる」と口にした。すると、「ノーッ!、ノーッ!」、「ノーッ!、ノーッ!」といっせいに拒絶の言葉が浴びせかけられた。

「何故イエズス会を裏切った」。「我々はあなたを救いにやって来たのだ」。「そのためならどのような刑罰も恐れはしない」と、彼等の言い分には留まるところがない。フェレイラは目を閉じて黙って聞いていたが、やがて小役人に向かって合図をした。すると下役の者が三名の前にそれぞれ肥桶を運んできた。蠅まで伴っている。

嫌な予感がした。いきなり背後から後ろ髪を掴まれた。そのまま彼らの顔を桶の中に押し入れた。糞尿ぎりぎりのところでそれは止まった。両手は後ろ手に縛られている。逆らえない。息をこらえる。

「それ以上、語ろうとすれば、あなた方はその中で窒息することになる」とフェレイラが脅かす。周囲の日本人たちは顔を見合わせて笑っている。三名は汗まみれになってきた。馬場が大声で「転べェ！。転ぶのだァ」と叫んだ。三名は観念したようにうなずいてみせた。

小役人は三名の顔を元通りに戻した。ひとりの鼻先には汚物がついている。

「それでいい。それで良いのだ」とフェレイラがつぶやいた。その後、「ルビノ宣教団」の九名は牢送りとなり、拷問と長い取り調べに入る。

葡・蘭休戦条約

次期商館長ピーテル・アントニスゾーン・オーフェルトワーテルがバタビアから分厚い手紙を携えて出島にやって来た。バタビアの総督は平戸商館の破壊と長崎移転とに不満だった。それによって会社がこうむった巨額の損害や、その後の長崎でのオランダ人の扱いが酷すぎること等を、長々と幕府に訴えてきた。最後に、オランダがポルトガルと向こう十年の休戦協定を締結したことが報告されており、そのことが長崎奉行の逆鱗に触れた。

「なんだ。なんだ。なんだ。どうしてキリスト教徒でないと自称するオランダが、ポルトガルと手を結ぶのだ」と馬場が激情して吠える。

そもそもポルトガルは十六世紀末に王家が断絶し、その際スペイン国王フィリッペ二世がポルトガル国王を兼任し、スペインに併合されている。一方、オランダはスペインの領土であったが、圧政に耐えかねて長年独立戦争を続けている。

合併させられて六十年を経た一六四〇年（日本が鎖国した翌年）、ようやくポルトガルがスペインから独立を勝ちとることができた。そうなるとポルトガルとオランダにとってスペインが共通のライバルとなり、互いに休戦条約を結ぼうとする。そんな二国の力学関係が東洋の日本からは理解できない。

吉兵衛は奉行の命令で出島乙名の海老屋四郎右衛門を伴い、カピタン部屋に出かけた。二階の大広間に円卓があり、商館長と前商館長が二人を迎える。椅子に座ると、吉兵衛は単刀直入に切り込んだ。

「今回の総督《ヘネラル》からの手紙は長崎で保留することにして江戸には送らない。なぜならオランダと長崎はまだ貿易をはじめたばかりである。それでいてこのような不満だらけの長文の手紙を将軍にさし上げるわけにはいかないからだ。総督への返書はこの四郎右衛門が書いたものを渡す。さらにここにもう一つ重大な問題がある。それはオランダとポルトガルが休戦協定を結んだことだ。奉行はこれについて納得の行く説明を求めている。それができない場合にはオランダとの貿易断絶も起こりうると申しておる」

オーフェルトワーテルをさえぎって、日本人に信望のある旧商館長エルセラックが語りはじめた。

「多くの国々が寄って集まったヨーロッパの事情がわかりにくいのは無理もない。わが国オランダもポルトガルも、共に長い間大国スペインから重税を課せられてきた。今回ポルトガルがスペインに反旗をひるがえし独立を勝ち得ることができた。でも独力では頼りないので、わが国とフランスに援助を求めてきた。つまり三国が一致協力してスペインに向きあおうとしている。でも協定を結んだからといって、信仰を一つにしたと思われたら困る。ポルトガル人とスペイン人そしてフランス人はローマ法王を拝しているが我々はそうではない。我々の協定の目的とするところはあくまでもスペインの勢力を削ぐところにあってこれは政治上の話なのだ。そこのところを理解してほしい」と説明した。

この回答はマニラ（スペイン）をライバル視していた奉行を満足させるのに十分だった。

「なるほどオランダとポルトガルがスペインに対抗しているわけは良くわかった。今の説明は奉行と幕府にも手渡したいので後で文書にして欲しい」と、吉兵衛は満足した。ここでオーフェルトワーテルが質問してきた。

「私がバタビアで長崎から戻ったル・メールから聞いた話であるが、長崎では土葬が許されず亡骸を海中に捨てたという。それはいくら何でも酷いとは思いませんか」

吉兵衛は、「あなたの言うことは正しい。しかし土葬を許したとなればキリスト教徒の習慣に添ったことになる。日本はキリスト教厳禁の国である。だからやむを得ず海に投じたのです」と伝えた。

「もう一つよろしいか。総督は出島の借地料についても値下げを要求しているが…」オーフェルトワーテルがいう。

「それについては私がお答えする」と海老屋四郎右衛門が口を開いた。

「ご承知であろうが、私たち出島乙名は二十五名います。五十五貫目といえど一軒につき平均すると二貫と五百匁ほどにしかなりません。そこから諸経費を差し引けばさしたる額しか残りません。本当のところは値上げをお願いしたいところなのですが、これでも我々は我慢しているのです」と回答した。

海老屋は続けて、「手紙の中で私はできるだけ総督の質疑に答えたつもりですが、総督はあまりにわが国のことをご存じない。わが国の取り扱いが非常に厳しいのはキリスト教に関することだけなのです。その点を良く理解して我が国の要求に従ってもらえれば、ゆくゆくは貴国の望み通りの貿易に発展していくのは間違いありません」と返答した。

第二回ルビノ宣教団

翌年（一六四三）二月、江戸でルビノ宣教団九名の逆さ吊りが執行された。刑の途中で一名が棄

教し、漢方薬が与えられたが間に合わなかった。瀕死の宣教師は三日目になって奉行の判断で殺さ
れた。死骸は寸断され、焼かれたあとの灰は江戸湾に廃棄された。

そのわずか三ヶ月後、今度は平戸の北方、的場大島《あずち》にまたもや宣教師団が現れた。「第二ルビノ宣教団」と呼ばれる十名である。彼等もまたすぐに捕縛され、福岡藩の役人によって長崎に護送されて来た。

長崎奉行山崎権八郎は、西吉兵衛と名村八右衛門、そしてフェレイラの三人を呼び出し、「今回は大目付井上政重が直々にお取り調べになることとなった。ついては汝ら三名を江戸に派遣する。すぐに準備にかかれ」と命じた。

ところがこの一行が江戸を目指している間に、奥州南部藩から十名のオランダ人が捕縛されて江戸に送られつつあった。つまり日本列島を外国人の捕囚が同時に江戸に向かっていた。

オランダ人の捕囚というのは、バタビアから出帆した二隻の船が日本の東海上に想定された「金銀島（かつてスペイン人ロドリゴが探検した）」の探検を命じられ、その一隻ブレスケンス号が南部山田浦に入港し、乗組員十名が上陸したところを捕縛されたものだ。

彼らははてっきり「第三の宣教団」と誤解され、自らがオランダ人であることを証明するために、十字架に唾を吐きかけたり、踏んづけたりした。この行為はのちヨーロッパに伝わり、オランダ人は日本貿易を独占するために、信仰上非難さるべき行為に及んだとする噂がひろがった。『ガリバー旅行記』第三篇に踏み絵を忌み嫌うガリバーが登場するのはそのためである。

捕囚十名の中にはポルトガル語・スペイン語に通じる者がまじっていたが、ローマカトリック教

徒と思はれるのを怖れて、知らぬ存ぜぬを押し通した。

そのため長崎から呼び寄せた吉兵衛等三名の通詞も何の役にも立たなかった。幕府は平戸からオランダ語が話せる秀島藤左衛門と志筑孫兵衛を呼びよせた。この二人のオランダ語を耳にして彼らははじめて口を開いた。

江戸に到着した二組の捕囚の待遇は白と黒ほど違っていた。第二ルビノ宣教団は小伝馬町の牢屋の中に、オランダ人の捕囚たちはオランダ人の定宿「長崎屋」の一階に入れられた。

しばらくして長崎屋のオランダ人一行は、将軍家光の側に控えていた堀田正盛の下屋敷に連行される。浅草にある堀田の屋敷は一つの町内ほどもある広さで、敷地には取り調べを行う白洲や拷問部屋まで備えていた。オランダ人はその薄暗い拷問部屋に連れて行かれたとき、もはやこれまでと観念した。

ところがそこで彼等が目にしたのは憔悴しきった「第二ルビノ宣教団」の四人の宣教師である。この場を設けたのはじつは大目付井上で、その目的は現場にお忍びで来ている将軍家光に、オランダ人がキリスト教徒ではないことを悟らしめることにあった。

そうとも知らずオランダ人たちは、キリスト教徒と一緒にされたくない一心から宣教師たちを激しくののしったり、ツバを吐きかけたりして嫌悪感をむき出しにした。家光はその現場を目の当たりにして、なるほどオランダ人はキリスト教徒ではないようだと納得した。

一方長崎では、エルセラックが二度目の商館長として来日を果たし、ブレスケンス号の一件を聞かされた。彼はその船長コルネリウス・スハープを知っていたので、さっそく江戸に手紙を書いた。

そして彼等を受け取るためにも江戸参府を早めに行うことにした。

関東平野に木枯らしが吹きはじめる頃、井上の屋敷でオランダ人の捕囚とエルセラックとの対面が許され、オランダ人たちは嬉しさに感極まって涙を流した。続いて行われた江戸城内での将軍による尋問も滞りなくおわり、オランダ捕囚たちはここに晴れて身柄を開放された。

一方、第二ルビノ宣教団の宣教師たちは、全員が棄教して小石川のキリシタン屋敷で長い余生を過ごした。そのひとりがジュゼッペ・キアラで、遠藤周作の小説『沈黙』のモデルとなり、また最長老のペドロ・マルクスは七十三歳にして日本人妻との間に子供をもうけた。その混血児が殺されたのか、成長して海外に流されたのか史料には何も残されていない。

第十九章

オランダ人のお目通り

幕府に捕縛されたオランダ人十名が無事に釈放されたあと、商館長エルセラックには将軍との新年のあいさつが控えている。

彼はその日に備えて、長崎から運んで来た新たなシャンデリアを城内の庭園で組み立てさせた。それをひと目見ようと大勢の大名が集まった。かつてフランソア・カロンが献上したシャンデリアの評判が良かったので、再度、幕府の御機嫌をとるためにわざわざつくられたもので、ヨーロッパにも二つとない代物だ。重さは二トン。これもまた最終的に日光の霊廟に飾られる

将軍家光は堀田の屋敷でオランダ人を目にして以来、彼等に対する認識をあらため、自分の方からオランダ商館長との謁見を許可した。大目付井上政重の思惑が当たったのである。そのため水野守信（かつての長崎奉行）、秋山政重、柳生宗矩の大目付や長崎奉行、そして通詞たちの方がかえって緊張した。

一行は井上に伴われ、高官たちの居並ぶ廊下をかしこまって進み、城内の大広間に向かった。オランダ通詞西吉兵衛は隣の広間に座して、事の成り行きを見守った。

玉座から二十メートルほど離れた所でエルセラックは将軍に平伏した。聞こえるのは絹擦れの音ばかりで静寂そのものである。

「オランダ　カピタン！」と井上の声が響くと、エルセラックは頭を畳にすりつけたまま前方に這い進む。何度も練習したものの、這いつくばったその恰好は我ながらみっともないと思う。恥をしのびつつ前に進む。その時間の長かったこと。ようやく決められた場所で身を起こし、外套《カッパ》を脱ぎ、将軍から自分の姿がよく見えるようにしばらく黙って座っていた。

エルセラックからは将軍が黒い冠りものと黒い礼服を着ているのはわかったが容貌まではわからない。やがて井上の手がエルセラックの上着の裾を後ろから引いたので、練習通り、再び頭を下げたまま後方に引き下がる。

そのとき彼は子供の頃に捕えて遊んだザリガニを思い出した。ザリガニは腰を折ったまま後ろに逃げる。「そうだ、これはまるでザリガニだ…」と、今度はこみ上げる笑いをかみ殺していた。

奥州南部藩で起きたブレスケンス号事件を通して幕府のオランダ人に対する規則が改まった。㈠、オランダ人は日本のいずれの場所に上陸しても良い。ただし乗組員の国籍・人数・氏名を届け出る。㈡、日本の沿岸で大砲を放つと死刑に処す。㈢、日本に宣教師が送られることを耳にしたら、ただちに幕府に届け出る、というものだ。

さらに井上はエルセラックと話をして、オランダ船と他国船を見分ける方法について検討した。

商館長は「オランダ船の場合、乗組員のほとんどがオランダ人だ。これに対して、スペイン・ポルトガル船はインド人かマラバール人、あるいはアフリカ系黒人などが大勢乗り組んでいる」と教えてくれた。

井上はさらに話をすすめ、オランダ船が港に近づくときに、船尾に合図の白旗を掲げてはどうかと提案した。何としてもポルトガル船とオランダ船を峻別したいのだ。白旗を掲げるのは降伏したようで嫌だったがエルセラックは井上に妥協した。

今回平戸藩から呼び出された秀島藤左衛門、志筑孫兵衛、伊兵衛の三名のオランダ通詞は幕府から褒美をもらったのち、秀島をのぞき、ひとりは江戸に滞在していつでもオランダ船に対応できるようにし、もうひとりは長崎で働き、毎年交代することとなった。

このとき外された秀島はポルトガル語もオランダ語も使える優秀な通詞であったが、翌年（一六四五）平戸で切腹している。母や姉妹も縊死している。理由は不明であるが、キリシタンであったことが発覚したのではないかと見られている。

キリシタンの残照

西吉兵衛と名村八右衛門そしてフェレイラの三名の通詞たちが長崎に戻ると年号が改まる。一六四四（寛永二十一）年十二月六日をもって、「寛永」から「正保《しょうほ》」に変わった。この年は閏年でフェレイラは「これだから日本の暦はややこしい」と肩をすくませて見せた。

吉兵衛はフェレイラの言い分もわかるが、あの忌まわしいキリシタンの弾圧からはじまり、オランダ商館の長崎移転までの息継ぐ暇もないくらい慌ただしかった「寛永」という時代に、ようやくおさらばできるかと思うと、古着を脱ぎ捨てるようなさっぱりとした気分になる。改号もいいじゃないかと思う。いつしか自分も五十の坂を越えた。息子の新吉も一人前の通詞になり、出島の医師から西洋医術を学んでいる。これからはじまる新しい時代が、その名の通り「正保」であって欲しいと願った。

しかし、聞こえてくる事といえば相変わらず耳に逆らうことの方が多い。オランダ貿易を失った平戸藩はその後財政難で苦しんでいるらしい。収入はすべて借金の利息に消えてゆき、家臣がお取り潰しになったり、百姓たち数百名が国を逃げ出して行方不明になったとの噂もある。

ある唐通事《とうつうじ》（中国語の通訳）からは次のような話を聞いた。日本との貿易が途絶えたマカオ市民の中には中国人に莫大な負債を負う者がいて、金銀・財宝すべてを手離してもなお足りず、借金取りが毎日押し寄せてくる。身を守ろうとしてもみ合ううちに中国人二名が死んだ。するとその報復がはじまり、中国人が寄ってたかって渦中のポルトガル人の家族全員を惨殺したというものであった。

江戸の小石川の「キリシタン屋敷」でも、棄教した宣教師が「あなた方は知らないだろうが、オランダ人の中にもローマカトリック教徒がいる」と口にして、大目付井上をおおいに動揺させた。

そんなことはヨーロッパでは当たり前であったが、キリシタン（ローマカトリック教徒）とオランダ人（非キリシタン）とを峻別してきた我が国では非常に重大な問題だった。そもそも三浦按針が「我々はキリスト教徒ではない」と発言したのを徳川家康が鵜呑みにしたところに問題があった。如何にしてオランダ人と、ローマカトリックのオランダ人とを見分ければいいのか、これは大問題で、まもなく長崎にもその波紋が伝わってきた。

オランダ船が入港すると、それまで以上に厳重な検査を行うようになり、長崎奉行馬場太郎左衛門は「もしローマカトリックのオランダ人が見つかったらオランダとの関係は破局に向かうかもしれない」と商館長を脅した。また幕府からもバタビアの総督府に手紙を出してローマカトリックのオランダ人は決して船に乗せないよう念を押した。

キリシタンの捜索は唐人たちの間にまで飛び火した。

牢屋に入れられた唐人のひとりが、「今、広東から入ってきた唐船にはキリシタンが乗っている」と告発したのが発端で、船を尋問したところ確かに七人のキリシタンが見つかった。そこで港内十五隻の唐船の乗組員千五百名がすべて取り調べを受けるハメになった。

幸いそれ以上のキリシタンは出なかったが、長崎奉行は天を仰いで腕組みした。これからこの問題をどう扱えば良いのか。先ず在留唐人の中から二人を宗門目付を命じ、唐人たちを監視させた。入港した唐船には奉行所の役人と唐通事が乗り込んで全員をチェックし、帆柱にキリシタン禁制の看板をかけ、船内で絵踏みを強制した。

唐船をライバル視していたオランダ商館長はこの時とばかりに、「長崎に唐船が入ってくる限り、キリシタンを駆逐することはできないだろう」と強調し、唐船の排除を要求した。正論である。

しかし日本人の感覚から言えば、唐土は遣隋使や遣唐使の時代からつき合ってきた仲である。オランダよりはるかに重要な存在で、簡単に縁を切るわけにはいかない。

明朝の滅亡

その唐土の明王朝がいま分裂しようとしている。

将軍李自成《りじせい》が起こした反乱は明王朝を滅ぼし、その李自成を今度は満州から南下した満州族が撃破して北京に入った。明の皇帝は敗れて南京に移り自殺する（一六四四）。その後、遺臣たちによる明朝復興の運動が大きくなり、中でも海商鄭《てい》一族はその中核となった。

こうして内乱を避けて中国南部の人々が長崎に渡来する。資産家や教養のある知識人が多く、彼らの中から多くの唐通事が輩出した。

唐寺《とうでら》は、キリシタン禁制の影響を受けて喜捨や参拝が盛んになった。

興福寺の黙子《もくす》禅師は運河の多い江西省の生まれで、幼い頃からアーチの石橋を見て育ち、それをつくる技術も学んでいた。唐寺である興福寺参道に架かる木の橋が氾濫するたびに流されるのを目にし、彼が先頭にたち竣工させたのが日本初のアーチの石橋、「眼鏡橋」（一六三四）である。

のみならず黙子禅師は興福寺の裏に「東盧庵」を建て、明朝復興をはかる志士たちの根城とした。そこには様々な技術者、儒家、画家や書家が集まり、中国文化の発信地として機能した。そのひとり朱瞬水《しゅしゅんすい》は、のち徳川光圀から江戸に招かれ、瞬水の影響から『大日本史』の編纂をはじめる。

その年（一六四四）の冬、ブレスケンス事件の十名のオランダ人を乗せた蘭船がバタビア目指して出帆した。その一ヶ月のち、オーフェルトワーテルが次期商館長として来日し、エルセラックと交代した。

翌年春も西吉兵衛はオーフェルトワーテルの江戸参府に同行した。新しい商館長は自分の息子ほどに若い。吉兵衛は「いやいや、自分が年をとったのだ」と思い直す。

江戸は足を向けるたびに華やかになって行く。日本橋から西を望めば、暗緑色の松の緑に白と黒の江戸城の天守が顔を出す。

その彼方は空ばかりで山がない。長崎で育った吉兵衛には目の前に山影が見えないと落ち着かない。それがない。はるか西の果てにやっと地平線を太くしたような連山が見え、ちょこんと白富士が顔を覗かせる。それを見るたびに彼は、「遠い…あまりに遠すぎる」とつぶやく。

大目付井上政重からお呼びがかかり、吉兵衛とオーフェルトワーテルは井上邸に足を向けた。途中、大名屋敷が連なっている。何というきらびやかさ。まるで六曲の金屏風の中を歩いているような気分になる。それぞれの屋敷には千鳥破風や唐破風の立派に門が甍を広げ、柱という柱には細密な彫刻がほどこされ、黒漆に金箔が張られ、朱色が顔を出す。

井上は開口一番、「南部に上陸したオランダ人は無事にバタビアに着いたのか?」と尋ねてきた。吉兵衛は「ははっ。お陰様で総督も深く感謝しております」と答えた。井上は「それだけか」と不満げな顔をした。将軍家光としてはオランダ商館長のお目見えまで許して捕囚を解放してやったのに、総督府からは何の返礼もない。しかるべき返礼の使節がくるべきと不満をつのらせているという。吉兵衛は、「やれ、やれ。一難去ってまた一難か」と思った。

ポルトガル特使ソウザ

ここでスペインに併合されたポルトガル本国に目を向けてみよう。

フェリッペ二世の黄金時代はまだしも三世・四世の時代に移るとスペインは疲弊し、そのしわ寄せはポルトガルへの重税となってあらわれた。そんな中、独立の機会をうかがっていたブラガンサ侯爵は、妻から、「同じ死ぬならスペインなんかに奉仕して死ぬより、母国を統治して終わる方がましでしょう」と背中を押され、革命の先頭に立った。

一六四〇年十二月一日、侯爵は貴族四十名と共にリベイラ王宮に突入した。スペインではバルセロナ独立運動のために兵が手薄だったこともあって、彼らはあっけなく侯爵の前に降伏した。そこで彼は「ジョアン四世」を名乗り、六十年間にわたるスペインの統治に終止符を打った。

とはいうものの、ポルトガルが元の勢いを取りもどすのは並み大抵のことではない。財政もなければ人材も不足していた。衰退した現状を如何にして立て直すかという議論が尽くされ、その中に日本に特使を送り日本貿易の再開を図るという案が浮上した。

こうして選ばれたのがゴンサロ・シケイラ・デ・ソウザという熟年の貴族で、彼は軍人として東アジアで数々の戦果を挙げ、アジアの諸事情にも精通していた。人柄も良くキリスト教団のアジア管区長にも選ばれていた。

この特使のために大型ガレオン船二隻が用意され、旗艦サント・アンドレー号が副艦サント・アントニオ号を率いてリスボンを出発した。一六四四年二月のことである。両艦は三ヶ月後に喜望峰に到達し、ふりだしは極めて順調だった。

ポルトガル人が切り開いたインド航路は、そこからアフリカ東海岸を北上し現在のケニアからインドを目指したが、今回は日本が目的地なので南インド洋を横断してマカオを目指さなければならない。彼らにはその経験がない。航海士はマダガスカル島を迂回したところで舵を東に切った。

これが失敗だった。両艦は海流と貿易風に逆行してなかなか進まない。間切り走行（風上へジグザグに進む）のために帆は張りっぱなしで時間ばかりが費やされた。水や食糧が不足する。挙句の果てに乗組員たちは疲労困憊した。

やっとの思いでたどり着いたところはスマトラ島の北部で、そこから両艦はインドネシアのスンダ海峡を探して南下したが、途中台風に遭遇しばらばらになった。旗艦は南へ流されジャワ島西のイギリス商館のあるバンテンに難を避けたが、まもなくオランダ海軍に見つかりバタビアに連行された。

一方、副艦は暴風のなすがままに大きく西に流された。そしてインド東海岸の港に入ったときには乗組員の四分の三が亡くなっていた。艦の不運はさらに続く。西海岸のゴアに向かう途中、オランダ船二隻と遭遇し、戦闘を余儀なくされた。幸いにも、ゴアからオランダとポルトガルの休戦協定のことがもたらされ、辛うじてゴアにたどり着くことができたが、軍艦としてはもはや役に立たない。

ソウザの乗った旗艦サント・アンドレー号はオランダ総督府の下に係留を余儀なくされ、荷物はすべて没収された。この船もまた乗組員の半数を失っていた。しかし神は彼を見捨てなかった。まもなく総督府の待遇が変わったのだ。ポルトガルとの休戦同盟が彼らを救った。

ソウザは四ヵ月間バタビアで冬を過ごし、翌一六四五年、オランダ総督府から航海士と欠員となった乗組員を補充してもらい、南風に乗り六月、無事にマカオに到着した。

マカオ市民にとっては、ゴアにも寄らず本国から到達した船は初めてだったのでその歓迎振りは尋常ではなかった。

しかしその熱狂も静まると、マカオの元老院は冷静な討議をはじめた。そして国王の指令の中に「布教については宣教師の入国を許してもらうように」と書かれてある項目を見つけて、「我々が五年前に使節を送った経験から言えば、この項目を実行するのは火に油を注ぐようなものだ。かといって我々には国王の命令を変更する権限もない。この際、ゴアまで戻ってインド副王と話し合った方が賢明ではないか」と忠告され、ソウザはその年の暮にゴアを目指した。

同年（一六四五）八月に長崎に入港したオランダ船から「ポルトガル船がジャワ島に姿を現わした」という知らせをもたらした。吉兵衛はそれが事実であるかどうか、次の船が来るまで待った。すると九月に入港した船から、特使を乗せたポルトガル船がマカオを経由して日本に来ることが判明した。そのことを奉行所に伝えると「吉兵衛、でかした！」と褒められた。しかし特使ソウザを乗せた船が、実際には日本に向かわず逆方向のゴアに戻ったことまでは把握できなかった。

九月、長崎は五十年に一度の大型台風に襲われた。出島では倉庫は住宅二戸を失い、料理場、乙名部屋、通詞部屋等も吹き倒された。出島の周囲の垣は壊滅状態で、急遽、竹垣が移植された。港に六隻あったオランダ船は、どれも碇や荷物を失くしたりしたが、幸いにも破壊は免れた。

大村では台風のあと海岸に石の棺が打ち上げられた。蓋を開けると内部は鉛が張られており、パードレと思われる遺骨が出てきた。

第二十章

インド副王の援助

西吉兵衛の情報から、ポルトガル船の来航を予想した長崎警備がはじまった。

そもそも幕府はポルトガル使節六十一名を処刑したのち、その復讐を怖れて警備を強化していた。港内のネックに当たる西泊《にしどまり》と戸町には番所を設け砲台が設置された。そして一六四一年（寛永十八）から、福岡藩と佐賀藩が交代で長崎警護を受け持った。今回新たに大村藩も港内警備に加わった。

港外については佐賀藩が受け持ち、長崎半島の突端の遠見番に到るまで幾重にもわたる防備網が敷かれていた。そしてその時が来たら、長崎の烽火山から狼煙《のろし》をあげて西国大名が駆けつけてくるという段取りになっていた。

一方、ソウザは一六四五年十二月、インドのゴアに到着、副艦サント・アントニオ号の無残な姿を目のあたりにした。乗組員の大半を失った事実を聞かされて涙し、これでは副艦はとても務まるまいと深い溜息をついた。

上陸したソウザは真っ先に旧友のインド副王ドン・フェリッペ・マスカレッニャスを訪れた。そして数十年ぶりの再会を祝し、互いの無事を祝った。二人は同じ年齢で何かにつけて価値観が一致していた。

マスカレッニャスはソウザのゴアに到るまでの航海の話に熱心に耳を貸してくれた。そしてソウザの現状に深く同情した。これほど国王に身を尽くす人間はそういるものではないと確信した彼は、ソウザに、「ここでゆっくりと身体を休め、翌年の出航を待つが良い」と言葉をかけたのち、自ら金銭的な援助を申し出た。

このマスカレッニャスは「東洋一の黄金王」とも称された人物で、十カラットから数十カラットまでの様々なダイヤモンドを金庫に所持しており、見た人の話によればその中のひとつは六十七カラット半、もう一つは五十七カラットというとてつもない大きさで、いずれもインド風に美しくカットされており、不滅の光を放っていたという。

マスカレッニャスはソウザが休息している間に、リスボンから来た二艦よりもさらに一回り大きなガレオン船サント・ジョアン号を艤装し、それまで旗艦だったサント・アンドレー号を副艦とした新しい艦隊を整えてくれた。両艦にはそれぞれ屈強な二百名ほどが補充され、旗艦にはカノン砲五十門が、副艦には三十五門が積載されていた。こうして艦隊は前よりもいっそう強化なものに仕上げられたのである。

新たな艦隊を目にしたときのソウザの喜びは言うまでもない。我々はそこにソウザとマスカレッニャスの友情の深さを見ることができる。

またソウザの予定では司令官たちはマカオで選ぶ予定だったが、マスカレッニャスはそれに異議を唱えた。マカオ市民を乗せると日本側を刺激することを危惧し、司令官と二隻の艦長はそれぞれ自らが指名した。こうして司令官にはアジア情勢に明るい老練なデュアルテ・ダ・コスタ・オーメンを、二隻の艦長にはそれぞれ東アジア海軍で実績を積んだアントニオ・カブラルとグゥウェア・デラ・バレという軍人を選出した。

一六四六年四月、ゴアを出帆、六月にはマカオに着く予定だった。ところが無風状態と逆風とが繰りかえし艦隊を襲い、マカオに入港できたのは七月の下旬になり、思わぬ時間を費やしてしまった。マカオでは船尾観望室（ギャラリー）の内装や、司令官の必要とした品々等を大急ぎで装備した。

この時、限りない協力を惜しまなかったのはマカオの司令官と判事だった。将軍への贈り物として、家康公がこよなく愛した伽羅《きゃら》の香木、それも直径六十センチ、長さは一メートルを超えた巨大なものが選ばれた。それは正倉院に眠っている伽羅「蘭奢待《らんじゃたい》」と比較してもひけをとらない。これを幕府に献上することで好意を得ようとした。

他に日本人が根付に使用する美しい珊瑚玉がたくさん用意された。つまりポルトガル国王が派遣した船といいながら、実体はインド副王とマカオ市民の献身的な努力の賜物だった。

艦隊は八月半ばに帆を上げた。時期的には一ヵ月遅きに失していた。航路の四分の三まで進んできたところで、いい換えると東シナ海のちょうど真ん中あたりで恐ろしい台風に襲われた。圏外に逃れるために二艦ともにUターンを余儀なくされた。その結果、ボロボロの帆を掲げたみっともない姿でマカオに戻るという失態を演じてしまった。

マカオ市民の意見は二つにわかれた。それを神の摂理があってのこととして容認する人々と、特使の一行に災難を乗り越えるだけの強い意志と情熱が欠如していたと非難する人々である。

マカオの町のどこにいても何をしていても、ソウザは自分に向けられる視線に堪えなければならなかった。再度ゴアに戻って出直したいと申し出たが、マカオ市民がそれを許さなかった。前回彼をゴアに向かわせた結果、自分たちが派遣に加わることができなくなったことへの不満である。

結局、ソウザは丘の上のサン・パウロ教会にひとり籠り、亡くした多くの部下のために祈り続けた。今の自分にできることはそれしかない。

故国を出てから三回目の冬なのに、まだ日本にたどり着いていないことが我ながら不甲斐なく腹立たしい。自分を特使に選んでくれたジョアン四世に対して申しわけないと思う。マカオの冬は故国と比べると過ごしやすいが、心の中は故郷よりも寒風が吹き、灰色の厚い雲が覆い、何時になったら晴れることやらまったく見当もつかない。

そんなソウザの現状を見かねたマカオ司令官は、人目に付かないように小型船をゴアに遣わし、インド副王に事の顛末を報告した。

それを知ったマスカレッニャスはソウザの身の上を深く哀れみ、以前にも増してソウザの必要と

マカオにあるヴァリニャーノが眠るサンパウロ教会。1834年火災にあい、前の壁だけが、今も残っている（『通辞ロドリゲス』より）

する品々を買い揃え、その上に再度新しい乗組員を雇うための現金を積み込んだ小型船をマカオに向かわせた。それがマカオに着いたのは一六四七年の三月のことである。

港から使いがサン・パウロ教会に走った。ソウザは背中を丸めて一心に祈りをあげている。後ろから、「ソウザさん！」、「ソウザさん！」と声がする。何だろうと振り向くと少年が右手に手紙を握っている。

一読して驚いた。再読して涙が溢れた。身体の震えがとまらなかった。さし伸べられたマスカレッニャスの援助は、それまでの自分の悩みを一気に吹き飛ばすに十分だった。使いの少年にコインを渡すと、再び祭壇に向かって長い感謝の祈りをささげた。

教会から表に出た時の彼は晴ればれとして、もはや他人の目などどうでも良かった。ファザード（教会正面）前のゆるやかな長い石段を快く下りていった。そして今度こそは出帆に遅れまいと、先頭に立って船の修理と準備にいそしんだ。そんなソウザを目にした司令官や下士官そして乗組員たちもこぞって彼の後に従った。

市内では出帆するまでの間を、イエズス会、サンドミンゴ会、アウグスチノ会、サンフランシスコ会、及びサンタクララの尼僧たちがミサを捧げたり、断食をしたり、鞭打ちの苦行等にいそしんだ。ガレオン船にやって来ては乗組員のために聖体を捧げたり、告白に耳を貸したりした。マカオの人々のこころはソウザの使命感の下にひとつになった。

ファーストコンタクト

一六四七年六月六日、今度こそは時期を逸することなく特使の船はマカオを出港した。リスボンを出てすでに三年半という時が流れている。

航海士は長崎までの航路を熟知しており、今回は十八日目にして長崎半島の緑が目に入って来た。梅雨の晴れ間だった。

「まるでエメラルドのように美しい」。ソウザは感嘆の声をあげた。ちょうど常緑樹が春の落葉を終えて、新緑から万緑に移り変わる季節だった。緑の明るい個所と木下闇の暗い部分とがほど良く調和して、森の奥深さと神秘さを感じさせる。

浜の番所から一艘の小船があわただしく港を目指してこぎ急ぐのが見てとれた。望遠鏡でそれを認めた司令官は、下帯しか締めていない姿に笑いをこらえている。「そう、そう、急ぐのだ。二人の裸ン坊さん。そして我々が到着したことを、一刻もはやく知らせておくれ」とつぶやいた。

長崎の外港には幾つかの島々が扉のように重なり合って、入り口がどこになるのか不慣れな者には良くわからない。航海士は「何時来ても良い港だ」といいながら、馬の背中のように見える伊王島沖に碇《いかり》を下ろした。一六四七年（正保四）、六月二十四日日の午後であった。

ポルトガル船からは見えなかったが、烽火山《ほうかさん》の山頂から白煙が南西の風にたなびいた。それを目にした多良岳がそれを引き継ぎ、佐賀の天山へと次々と伝達される。

停泊した二艦の下に二艘の小船が漕ぎ寄せて、「この船はどこから来て、何を求めるのか？」とスペイン語で問いかけてきた。見下ろすとオランダ人がひとり混じっている。きっとオランダ船と思われたのだろう。

受けた方は、「ポルトガルのガレオン船である。特使を乗せて本国ポルトガルからやって来た」と応じた。小船はすぐに港へ引き返した。

数時間後、港口から天幕のついた御座船がゆっくりと近づいてきた。そこには通詞三名つまり西吉兵衛、猪俣伝兵衛、名村八衛門と長崎奉行の役人が乗っている。吉兵衛はガレオン船と聞いたとき、それが軍艦であることにすぐに気がついた。事と次第によれば、大きな事件へと発展することを直観した。

一六一八年（元和四）以来、ガリオット船ばかり見慣れてきた日本人の目には二艦のガレオン船が山のように大きく見えた。何よりも旗艦には四十八門、副艦には三十五門の大砲、合わせて八十三門の大砲が矢窓を開いて睨みをきかしている。乗組員は両艦合わせて四百五十人。

船番たちは恐れをなして、離れた位置で漕ぐ手を止めた。名村が立ち上がって「あなた方は本当にポルトガルから来たのか？」と問いかける。声が震えている。

「本当だ。ポルトガルの国王ドン・ジョアンの使節だ。詳しいことは司令官が説明する。もっと近づいてはどうか。そんなに離れていては互いに聞き取りにくいではないか」と、ガレオン船から呼びかけた。

御座船はしばらく沈黙した。

サント・ジョアン号の甲板に司令官オマーンが姿を現わし、御座船に向かってうやうやしく帽子を脱ぎ敬礼した。そして「私が司令官だ。我々はあなた方が最も忌み嫌うところの宣教師ではない。またあなた方も人を焼いて喰おうとする野蛮人でもあるまい。そこでどうだろう。互いにもっと近づいて話合おうではないか」と言う。

この呼びかけに御座船がそろそろと近づいてきた。オマーンはその中に最年長者の顔を探した。なぜなら彼こそは「アントニオ・カルバッリョ」で、マカオで最も愛された日本人であることを知っていたから。見ると確かに天幕の中に白髪の人物が混じっていた。どうやら向こうでも自分の方を見つめているようだ。

オマーンは吉兵衛を見て、笑顔をつくり「聞きたいことがあれば何でもお答えしましょう」と叫んだ。

今度は吉兵衛がゆっくりと立ち上がって念を押した。「あなた方は本当に国王の使節なのか。マカオから貿易の再開を求めに来たのではないのか」

「いや、それは違う。我々は失われた両国の友好を取り戻すために三年半をかけてヨーロパからやって来た」とオマーンが応じる。

吉兵衛がそれを役人に伝えると、役人は、「ここでの交渉は何だから港内に導いたらどうだろう」と告げた。

そこで、「あなた方が希望するなら港に入ることができる。我々は誠実に対応し、裏切ることはしない」と吉兵衛がいうと、「それはわかっている。日本人は二つの美点を有している。一つは勇気があること、もう一つは信頼が置けるということの二つだ」。

誰だってほめられるとうれしい。役人たちは満足した。緊張感は消えた。しかし旗艦の司令官はこう続けた。

「我々は政府（幕府）の許可がない限り入港しない。まずは特使の到着を一刻も早く報告して欲しい。入港はその次だ」と、その慎重な態度はかえって迎えに出た役人の信頼を勝ち得た。

「明日、また来る」と告げて御座船は夕焼けの中を港に戻った。

ソウザの入港

翌二十五日、天気は下り坂となり、黒雲からときどき霧のような雨が降った。

約束通り御座船が来たが、昨日同様、通詞たちは船に留まったままで、「ポルトガル国が如何にして独立できたのか」、「特使の船がどのような経路で長崎に来たか」など、こと細かに聞いてきた。司令官はその用心深さにあきれたが、ひとつひとつ丁寧に答えた。役人たちはオランダ人から得た情報と話が一致するかどうか確かめいたのである。

吉兵衛は真面目な質問ばかり続くので、ちょっとからかってやろうと思った。

「ところでその後のマカオの景気はどうです？」と投げかけたところ、待ってましたとばかりに、司令官は両手を裏返してヒラヒラさせながら笑っている。そのしぐさを目にした吉兵衛は大声で笑った。両側から、通詞が「何ですか今のは、景気が良いのでしょうか？」と尋ねてきた。

「いや、そうじゃなくて、大したことはないということだ」と、自分も手の平を下にしてヒラヒラさせた。役人たちは怪訝《けげん》そうな顔で見ている。

この日奉行所からの応答はなく、船を港内に入れることはできなかった。でも昨日見られたような緊張感はすっかり消えていた。

狼煙《のろし》の効果があらわれた。肥後・天草・島原の近いものから順に長崎警護の兵士たちと合流しはじめた。長崎の人々はいち早く戦《いくさ》の気配を察して避難の準備をはじめた。彼らはキリシタン弾圧の頃からたびたび経験しているので、悲痛な面持ちと言うよりは、むしろ「またか…」という諦めに近い。

二十六日。曇天である。吉兵衛は昨日の話に長崎奉行が満足したこと、安全は保障するから港内に船を入れるようすすめた。たとえ軍艦とはいえ、敵の懐の中に自ら乗り込むにはそれ相応の覚悟がいる。ソウザはそれを持ち合わせていた。彼は幹部に向かって「危険が多いほど名誉は大きい」という諺を持ち出して入港を決めた。反対する者はいなかった。

正午過ぎ、二隻のガレオン船は二本の綱に並んだ複数の曳き船に引かれてゆっくりと港内に船首を進めた。御座船が先導する。左舷に三角おむすびのような「高鉾島《たかほこしま》」がゆっくりと過ぎて行く。

この島の崖から神父が突き落とされたといういわくつきの島だ。そこを通過すると船は舵を大きく左に切る。

港内が目に入ってくる。三方が山々で囲まれ、水際からすぐ町がはじまって、中腹に寺や陣地が並び、寺の後方は墓地が占めている。それ以外はすべて常緑樹の森か、段々畑である。面白いことに船の右舷に見える山並はなだらかで優しい。それに対して左舷の山々は荒々しくて険しい。だから長崎の人々は優しい女神と荒々しい男神が力を合わせて長崎の港が生まれたのだと信じている。

まもなく港が狭ばまる個所が出てくる。このネックになった部分の右舷側に福岡藩担当の、左舷側に佐賀藩の番所が目に入る。いくつもの幔幕が張られていて、それが風にひるがえると防備が丸見えだ。特使の船から望遠鏡で観察すると、大砲は稚拙極まりないものと判明した。

先導する船が向きを変えて大浦に入った。そして「こっちに来い」と手を振りながら何度も叫んだ。そこは五年前にマカオの使節が使った入江で、役人たちは前回の例にならって船の舵を外させ、武装解除をさせる積りでいた。

しかし長崎に来たことのある水先案内人《ピロート》は、「あれは蜘蛛の巣の蜘蛛が蝶々に向かって、『さァ、こっちにいらっしゃい』と招いているようなものです」と無視して、引き船の纜《ともづな》を解除し、サント・ジョアン号とサント・アンドレー号の二艦を港の中央部に導いて停泊させた。

ピロートが「どうです。ここなら深いし、陸から離れているから安全でしょう」と胸を張った。船長もソウザも満足した。

そこに役人と通詞を乗せた船がちかずいた。彼等は自分たちが命じた通りに行動しなかったことに不機嫌そうな顔をしていたが、「まもなく奉行所から二人の使節が来るのでその前に船の下見にきた」と叫んだ。司令官は「わかった。ただし一度に三名しか乗船できない」という条件を示した。

こうして乗船した役人たちは幕府のキリスト教徒禁止を盾にして、帆柱の先端にかがやく十字架と、十字架が描かれているポルトガル国旗を降ろすように要求した。国旗を降ろすことには抵抗があったので、両者は話し合った末に国旗の十字架が隠れる程度にたたむことで折り合った。日本人はさらに船の後部にマリア像があるのを見つけて、それも布で被って見えないようにした。

彼らが去るとやがて予告通りに弓や槍で固められた関船《せきぶね》（櫓で漕ぐ大型船）が到着し、奉行馬場太郎左衛門の使者数名と大通詞吉兵衛らが乗船した。

船体後部の美しく装飾された観望室に入る。二人の使節はビロードのソファーに招かれた。黒檀の机を挟んで向かい側にソウザがいる。

吉兵衛は初めてソウザの顔を仰いだ。その落ち着きはらった風貌と、王室に血縁を持つ気品の良さは一瞬で吉兵衛を魅了した。すでに口髭が白い。自分とあまり変わらない年齢だろうかと思う。それにしても何という鼻の高さだろう。鼻の穴までが細長いのだ。

役人のひとりがお辞儀をしながら、「奉行はこのたびの来航を心から歓迎します」という。するとソウザは、「それは感謝に堪えません。で、将軍様ならびに宮廷の皆さまはご健康でいらっしゃいますか?」と問うてきた。その声がまた軍人らしく野性味がある。

「はい、幸いにも将軍も健康で国も平穏であります」という言葉が返ったところで、船長の合図でデッキに整列していた全員が帽子を右手ににぎって、「ブラボー、ブラボー、ブラボー」と歓声を発した。役人たりはキョロキョロと辺りを見回し落ち着きをなくした。

同時に、「ズドーン」、「ズドーン」、「ズドーン」、と祝砲が響きわたる。その音の大きいの何の。長崎の連なる山懐を転がるように木霊する。日本人は祝砲を知らないので戦争がはじまったかと仰天した。従者の中には関船から海の中に飛び込んだ慌て者まであらわれた。

司令官が日本人の不安にかられた様子に気がついて船長に祝砲の中止を命じた。ソウザは起ち上がり、「これは習慣の違いです。我が国では、お祝い事にはかならず空砲を九発鳴らすことになっています」と説明した。

その頃出島では商館長オーフェルトワーテルがガラス窓から、望遠鏡を二隻のガレオンに向けていた。「おや、祝砲が三発で止まったぞ。まァ、いいか。今はこうして祝砲を撃ち鳴らしているが、これから自分たちの身の上に何が起きるかまったくご存知ない」と薄ら笑いを浮かべている。

出島の近くの浦上川河口にはポルトガルの二艦より先に入ったオランダ船二隻が碇を下ろしている。商館長はボートを遣わして、万一戦闘がはじまっても決して戦闘に巻き込まれないようにと念を押した。

第二十一章

確執のはじまり

サント・ジョアン号の船尾観望室では、ソウザと奉行所からの使者との間で話が本題に入った。

「お集まりの皆さん。私はゴンサロ・シケイラ・デ・ソウザ。ポルトガル国王ジョアン四世から特使を命じられた者です。本国を離れたのは三年半前のことです。そのとき国王から『回答が得られるまでは何年かかろうが帰国してはならぬ』と命じられました。こうして日本を目指したものの、私たちの航海は一筋縄では行きませんでした。まずスマトラ島の近くで嵐に遭って、一隻は漂流した末にインド方面に流れ、乗組員はほとんどが亡くなりました。私の船も多数の病人が出て辛うじてバタビアに入港しました」

そこまでは吉兵衛もオランダ人を通して把握していた。

「そこで最初の冬を迎えました。出航する段になって、幸いにもオランダ人は不足した乗組員とピロートを貸してくれました。（これが幕府の逆鱗に触れた）こうして翌年マカオに着いたものの、どうしてもインドに戻らなければならない事情が発生して、いったんゴアまで引き返したのです。ゴアでガレオン船の修理を願い出て二度目の冬を越し、再びマカオに戻りました。こんどこそと長崎を目指したのですが時期が遅すぎて途中で大風に遭い、マカオに引き返さざるを得ませんでした。帆は破れ船は傷つき、さすがの私もマカオの人々に会わす顔がありませんでした。国王との約束がなかったらその場で姿をくらましたかもしれません。そうして三度目の冬をマカオで過ごしたのち、ようやくこうして皆さんとお目にかかることができました。この喜びをどのように表していいものか、私にはわかりません」

吉兵衛はポルトガル人は昨年来るものと予想していた。オランダ人に尋ねても予想が外れた理由がわからなかった。それがこのソウザの言葉ではじめて明らかになった。

最後にソウザは、「これから皆さんに国王ジョアン四世の指令書を披露したいと思います」とつけ加えた。

合図をすると、下士官がうやうやしく箱を運んできた。テーブルに置かれた美しい箱は二尺（六十センチ）ほどもあろうか。縁取りに金の唐草模様が光っている。司令官が銀の鍵を差し込み蓋を開けると、内側は真紅の繻子《しゅす》に白い刺繍で模様が入っている。真ん中に羊皮紙が畳まれていて、ソウザが白い手袋をはめたのちそれをそっと取り出して、卓上にひろげた。

「おう！」と驚きの声があがる。

ソウザは威厳を以て「この指令書を一刻も早く政府高官に届けて欲しいのです」と結んだ。

奉行所では馬場三郎左衛門がすでに早馬でガレオン船来航の件を江戸に報告していたが、下知があるまで早くても二十日以上はかかるだろうと見ていた。それまで二隻を如何にして港内に留め置くべきか、それが彼に課された最大の使命だった。もし二艦を見逃がせば責任は自分が負わなければならない。

翌朝は本降りの雨だった。周囲の山々はすべて麓まで灰色で覆われて何も見えない。大波止を離れた関船には吉兵衛と三名の役人が固い表情で座っていた。これからまことに言いづらいことを伝えなければならない。

船上に司令官が現れると吉兵衛が仰向いて声を張り上げた。目にも顔にも雨粒がかかるが構ってはいられない。

「我が国の決まりとして港に停泊した船は、舵、大砲と火薬を預かることになっています。これは特使の船といえども例外ではありません」

「ちょっと待ってくれ。それは商船に対してであって、我々のような国王の特使を乗せた船には見当違いでしょう」と司令官の声が返ってきた。

「しかしこれはすべての船に例外なく行っています」

「唐船やオランダ船は商船だ。我々とは違う。これは軍艦であり、我々は商売ではなく交渉するために来たのです。本艦に向かってそのようなことを要求するとは侮辱以外の何ものでもない！」

道理はポルトガルにあると吉兵衛は思う。しかしこれは任務なので仕方がない。二度、三度と同じ質問を繰り返さなければならないのが辛かった。日本人なら「仏の顔も三度」と言ってきっぱりと断るところだろう。

ついに司令官が切れた。「そんなところに突っ立っていないで、船の上に上がって来い！」

三名はおそるおそる濡れた綱梯子にすがり登りはじめた。

顔も手も着物もずぶ濡れになってしまった。甲板に揃った時点で、側にいた兵隊が彼等に銃を向け、目の前の小さな部屋に入るよう指示された。しまったと思ったが遅かった。部屋に入った途端に入り口が鎖された。心臓が縮みあがった。司令官が近づいて顎をしゃくり上げてさらに奥の部屋へと彼等を導く。荒々しい靴音がする。次の間に移るとまた扉が締められた。こうして三つ目の部屋に閉じ込められたとき、三名は観念した。恐怖で口がきけない。誰にも悟られないままここで死ぬのだと思った。

軍人あがりの司令官の腕っぷしがいきなり吉兵衛の首を締めあげたかと思うと、右手のピストルの銃口がこめかみに押しつけられた。

「いいか。我々は本気だ。命懸けでここに来ている。我々が求めているのは将軍からの返事であって、それまでは大砲や火薬は何があっても手離さない。武器は尊敬を勝ちうる唯一のものだ。そんなことがどうしてわからないのだ」

とっさに吉兵衛は、「バーレ、バーレ！」とスペイン語で応じた。「わかった」という言葉であるが、これは気心の知れた相手にしか用いない。図らずも仲間扱いされた司令官は苦笑した。

「そんな言葉をいったいどこでおぼえた？」

「セミナリオ…」と、吉兵衛がつぶやく。

「セミナリオ？　まさか…あの…巡察使《ビジタドール》ヴァリニャーノがつくった？」

「イータ（はい）」

「ラテン語もできるのか…」。腕が解かれ、ピストルが下を向いた。

吉兵衛は何もいわず、両手で襟もとを正した。

「さすが。老練な通詞よ。お前さんの聡明さには特使も感心していた。ここはこれで勘弁してやる。さっさと戻って我々の言い分をを報告するのだ」司令官は怒鳴った。

三名の通詞は関船に戻ってもしばらく震えがとまらなかった。

報告を受けた奉行所では、馬場三郎左衛門、島原城主高力忠房、豊後府内城主日根野吉明の三名が顔を会わせていた。

「今回の特使は特別だ。先ず危険を顧みないで港に入って来た。次に駄目なものは駄目と断る。敵ながら胆が据わっている」と感心している。しかし三名が本当に心配しているのは、江戸からの上使が来る前にその二艦が何らかの行動に出ることだ。もし彼らに勝手な行動に出られたら、それを阻止しなければならない。それは戦いの口火を切ることに他ならない。

臨戦体勢

七月に入ると続々と西国から藩士が長崎に集まってきた。あらゆる神社仏閣がそのために提供された。浦という浦、浜という浜に仮屋が建てられ、幔幕が張られ各藩の陣地がつくられていった。

兵士の数は五万人を越えた。吉兵衛が奉行所から手に入れた書類には次のようにある。

筑前福岡城主　黒田筑前守忠之　一万千七百二十人　船数三百三十三艘
本陣は西泊、戸町両御番所、鮑の浦、立神、鳥羽浦
肥後熊本城主　細川肥後守光尚　一万三百一人　船数二百三十二艘
本陣は高崎筏場（女神の西）と小瀬戸の浦
肥前佐賀城主　鍋島信濃守勝茂　八千三百五十人　船数三百二十一艘
本陣は深堀、香焼島
伊予松山城主　松平隠岐守定行　六千三百十一人　船数九十三艘
本陣は晧台禅寺　戸町と西泊の番所
伊予今治城主　松平美作定房　千百九十人　船数二十六艘
本陣は戸町
筑後柳川城主　立花左近将監忠茂　三千八百七十人　船数九十艘
本陣は陰ノ尾島
肥前唐津城主　寺沢兵庫頭賢高　三千五百五人　船数九十艘
本陣は小瀬戸遠見番所下
豊前小倉城主　小笠原信濃守長次　千二百七十八人　船数八十艘
本陣は戸町大浦の間
肥前大村城主　大村丹後守純信　二千六百三人　船数三十艘

肥前島原城主　　本陣は木鉢浦のち桜馬場
高力摂津守忠房　千百人　船数二十九艘
本陣は鍋冠山下海辺、戸町

総勢、五万二百二十八人　船数、千五百八十四艘
他に、
島津薩摩守光久　数船
松平肥前守五島孫次郎、在所の警備に当たるべく帰国。
有馬中務大輔、右に同じ
小笠原左近太夫、右に同じ

当時の長崎の人口を四万人とすれば、それを上回る数が長崎に集中したことになる。物価は一気に高騰し、人々は家を見はなして近隣の里や村に逃れたが、その行く先もまた人でいっぱいだった。ところで人間の営みというものは必ずしも一辺倒ではない。かつて天草島原一揆のときにも、全国から集まった十二万の兵士を相手に長崎から出向いて巧みに商売を行い、ひと財産築き上げた人もいた。そんな経験のある長崎の商人にとっては今回の騒ぎは再び棚からボタ餅が落ちて来たようなもので、ここぞとばかりに熱心に商売に励んだ。

肥後藩家老長岡監物《けんもつ》

港内には大小さまざまな和船が舳先を並べていた。どれも真新しく、各藩が前以て準備した船ばかりだ。入港するオランダ船も唐船も港外で停泊を命じられ、港内は特使の船を周囲から取り囲む恰好となった。

ただオランダ商館は戦争に巻き込まれるのを恐れ、「洞《ほら》ヶ峠」を決めこんだので出島の周辺には船が見えなかった。

幕府の武装解除を断ったのち二艦はただちに臨戦体勢に入った。船尾に十字架が丸見えのポルトガル国旗が掲げられ、マストの上には十字架が輝き、後部にはマリア像がふたたび姿を現わした。昼は日本人が嫌がるトランペットを高らかと吹き鳴らし、夜は警戒用の鐘を鳴らすことで旗艦と副艦がたがいをはげまし合った。二艦の前後には松平家の番船が、ガレオン船から宣教師が下りて岸に登らないように見張っている。金鍔次兵衛がそうであったように、宣教師は何時いかなる妖術をもちいるとも限らない。

馬場三郎左衛門は奉行所で各藩の家老たちに、良い策があれば遠慮なく申し出るが良いと命じたが、お上に向かってもの申す者はなかなか出てこない。

ようやく鍋島家の家老が、港口に大綱を張っては如何という案を申し出た。そうすれば二艦は綱に引っかかって出港できない。大綱はオランダ船のそれを借りてきて模造し、高鉾島と陰ノ尾島との間に小舟で張りめぐらせた。

七月七日、四国の伊予国から藩主松平定行が到着し、筑前守黒田忠之とどのような方法でガレオン船を乗っ取ろうかという協議をはじめた。

福岡藩士の中には夜陰に乗じて、副艦の前後に係留した番船からとも綱を伝って船にのぼり下見をした者が二名出た。もし船上で発覚したら一触即発になるところだった。それが藩主の耳に入りその者たちは切腹を申し渡されたが、馬場が仲裁に入りことなきを得た。

九日、熊本から細川家の名高い家老長岡監物が到着した。彼はかつて大坂の陣で豊臣秀頼から陣羽織を拝しながら、戦のあとは細川家に永代家老として抱えられた。その身の振りを見て世間では、監物は大坂方で諜報活動をしていたのではないかと噂された。

十日、監物は周囲の目をうばうような柿色の陣羽織に身を固め、奉行所に現れると馬場、高力、日根野の三名を前にして「すでに様々な策が検討されており、拙者が口出しするのは憚られるところながら…」と断った上で、「大綱を港口に張ったところで、蜘蛛の巣ほどの役しか立たぬ。いっそ船橋で港を封鎖する方が得策かと存ずる」と所見を述べた。

「なに、船橋と。船橋ねェ…。拙者は耳にしたことはあるが、いまだかつてそんなもの目にしたことがない」と馬場が言う。

「船を隙間なく並べた上に帆柱や角材を敷き、その上を板で覆い、かすがいで留める。こうすれば馬でも通すことができる」と監物は言ってのけた。

「しかし、実際にやるとなると…」と口をはさまれると、

「もし肥後だけでやれと命じられるなら、やってみせましょう。ただ資材を肥後から取り寄せる

のに時間がかかる。それより各藩の石高に応じて割り当ててもらえば一日で終わる」

「一日でと申されるか？　まさか…」

「まさかではござらん。一日あれば十分。船は近所から集めれば良いし、材木は長崎の町屋をこわせばいくらでも間に合う」

三名は息を呑んだ。

監物が部屋を去ると、居合わせた立花家の家老十時《とき》三弥が、「かねがね聞き申してはいたが、監物を目にしたのは今日がはじめて。あの派手過ぎる陣羽織はどうかと思うが、船橋の件は最も至極。さすがに、大軍を指揮しただけあって考え方が違う。拙者、はなはだ感心いたした」と感想を漏らした。

「うむ、確かに。ではさっそくその船橋とやらに取りかかろうではないか」と三者の意見が一致した。

ソウザの夢

ガレオン船の後部観望室から見ると港内を小舟がしきりと行き交っている。しかも船には木材や藁や竹などが山と積まれている。ソウザと司令官、そして船長は不安を感じて通詞西吉兵衛を呼ぶことにした。通詞が必要なときには白旗を掲げることが前もって決められていた。

まもなく船で吉兵衛と役人がやって来た。全員が敵中に乗り込むような緊張した面持ちで乗船した。司令官は前回の事などどこ吹く風という涼し気な表情で彼等を迎え、余裕の笑顔で彼らを船尾の観望室へと導いた。

ソウザは吉兵衛の顔をみるなり単刀直入に尋ねてきた。

「窓の外を見給え。あの燃えやすいものを運んでいる小舟は我々を焼き払おうとしているのではないのかね？」

吉兵衛はそれを聞いて安心した。もっと重大な問題が生じるのでは覚悟していたからだ。

「はい、確かにそのように見えるかもしれません。でもご安心下さい。我々にはそんな積りはありません。我々はすでにあなた方の必要に応じて水や食糧を与えているではありませんか。もし本気で相手を襲おうとしているなら、そんなことはしないでしょう」

「では聞くが、あの荷を積んだ小舟は何をしているのかね」

「特使の目にどのように映っていようが、我々日本人は日常の生活を営んでいるだけです。あなた方の家は煉瓦や石でつくられていますが、我々の家は藁や土、竹や材木でつくられています。その需要はとても大きいのです」

「わかった。そういうことならそれでいい。もう一つ尋ねたい。あの海岸に添ってびっしりと並んだ真新しい船もまた日常だというのかね。私には戦闘用の船としか思えないが…」

吉兵衛は特使が不安になるのも無理はないと思っている。しかし、側に役人がいるので役目柄の回答しかできない。

「私たちには江戸から上使が到着するまで、あなた方を襲うどころか守らなければならないのです。それが私たちの使命なのです。そのための準備に具えているのだと考えていただきたい」

この答えに納得したのかソウザは話題を変えた。

「ところで先だって渡したジョアン四世の指令書は江戸に送ったかね？」

「もちろん送りましたとも。どうかご安心ください。我々としては国王の国書も拝見させて頂きたいところなのですが…」

「あ、生憎《あいにく》だがそれはできない。なぜというに国書は派遣された者——つまり私のことだが——の信用に関わるもので、差し出す相手以外の誰にも見せることもできないし、触れさせることもできない。国書とはそんなものだ。国書が入った箱の鍵は司令官が持っているが、彼さえも箱を開けて見たことはない」

吉兵衛はそれを聞いて、ソウザの胸の内には上陸して江戸まで足を延ばし、自ら将軍に謁見して国書を渡すという夢を描いているのに気がついた。しかしそれは我々がポルトガル国王の国書を見るのができないのと同じくらい不可能である。吉兵衛はなんとなくソウザのことが気の毒に思えてきた。

その頃、甲板では猪俣伝兵衛が司令官と話していた。

「我が国ではしばしば火事が発生します。でも心配いりません。万一、船に飛び火したときには奉行所から救出の船が出てきて、皆さんを安全に岸に誘導するでしょう」

「それはどうも。でもそんな場合には我々は自身の手で消火できるでしょうし、いかなる事態が起きようが、船から離れる乗組員はひとりもいないでしょうね」

「命が惜しくはないのですか?」

「全然…。我々の命は我らのものではなく、国王とデウスに捧げたものですから」

猪俣はその潔い言葉につられて、「じつは私もあなたと同じキリシタンでした」と漏らした。即座に「冗談でしょう」と言い返されて、「はい。冗談です。すみません」と照れ笑いした。司令官は両肩をすくめた。

第二十二章

船橋の完成

江戸の幕閣たちは、いささかキリシタン禁制に疲れを感じはじめていた。

スペインと国交を絶ち、マカオからの通商再開の使節は皆殺しにした。ポルトガル商人や混血児、外国人に関わる日本人をも含めて一切合財、国外に追放し、平戸のオランダ人は出島に封じ込めた。長崎に入港を限定した唐人には、上陸する前に踏み絵を強制した。打つ手はすべて打った。これ以上何ができる。あとは相手を信用するしかない。もはや限界を感じていた。ポルトガル特使ソウザに対する幕府の回答にも自ずからそれが影を落としていた。

一六四七年七月十三日、大目付井上政重と在府長崎奉行山崎権八郎が老中の奉書を携えて江戸を立った。

一方、長崎では船橋に取りかかる前に、港内に密集していた船を港外に移動させた。今のままではいざというときに先を争って混乱するのが目に見えている。かくして港内には、長崎警備の福岡藩と公儀の役付き船のみが残された。

ソウザの船を見張っているのは港内だけではない。

小瀬戸の山頂（現長崎市みなと坂）からも二艦をうかがっている。少しでも動けば鉄砲を放ち、それを合図に福岡藩の二万の兵が攻撃に移る。つづいて狼煙の合図で、残りが総攻撃に加わるという段取りができていた。

博多商人たちは駆け回って、稲佐方面の家を次々と買い取り、家屋を壊し敵を焼き払うための藁と、船橋用の材木とを集めるのに大わらわだった。

ところで船橋敷設の割りふりは、長さ二百四十間（四百四十メートル余）の半分を肥後細川、残りを鍋島・立花・寺沢・小笠原家が受け持った。しかし実際に船数を当てはめてみると、どうしても不足するのがわかった。それを耳にした末次平蔵茂房は、御船蔵に置いてある唐船二隻と、東京《トンキン》造りの自分の朱印船とを船橋造りに提供した。

また大村藩の家老は「ならば長崎・薩摩・肥後の往来にもちいる大村の廻船を差し出そう」と申し出た。さらに彼は、神崎の貯木場にある多数の木材と、大綱と碇を船で戸町まで運んできた。

こうして船も資材もそろったのが七月十四日。日没と同時に船橋づくりが開始された。あらかじめ長崎周辺に呼びかけて集まってきた水主《かこ》や大工がいっせいに仕事に取り掛かる。人海作戦だ。

先ず大綱二本を戸町から西泊にかけて張りめぐらした。大綱の両端に八十貫目の碇をくくり付け、一方は山の根方に、他方は大きな岩に巻き付けて固定する。こうすれば綱は干満の潮にも流されない。次にそれを頼りに鎖と綱で船二百三十八艘を並べながらつないで行く。しきりに釘や鎹《かすがい》を材木に打ち込む音がひびく。次第に夕闇が深くなって行く。

作業は提灯の明かりを要した。その無数の明かりが船橋に添ってしきりと動きまわる。二艦のポルトガル船の見張りは、日暮れからはじまった日本人の不審な動きからいっときも目を離さずにいる。「どうやら我々を港内に閉じ込めるつもりらしい」と司令官が判断した。盛んに鐘を鳴らして仲間同志の警戒を怠らない。

夏の短い夜が明けた。

稲佐山から明け烏がぞろぞろと帯をなして東の空に消えてゆく。できつつある船橋は二列で、上に板を張って五人が歩けるほどの道が二本できている。肥後藩は船の列の中に、三階づくりの井楼船まで配置した。

早朝の奉行所に黒田藩の使者が血相を変えて駆け込んで来た。「たった今、ポルトガル船の帆に多くの水夫たちの姿が現れました」と叫ぶ。それは出帆の準備とも読み取れるというのだ。

役人たちはあわてふためいた。船橋は完成したとはいえない。今二艦に動かれるとせっかくの苦労が水の泡になる。役人と通詞の名村と猪俣が早船で二艦に向かった。

甲板から司令官が見下している。「おや、おや。これは八人で漕ぐ小型船ですか。皆さん急いでどうされました?」

名村が「司令官どの。これから艦は出帆するのでしょうか?」と問うと、「いえ、そんな積りはありませんよ。ハハーァ、帆桁に登った水夫を目にして勘違いされたようですな」乗組員たちは帆桁に登って、いつもの点検作業をはじめたところであった。幸いなことに福岡藩士の早合点だった。

西吉兵衛の説得

肥後藩が受け持った個所の船橋は翌日の明け方に出来上った。それは肥後の家老監物が予言した通りだった。

出島の商館長オーフェルトワーテルも夜を徹して船橋の完成を見守っていた。朝になってその完成を確認し、日本人の工事の素早いのに舌を巻いた。「見給え。これで『罠』の中からウサギが逃れ出る可能性はなくなった」と日本人がこれから攻撃をはじめると見て取った。

ソウザと司令官と船長の三名は望遠鏡で一夜で現れた港の「仕切り」を注意深く観察した。その遠方には無数の小舟が見える。それは「この仕切りを越えても、我々が控えている」と威嚇しているようだった。

「君はどう思う?」とソウザが司令官に尋ねた。

司令官は、「きっと我々を港内に閉じ込めて外に出さないない積りでしょう」と答える。「我々のカノン砲が火を噴けば、あんなもの一瞬で木端微塵になるのに…」と船長がいう。

朝食が終わると、下士官からソウザに報告が入った。港の仕切りを見た水夫たちが落ち着きがないという。彼らは「日本人はあんなチャチなもので我々を封じ込めた積りでいるのか。艦を進めればいとも簡単に突破できるのに船長は何をぐずぐずしているのだろう。一気に踏み潰して一泡吹かしてやろうではないか」と騒ぎが次第に大きくなっているという。

ソウザは再び艦から白い旗を振った。西吉兵衛の出番である。

吉兵衛はそれをある程度予想していた。彼が役人と共に観望台に入るや否やソウザが、単刀直入に質問してきた。

「セニョール・カルバッリョ。我々はあなた方を信じていたのに、今朝の光景から察すれば裏切られたといわざるを得ませんね」

「いいえ、特使。それは間違いです。我々はあなた方を裏切るようなことは決してしておりません」。吉兵衛は落ちつき払っている。

「じゃァ、あの港の仕切りをどのように説明するのかね」

「あれはあなた方を畏敬するあまりに取った行動なのです」

「畏敬？　私のどこを尊敬しているというのだ」

「あなたが港内に船を進めたときからです。艦を港内に乗り入れるにはそれなりの勇気が必要です。大方の人は自ら袋のネズミになるようなことはしません。それをあなたは行った。以来あなたの勇気は日本人の誰もが認めています。のみならず我々が要求した武器解除には断固として反対した。前回長崎に入ったマカオからの使節はあっさりと同意しました。オランダ船も同様です。でもあなたは違う。是は是、非は非とするその態度を私たちは尊敬しているのです」

「だったらあんな港の仕切りなど必要あるまい」

「いえ、だからこそ工事を行ったのです。今あなた方に出て行かれたら私たちは互いに戦わなければなりません。戦争になるのは必至です。それを回避するために私たちは予防線を張ったのです」

ソウザはそれ以上何もいわなかった。そして甲板に出て船から離れる吉兵衛を見送ってくれた。

その後、ソウザは下士官と幹部たち全員を甲板に集めさせた。後部甲板の高いところから乗り組員に向かって確信に満ちた声を発した。

「諸君！　今日は聖母マリアが昇天された日だ。先ずはお祈りから始めようではないか」

そういって彼は両手を高く上にさし延べて天を仰ぎ「アーメン！」と力強く唱えると、全員が胸に十字を切って「アーメン」と合唱した。

「諸君も知っての通り、我がサント・ジョアン号の前後には日本の番船が控えている。その中には我々の言葉がわかる者がいて、きっといまも聞き耳を立てていることだろう。しかし遠慮はいらない。我々の船の中までキリスト教禁止令は届いていないのだから」。「そうだ」、「そうだ」と賛同する声がした。

「諸君。故国を離れてはや四年が流れようとしている。早いと思う者もいれば、遅いと思う者もいるだろう。『一日は千年のようであり、千年は一日のようである』とペテロの手紙にある。この間、我々が数多くの艱難辛苦に耐え抜いたのは、ひとえに特使としての最後の目的すなわち皇帝（将軍）から返事をもらうことにある。しかもそれは今、我々の目と鼻の先にある」

「今もし我々が港内に閉じ込められた状況に臆して船を動かせば、港内のあらゆる方向から我々を窺がっている日本人は、我々の方から戦闘を開いたと思って攻撃を仕掛けるだろう。またそれを目にする出島のオランダ人は、ポルトガルの特使が尻尾を巻いて逃げ出したと評するであろう。そんな風評がヨーロッパに流れたら諸君はどう思うか?」しばし沈黙が流れる。

「だから今は皇帝からの返事を待つべき時なのだ。どんな事があっても動じないで、それぞれが任務を全うしなければならない。デウス並びに国王に捧げる我々の命は一つしかない。しかしせめて気持ちだけはそれを千回も万回も捧げる覚悟でこの危機を乗り越えようではないか」

どっと拍手が沸いて、「アーメン」「アーメン」という声が聞かれた。

幕府からの回答

それから二週間というもの真夏日が続いた。水夫たちは日中は日陰を探し求め、夕立ちが降ると裸になって喜んだ。両者ともに神経と肉体の消耗戦が続いた。

福岡藩の番船は、ポルトガル船が風向きが変わるたびに向きを変えるので、そのつど船が発進するのではないかと極度に緊張する。

また兵士たちが昼めしを食べる場所を確保するのに大砲を移動させる音にも神経を尖らせた。その度に戦闘開始であるかのように胆を冷やした。

そんなある日のこと、船橋を渡る華々しい出で立ちのひとりの武士が現れた。栗毛の馬に跨って船橋を渡ろうとしている。大村藩の富永宮内という武士である。背中にはV字型の紅色の旗指物が風になびいている。右手に抜き身をかざしつつ、時々空に向けて腕を伸ばす。刀がきらりきらりと光る。彼はゆっくりと戸町から西泊の方に船橋を渡ってみせた。

船の上やその周辺の日本人からはやんやの喝采が起こった。当人としてはポルトガル人を威嚇したつもりであった。しかし、「あっぱれ武士の花道」と見えるこのジェスチャーが、ポルトガル人にはさっぱり通用しない。そもそも彼らの目には日本の馬が小さいポニーにしか思えない。そこからして茶番なのだ。

船橋を可愛い馬に乗って渡るサムライを見て、司令官は、「おや、おや。日本人に真っ赤な羽根が生えたぞ…」と喜んだ。そして隣の船長に望遠鏡を渡した。たまたま船に野菜を届けに来ていた通詞たちはそれを聞いて、噴きだしてしまった。

また某日、オランダ人がいる出島のカピタン部屋を長身の沢野忠庵が訪れた。商館長付きの医師と話がしたという。背教で有名なこの人物を一目見ようと館員の全員が集まっていた。忠庵は何の臆するところもなく挨拶をすまし、ちょっとした世間話をすますと、医者と別の部屋に移った。あとで商館長が「奴は何の用事で君のところに来たのかね?」とたずねると、医者は、「薬の正確な処方を確かめに来たのです」と答え、「なんでも自分には優秀な日本人の弟子がいるから誤った知識は教えたくないのだと語っていました」。

「へーェ…背教者がねェ」と商館長が首を傾げた。

そしてついに七月二十八日のお昼頃、待ちに待った江戸からの使者が到着した。大目付井上政重と長崎奉行山崎権八郎のふたりである。

彼らは江戸・長崎間を十五日で踏破した。すぐに吉兵衛が呼び出され、ソウザの船に派遣された。上使の到着を告げ、明日会見が行われるが、「ポルトガルの特使が上陸して奉行所で行っても良いし、こちら側からあなたの船を訪れてもどっちでも構わない」と告げた。ソウザは「そのような気心配りに感謝する。良ろしければ私の船に来てもらえれば有難い」と答えた。

翌二十九日、朝から周囲の山々から蝉しぐれが騒がしい中を、通詞に先導された使節一行が観望台に入り、部屋をほぼ満席にした。

挨拶が交わされ会見が開始された。先ず井上政重が四尺ほどの長い巻紙の手紙を読み、それを吉兵衛がポルトガル語に翻訳する。要旨は次のようなものであった。

「日本の皇帝がキリシタンの殺害を命じたのは、日本を占領する目的で宣教師を送り込み、布教活動を止めようとしなかったからである。数年前、来航を禁止したにも関わらずポルトガルの船が長崎に来たので全員を処刑にしたが、今回は違う。特使は我々がすすめるままに入港した。ポルトガル国王ジョアン四世は国交を望まれているようであるが、今後キリスト教を広めないという保証は何処にもない。故に今回を限りに両国の国交を禁止する」。

一瞬、その場が凍りついた。ソウザは天井の一点をじっと見つめている。誰かが動いてコトッと音がした。それを合図に催眠術が解けたかのようであった。ソウザは次のように答えた。

「良くわかりました。私は日本の皇帝の命令に従います。この様な答えを持ち帰るのはとても心苦しいが致し方ない。私に運がなかったということだろう…」。ここでひと息継いだのち、「ところで、もし国王からキリスト教を絶対に広めないという約束の書簡を送ったならば、旧来通りの国交を許してもらえるであろうか?」と念を押すように尋ねた。

しかし井上からの返事はたったひとこと、「帰国せよ」だった。

幕府の通達に番船並びに各藩の兵士たちは一気に力が抜けた。敵の大砲に向って死を決して挑む積りでいた。家族への遺書も書き送っていた。それが中止である。船端にもたれる者、船橋に上がって大の字になり真っ青な空を仰ぐ者、それぞれがてんでん勝手な方法で脱力した。

数日かけて文書が交わされ、ソウザの任務は完了した。その間、吉兵衛並びに通詞たちは特使の船を港外に出す段取りについて討議した。一発でも銃声が放たれればその場はたちまち修羅場と化すに違いない。港に残った兵士への通達を徹底して欲しいと吉兵衛は奉行に何度も念を押した。

八月五日早朝、特使の船二隻に水や食糧が運びこまれ、それまで港外で待ちを食っていたオランダ船が入港し、貿易が再開された。出島のオランダ人にとっては期待外れの結末に終わったが、別に損をしたわけでもなく頭を切り替えて仕事にいそしんだ。

その日、井上政重は出島の様子を見に来た。商館長は大きな地球儀と、檻に入ったドードー鳥とを見せた。井上は地球儀には大いに関心を寄せたが、七面鳥のようなドードー鳥には一顧も与えず、「オランダ人はこれを食べるのか?」とだけ聞いた。ちなみにこの野鳥は今では絶滅種で、ルイス・キャロルの『不思議の国のアリス』の中に登場する鳥として有名になった。

六日、用無しになった船橋はすべて解体され海は日常に戻っていた。廃材は小舟に山と積まれ、岸辺にびっしりと並んでいる。末次家の朱印船は元の船蔵におさまった。番船も二艦から切り離された。

数羽のトビが呑気そうに輪を描いている。その下を旗艦と副艦が碇を上げる。帆はマストに畳まれたままだ。多くの小舟に曳かれて二艦が蝸牛のようにゆっくりと動きはじめた。これが見納めとばかりに、浦という浦には兵士たちと見物の人垣ができている。

船長は出航の大砲を撃ち鳴らしたかったが禁止されている。両艦の船首にはそれぞれ通詞たちが乗っており、最後まで万事が首尾よく終わることを祈りつつ見張っている。

長崎奉行馬場と山崎権八郎、それに島原藩主高力忠房が、一足先に関船で港口まで来ていて、特使が通るのを待っている。二艦が近づくと、彼らは揃って立ち上がった。それに従って陸上の兵士も船の中の兵士も、総勢数千人の兵士がいっせいに立ち上がった。ソウザに向けた敬意である。ソウザは仕切りの外側にこれほど多勢の兵士が集結していたのにあらためて驚いた。

高鉾島の近くまで来るといったん艦は止まり、司令官と吉兵衛との間で文書の最終確認をし、吉兵衛はポルトガル語で書かれた文書を受け取った。その間に外では曳き船が放たれ二艦は自前の帆を張った。

吉兵衛はソウザの前に進み、「これでお別れです。もう二度と会うことはないでしょう」と言う。

ソウザは「我が司令官があなたを恐ろしい目に合わせたようですまなかった。でもあなたがいなければ我々はどうなっていたかわからない」と吉兵衛に礼を言った。

側にいた司令官が吉兵衛を見て、「あなたには船に積んでいる一番大きな伽羅を贈りたいところだが、それは許されないらしい」と残念そうにいう。

「私には特使とみなさんにまみえただけで十分です」。吉兵衛の本音だった。いきなりソウザが吉兵衛を抱きしめた。吉兵衛もソウザの背中に回した両手に精一杯力を籠めた。役人たちが目を丸くしている。

小舟に移り、最後に「ボン・ボヤージ！」と叫ぶと、司令官と船長が「ムイント　オブリガード（どうも　有難う）」と叫んだ。小さくなって行く船尾観望台の窓に白いハンカチがいつまでも揺れていた。

翌朝、長崎半島の突端の遠見番は帆を全開して水平線の彼方に遠ざかる二艦を認めた。

その旗艦のデッキの上でソウザとモラードが葉巻をふかしている。

「じつはね、あの長い交渉の間に、セニュール・カルバッリョがちょっとした隙をみて私に近づいてこう囁いたのだよ。『私のこころはあなたと同じだ』と。つまり彼は私たちと同じキリスト教徒なのだ。ただ皇帝がそれを許さないだけなのだ」

司令官オマーンは甲板で話した通詞（猪俣伝兵衛）のことを思い出した。そして「あれは冗談ではなかったのだ」と気がついた。「日本人はまるでローマ帝国初期のキリスト教徒ですね」

「その通りだ」ソウザは深く吸った葉巻の煙を風に流した。

二艦は台風に遭うこともなく十一日目にマカオに着いた。祝砲が華々しく放たれたが、結果が不首尾に終わったという知らせに町はしらけ切った。

教会の鐘もひとつとして鳴らない。聞こえるのは犬の鳴き声とカモメの声だけ。旗艦から高価な伽羅と珊瑚が降ろされ、持ち主に戻されたのち、ソウザは艦から一歩も降りることもなくインドに向けて航海を続けた。

一ヶ月後、ソウザはゴアの土を踏んでいた。今回のことで最もお世話になったインド副王マスカレッニャスを訪ね結果を報告したのち、まもなく急死した。それはまるで国王ジョアン四世に合わす顔がないとでもいいたげな死に方だった。

終章

オランダ特使の派遣

ソウザが去ってからというもの、幕府の猜疑心の矛先はオランダ人に向けられた。ソウザの覚書に、バタビアを出港するとき（一六四七）「オランダ総督府が我々の不足した乗組員とピロートを補充してくれた」とあった個所が大きな問題となった。将軍家光は、これからは宣教師たちがオランダ船で来航する懸念があると恐れた。

ソウザが日本を去った翌年（一六四八）、オランダ商館長フレデリック・コイエットが江戸に到着したにもかかわらず、将軍は献上物の受け取りを拒否した。十年前のピーター・ヌイツが受けた屈辱をくり返す羽目となった。

この結果にバタビアのオランダ総督府は顔色を変えた。同じ過ちはくり返したくない。なんとしてでも幕府の機嫌を取り直し、貿易を継続しなければならない。ポルトガルが特使を送ったように、自分たちもバタビアから特使を派遣しようではないかということに決まった。

こうして特使に選ばれたのがドクトル・ピーター・ブロックホビウス。ラテン語学校の校長で法学博士だ。ただ高齢であったことが危ぶまれ、万一船中で亡くなることを考えて棺までもが積みこまれた。

悪い予感は的中し、ブロックホビウスは、海上で亡くなった（一六四九年八月十六日）。船医が脳と内臓とを取り出して亡骸を棺に納め、砂糖漬けにして九月十九日、長崎に入港した。役人は棺を開けて間違いなく特使であることを認めたのち、例のとおり海中に遺棄した。

奉行所には特使を乗せていることを理由に、船内から武器も舵も取り上げられないことを奉行所に要請したが、あっさりと断られた。

代わりの特使はあらかじめ決められていた法務官のアンドリウス・フリシウスがつとめた、今回の江戸に向かう特使一行はオランダ人二十三名、通詞は猪俣伝兵衛、石橋庄助、助左衛門（姓不明）の三名、日本人の従者三十四名といういつもよりも大きな構成となった。

それは日本人の間に広がっていた、「ポルトガル人と比べるとオランダ人はケチだ」というイメージを払拭するためで、総督府から「経費はかかってもいいから、今回は全員が豪華な衣装で身を飾り、道中の宿代にも日本人にも惜しみなくお金をふるまうように」と命じられていた。

将軍への献上物は大砲二門、砲架その他の付属品一式、高価な黒檀で囲まれた大きな鏡、筒に金箔を貼った望遠鏡、ペルシャ絨毯、銀製のオランダ船の模型などで、幕閣たちへはさまざまな織物のほかに磁石、タバコ、眼鏡、望遠鏡、スペイン産ワイン、オランダのチーズ、バター、イタリアの陶器、小銃、拡大鏡など、これでもかと言わんばかりに奮発した。

それが効を奏したのか、家光はオランダ特使に過去のことを水に流し、貿易継続の許可を与えた（一六五〇年一月）。ただ家光は病気で引きこもっていたので派手派手しい献上の儀式は取りやめとなり、品々は家老にあずけ、四月十六日、江戸を離れた。

一六五〇年（慶安三）五月二十二日、長崎にもどって清算したところ、参府の費用は例年の三倍の額を費やしたことがわかった。しかしそれで済んだのだから安いものである。オランダ貿易ときたらもはや「首の皮一枚」というところまで進んでいたのだから、総督府の特使派遣の作戦は、狙い通りの効果をあげたことになる。

それだけではない。幕府は長崎に帰ろうとする一行の中からオランダ人四名を選び、しばらく江戸にとどまるよう命じた。べつに人質にされたわけではない。ひとりは医者である。カスパル・スハームベルレンという優秀な外科医でその医術は「カスパル流」とよばれ日本中に知られた。ほかに砲術指南役のユリアン・スハーデルとヤン・シュミットのふたり。そして世話役のウィレム・バイルフェルドである。この四名は半年近く江戸に滞在したのち、手厚いご褒美をもらって長崎にもどってきた。嫌われるどころか日蘭交流を深めることになる。

それからの日蘭貿易はうなぎ上りの増加した。

一六五二年から一六七一年の二十年間にそのピークを迎え、東インド会社はその期間を「わが社はじまって以来の東インド貿易の最高の成果」と誇りにした。日蘭貿易は幕末まで続けられたが、このときほどの利益は二度とあげることはなかった。

オランダ特使が去った翌年（一六五一）五月、三代将軍家光が四十八歳の生涯を閉じた。彼は初めから終りまでキリスト教を憎悪し、日本からキリシタンを払拭することに全神経を費やした。同年（一六五一）、四代将軍徳川家綱に政権が移ったのちも、キリシタン禁制は寺請け制度と共に全国六十余州に生き続けた。

踏み絵は開始された当時は随時行われていたのが、次第に春と秋の二回となり、さらに下ると長崎独特の正月の行事へと様変わりした。

父子で翻訳した天文書

ソウザが去って六年後（一六五三）、新吉が父をついで二代目西吉兵衛を名乗った。それを契機に、吉兵衛はオランダ大通詞を退官した。彼は剃髪して「蘇安《そあん》」と称した。ふり返れば勤続三十七年、キリシタン全盛から禁教へ、朱印船貿易がら鎖国へと激動の時代を生きて来た。

末次平蔵茂貞もまた代官職を長子にゆずり、ソウザが帰帆してまもなく京都へ移り病没した（一六四七）。オランダ貿易を平戸から出島に移した影の立役者であるのを知っていた長崎の人々は、盛大な葬式で彼を見送った。末次家の墓地は代々春徳寺であるが、平蔵茂貞だけは遺言通り京都に眠っている。吉兵衛はひとつの時代が終わったのを感じた。

フェレイラはソウザが去った三年後（一六五〇）に七十歳の寿命を終えた。

最後の仕事は大目付井上政重から命じられたもので、第二ルビノ宣教団が持ち込んだ『天文書』をラテン語から日本語にすることだった。フェレイラは日本語はうまく話せても書くことはできなかった。そこで彼が読み上げたものを蘇安がポルトガル式のローマ字表記で記録した。その訳稿はひと目をはばかり、蘇安の家に保管されていた。

一六五六（明暦二）年、その『天文書』に興味を持った長崎奉行があらわれた。それが甲斐庄喜右衛門で、彼は長崎聖堂の主宰向井元升《げんしょう》（俳人向井去来の父）と二代目吉兵衛に『天文書』の解読を命じた。二代目吉兵衛がローマ字を読み上げ、それを向井が日本語に写した。そしてそれに自らの解釈を加えて『乾坤弁説《けんこんべんぜつ》』という書物にまとめた。

西洋哲学では宇宙をつくりあげる要素は四大《しだい》（火風水土）とされる。これに対し儒家である向井は陰陽五行説の五大（木火土金水）の方が正しいと何度も念を押した。しかし、内容が地球の球体説や月食、日食の仕組みに及ぶと「南蛮の博士のいうことは正しい」と正直に告白している。結局、『乾坤弁説』を通して西洋の天動説が日本の知識人の間に浸透する。（それから一世紀ほどのちにオランダ通詞本木良永によりコペルニクスの地動説が紹介される）

一六六一（寛文元）年、明が滅び清に統一されようとしていた。逃げ場を失った鄭成功はタイオワンのゼーランディア城を攻め、オランダ人を追放し台湾を自分のものとした。その際、台湾のオランダ人が季節風の関係でバタビアに逃れることができず、やむを得ずに南西の風に乗って出島に避難した。

その年は出島の中大勢の人々で華やいだ。

既婚のオランダ女性やその子供たち、そして台湾人の召使男女数十名の声が鳴り響いた。中には牧師立ち合いの下で結婚式を挙げるオランダ人のカップルまで出た。その頃は将軍家綱の時代で、

「特例」として帰国の便船が出るまで在留が許可されたのである。幕府のオランダ人に対する余裕を思わせる。

初代西吉兵衛が病没したのはそれから五年後の一六六六年（寛文六）、ソウザが去ってから十九年目だから、当時としては長寿に入る。

二代目西吉兵衛（西玄甫）

鎖国体制が敷かれて四半世紀が流れようとしている。

国が鎖され安定すると、今度は国の外側がどうなっているのか知りたくなるのが人情である。オランダ人は毎年江戸に来るたびに様々な海外のニュースをもたらしてくれる。そうなるといよいよ世界に目が向けられる。

その頃、幕府は長崎の二代目西吉兵衛と、唐通事頴川藤左衛門に海外情報の収集を命じた。こうして二代目西吉兵衛は出島のオランダ人から書付をもらい、頴川藤左衛門は唐通事の仲間の間を駆け回った。

二代目西吉兵衛は語学もさることながら医術に長けていた。

一六六八年（寛文八）、彼はオランダ商館長と蘭館医ら三名から医学証明書をもらった。日本人として初めてである。曰く、「大通詞西吉兵衛は長年、オランダ人医師（カスパル等）並びにポルトガルの宣教師（フェレイラ）について外科の修業を重ね、勉学を続けたので他の日本人医師をはるかに引き離している。医学に関してはヨーロッパの医師と何ら変わらないものと見なす」。最後の「ヨーロッパの医師と何ら変わらない」という賛辞はスゴい。

翌年（一六六九）、吉兵衛はオランダ通詞を辞めて医者として独立した。世間が彼を通詞よりも医者としての役割を必要としたからである。それは「西流」と呼ばれ世間に広まった。

またこの年、唐通事と一緒に進めていた『諸国土産書』をつくりあげ幕府に献上した。ここで「土産」というのは「特産物」とか「名物」を意味する。すなわち長崎に集まる商品がどんな国に産出し、そこにはどんな人々が住んでいるのかについての情報である。半世紀のちそれは、西川如見という町人学者により『華夷《かい》通商考』（一七〇八）という本によって集大成される。長崎で天文地理学が生まれた由縁である。

二代目西吉兵衛は一六七三年（延宝元）、幕府から医官として招かれ、江戸の西大久保に屋敷を拝領し、名前を西玄甫《げんぽ》と改めた。彼が幕府から知られるに当たっては、フェレイラの娘婿・杉本忠恵の推薦があったとされている。つまりフェレイラの娘は、新吉（二代目西吉兵衛）が自宅に通うころから彼が秀才であることを知っていたのであろう。

ともあれ西玄甫が江戸の蘭学の黎明期に大きな役割を果たしたことは間違いない。彼は長崎に戻らないまま一六八四年（貞享一）江戸で亡くなった。

在命中に西玄甫は、久原甫雲に「阿蘭陀流外科免状」を与えている（一六七七）。同じ門弟に若狭国（現福井県）小浜藩医杉田甫仙がおり、その孫が『解体新書』で名をあげた杉田玄白である。

ところが玄白が晩年に書いた有名な『蘭学事始』では、西吉兵衛と西玄甫がごちゃ混ぜにされている。

　そのころ、西流という外科の一家が興った。この家は、そのはじめは南蛮船が来たときに通詞をしていた西吉兵衛という人で、南蛮の医術を学び伝えて、人に治療をほどこしていたが、南蛮船の入港が禁止されてから後は、こんどはオランダ通詞となって、オランダの医術も伝えた。この人は南蛮流とオランダ流と、両方の流儀を兼ねたというので、その両流を唱えていたことを、世間では西流と呼んでいたということである。」（片桐一男訳）

　その結果、今日でも西吉兵衛父子のことを同一視した文章にしばしばお目にかかる。いいかえると、「最後の南蛮通詞にして最初のオランダ通詞」西吉兵衛の存在はほとんど知られていない。

関連年表

西暦	年号	日本及び世界の動き
一五四三	天文十二	ポルトガル人種子島に来航（鉄砲伝来）。日葡交渉はじまる。
一五四九	天文十八	フランシスコ・ザビエル鹿児島で布教を開始。
一五五〇	天文十九	ザビエル、京都で天皇・将軍への謁見適わず。
一五五一	天正二十	布教を許された大内氏が滅ぶ。ザビエル豊後を離れゴアに向かう。
一五五七	弘治三	マカオにポルトガル人の居住が許され、開港。日本貿易の基地となる。
一五六〇	永禄三	ガスパル・ヴィレラ足利義輝より布教の許可を得る。
一五六一	永禄四	大村領、横瀬浦開港。大村純忠が受洗。
一五六三	永禄六	横瀬浦が襲撃され全焼する。
一五六五	永禄八	ポルトガル船、大村領福田浦に入港。松浦氏が襲撃。
一五六七	永禄十	宣教師アルメイダ長崎布教を開始。
一五六八	永禄十一	織田信長、足利義昭を奉じて入京。
一五六九	永禄十二	ルイス・フロイスが信長に謁見。
一五七〇	元亀一	カブラル、オルガンチーノ来日。フィゲレードが長崎湾の測量を行う。龍造寺氏の肥前における勢力が確定。
一五七一	元亀二	**長崎開港**。町建てがはじまる。スペイン人がフィリピンにマニラを築く。
一五七三	天正一	室町幕府滅亡。深堀氏が長崎甚左衛門の城下を攻撃。
一五七四	天正二	深堀氏と西郷氏が甚左衛門の城下を焼き尽くす。

西暦	年号	日本及び世界の動き
一五七五	天正三	コエリョによる大村領のキリシタン化。龍造寺隆信が藤津を攻める。
一五七六	天正四	有馬義直受洗し、ドン・アンドレと称す。
一五七七	天正五	龍造寺隆信が大村領を攻撃。
一五七九	天正七	**巡察使ヴァリニャーノが口之津へ来る**。有馬軍を援助。
一五八〇	天正八	大村純忠が長崎をイエズス会に寄進。**スペインとポルトガルが連合王国となる**。
一五八一	天正九	ヴァリニャーノが信長と謁見。馬揃えを見学。有馬と安土にセミナリオ、府内にコレッジョが完成。
一五八二	天正十	遣欧少年使節が出発。本能寺の変。
一五八三	天正十一	長崎にミゼリコルディアが創立される。
一五八四	天正十二	龍造寺隆信が有馬・島津勢に負けて戦死。スペイン船平戸入港。島津軍が長崎に進駐する。
一五八五	天正十三	少年使節がローマ教皇に謁見す。マカオが自治都市となる。
一五八七	天正十五	**伴天連追放令**。キリシタン大名高山右近改易。
一五八八	天正十六	秀吉が長崎を直轄地とす。スペインの無敵艦隊、イギリス艦隊に敗れる。
一五九〇	天正十八	遣欧少年使節が長崎に戻る。ヴァリニャーノの二回目の来日。
一五九一	天正十九	ヴァリニャーノと少年使節が秀吉に謁見。
一五九二	文禄一	朝鮮出兵（文禄の役）。初の長崎奉行として寺沢広高、長崎代官に村山等安を任命する。**朱印船貿易制度がはじまる**。
一五九三	文禄二	長崎に神父十名の滞在と教会再建が許可される。

一五九五	文禄四	イエズス会とフランシスコ会の対立が激化する。
一五九六	慶長一	スペイン船サン・フェリッペ号が土佐に漂着。長崎で二十六聖人の殉教。
一五九七	慶長二	朝鮮出兵（慶長の役）。長崎でルイス・フロイスが没（65歳）。
一五九八	慶長三	ヴァリニャーノの三回目の来日。秀吉が没し朝鮮から撤兵。徳川家康と五大老の合議政治となる。
一五九九	慶長四	長崎の桜馬場で煙草の栽培がはじまるという説あり。
一六〇〇	慶長五	**リーフデ号が豊後に漂着**。アダム・スミス（三浦按針）が家康に謁見す。明から唐船が初めて入港。**関ヶ原の合戦**。
一六〇一	慶長六	岬の教会（被昇天のマリア教会）が再建される。
一六〇二	慶長七	オランダが東インド会社を設立。
一六〇三	慶長八	徳川家康が征夷代将軍になり江戸幕府をひらく。小笠原一庵が長崎奉行になる。キリシタンの数は三十万人。
一六〇四	慶長九	**糸割符制度**はじまる。ポルトガル貿易に対する最初の統制。
一六〇五	慶長十	村山等安の領地換えにより、長崎甚左衛門が長崎を去る。
一六〇六	慶長一一	長谷川左兵衛が長崎奉行になる。司教セルケイラが家康に謁見。
一六〇七	慶長一二	イエズス会管区長パジェスが家康・秀忠に謁見。
一六〇八	慶長一三	有馬晴信の朱印船乗組員がマカオ司令官ペソーアと衝突。
一六〇九	慶長一四	オランダ船二隻が平戸に入港、商館をつくる。有馬晴信がマカオから来た**マドレ・デ・デウス号を襲撃**、沈没させる。
一六一〇	慶長一五	長崎奉行長谷川と代官村山の中傷によりロドリゲス神父がマカオに去る。

西暦	年号	日本及び世界の動き
一六一一	慶長一六	岡本大八事件。
一六一二	慶長一七	岡本大八が火刑に処される。有馬晴信が甲斐に追放され死を命じられる。家康による**禁教令**が出される。
一六一三	慶長一八	平戸にイギリス商館が開設される。伊達政宗の遣欧使節が出帆。
一六一四	慶長一九	大坂冬の陣。宣教師追放令により、高山右近・内藤如安を含めた宣教師やキリシタン一四八名をマカオとマニラに追放。セルケイラ司教没。
一六一五	元和一	大坂夏の陣。豊臣氏が滅ぶ。村山等安が台湾征討を命じられる。
一六一六	元和二	**西吉兵衛が南蛮大通詞**に任命される。家康が駿府で没（75歳）。幕府重ねて禁教令を出し、唐船以外の外国船を平戸・長崎の二港に限定。
一六一八	元和四	村山等安と末次平蔵の不和が表面化する。
一六一九	元和五	村山等安が江戸で斬首。長崎代官の後任は末次平蔵政直。
一六二〇	元和六	イギリス船が平山常陳の朱印船を拿捕（平山常陳事件）。
一六二二	元和八	平山常陳と宣教師ズニガとフローレスが処刑される。**元和の大殉教**。
一六二三	元和九	アンボイナ事件。秀忠が将軍職を家光に譲る。イギリスが平戸商館を閉鎖、撤退する。
一六二四	寛永一	**スペインとの国交を断絶**。オランダ人がゼーランディア城を築く。
一六二六	寛永三	水野河内守、長崎奉行赴任。キリシタン弾圧が強化。
一六二七	寛永四	ヌイツが将軍との会見を拒否され台湾に戻る。**踏み絵の開始**（諸説あり）。
一六二八	寛永五	シャムで高木船がスペイン艦隊に襲われる。浜田弥兵衛が台湾でヌイツにより抑留される（**タイオワン事件**）。

一六三〇	寛永七	末次平蔵政直、江戸の獄中で没。金鍔次兵衛が帰国し奉行所で働く。
一六三一	寛永八	末次平蔵茂貞が代官になる。
一六三二	寛永九	秀忠没（五四歳）。ヌイツが人質交換のため来日。
一六三三	寛永十	奉書船以外の渡航禁止（第一次鎖国令）。中浦ジュリアンが逆さ吊りの刑。フェレイラが棄教する。
一六三四	寛永十一	日本人の海外渡航禁止（第二次鎖国令）。出島築造に着手。馬丁の金鍔次兵衛が暴露され潜伏する。
一六三五	寛永十二	海外日本人の渡航・帰国を禁止。大型船建造も禁止（第三次鎖国令）。朱印船制度の終焉。
一六三六	寛永十三	出島が完成しポルトガル人を収容する。ポルトガル人との混血男女二八七名をマカオに追放（第四次鎖国令）。金鍔次兵衛捕縛される。
一六三七	寛永十四	金鍔次兵衛の殉教（三七歳）。天草・島原の乱（〜三八）。
一六三八	寛永十五	原城陥落。長崎奉行が老中指揮下に置かれ長崎常住となる。野母岬に遠見番を置く。松倉父子を斬罪に処す。
一六三九	寛永十六	ポルトガル人来航禁止令（第五次鎖国令）。長崎のオランダ人、イギリス人、及び子女十一人を平戸からジャカルタに追放。以後、オランダ船は平戸、唐船は長崎に限ってのみ貿易を許可。出島が空地となる。ガリオット船への投資が焦げつき、初期の豪商が倒産する。
一六四〇	寛永十七	ポルトガル使節が長崎に来て貿易再開を求める。幕府はそれを拒絶して使節以下六十一名を斬首にする。平戸オランダ商館の閉鎖と破壊を命じる。
一六四一	寛永十八	平戸のオランダ商館を出島に移す。西吉兵衛がオランダ大通詞になる。

西暦	年号	日本及び世界の動き
一六四二	寛永十九	薩摩で「ルビノ隊」の一団が捕縛される。ポルトガルで国王が派遣する特使の準備がはじまる。
一六四三	寛永二〇	西坂で「ルビノ隊」が殉教。「第二ルビノ隊」十名が捕縛され江戸に送られる。
一六四四	正保一	明朝が滅び清朝となる。ポルトガル特使ソウザがリスボンを出港。台風で旗艦のみバタビアで越冬。副艦はインド方面に流される。
一六四五	正保二	特使ソウザがマカオを経てゴアで越冬。インド副王の援助で二艦をあらためる。
一六四六	正保三	特使ソウザの船がマカオを出港するも台風でマカオに戻る。マカオで越冬。
一六四七	正保四	**特使ソウザが長崎に入港。**国交回復を乞うも成らず、ソウザに通商不許可と来航の厳禁を告げる。末次平蔵茂貞が京都で没。
一六四九	慶安二	オランダ商館医師としてカスパル・スハンベルヘンが来日。
一六五〇	慶安三	フェレイラがジュゼッペ・キアラが持参した『天文書』を翻訳したのち、七十二歳で没。
一六五四	承応三	向井元升が二代目西吉兵衛を介して『紅毛流外科秘要』を著す。蘭人の死骸を初めて梧真寺に埋葬。
一六五六	明暦二	奉行甲斐喜右衛門が二代目西吉兵衛と向井元升に命じて『乾坤弁説』をつくらせる。
一六五九	万治二	長崎の人口四万七百人（寛宝日記）。江戸参府の長崎〜小倉間が陸路と定まる。
一六六一	寛文一	鄭成功に追われ、台湾から蘭船二隻が出島に避難する。うち女性が三十三人含まれていた。
一六六三	寛文三	寛文の大火。総町六六町のうち五十七町が全焼。

一六六六	寛文六	**初代西吉兵衛没**。フェレイラの娘婿杉本忠恵、幕府の医官となる。
一六六八	寛文八	二代目吉兵衛が蘭医から医学証明書を得る。
一六六九	寛文九	末次平蔵茂房没。平蔵茂朝が継ぐ。踏絵の消耗が激しく、萩原裕佐に命じて新たに二十枚を鋳造させる。二代目吉兵衛が通詞を辞して「西流医術」をうち立てる。
一六七〇	漢文十	嶋屋市左衛門が幕命により、唐船造り御船で長崎から江戸に向かう。
一六七三	延宝一	イギリス船「リターン号」来航。通商復活を乞うも拒否される。
一六七五	延宝三	**二代目吉兵衛が幕府医官となり「玄甫」と改名**。嶋屋市左衛門が無人島（小笠原諸島）探検航海に成功。
一六七六	延宝四	末次平蔵茂朝父子が密貿易のために隠岐に流される。
一六七七	延宝五	西玄甫が江戸の久原甫雲に「オランダ流外科免状」を与える。
一六八四	貞享一	**西玄甫江戸にて没**。
一六八五	貞享二	マカオ船が日本人漂流民を乗せ長崎に来航。幕府は以後来航を禁止する。
一六九〇	元禄三	エンゲルベルト・ケンペル出島蘭館医として来日。帰国後『日本誌』（一七二七）を著す。
一七三三	享保一八	杉田玄白生まれる。
一七七四	安永三	杉田玄白『解体新書』五巻刊。
一八〇一	享和一	元オランダ通詞志筑忠雄がケンペルの『日本誌』より『鎖国論』を著す。
一八〇四	文化一	ロシア使節レザーノフが長崎に入港。通商を求むれど拒否される。
一八一三	文化十	イギリスのジャワ総督がワルデナールを長崎に派遣、出島のオランダ商館を乗っ取ろうとするも失敗。

西暦	年号	日本及び世界の動き
一八四四	弘化一	オランダ国王ウィレム二世の使節コープスが日本の開国勧告の国書を持ち来る。幕府拒否。
一八四六	弘化三	アメリカ東インド艦隊二隻が浦賀入港。司令官ビッドルが通商を求むるも拒否。フランス船三隻が長崎入港。漂流民の保護を求むれど拒否。
一八五一	嘉永四	漂流民中浜万次郎が琉球に帰着。長崎を経由して翌年土佐に帰る。
一八五三	嘉永六	アメリカ使節ペリー率いる艦隊が浦賀に入港。アメリカ大統領の国書を渡す。
一八五四	安政一	日米和親条約調印。下田と函館を開港。
一八六九	明治二	杉田玄白『蘭学事始』上下二巻刊。

あとがき

「鎖国」という言葉は、オランダ通詞志筑忠雄《しづきただお》（一七六〇〜一八〇六）の『鎖国論』から出た言葉で、実際に鎖国令が出された時代には鎖国の「さ」の字もなかった。それを今の我々がどうして使用しているかといえば、便利だからである。漢字でもってわずか二字、何と潔よく響きの良い言葉だろう。もしそれを説明するなら、人によって定義が異なり、しかも長たらしくなってしまう。

最近、「鎖国」という言葉の適否について議論されることがある。オランダ・中国に対する長崎、朝鮮に対する対馬、アイヌに対する松前、琉球に対する薩摩、これらの「四つの口」を通して交流があり、それを「鎖国」と呼ぶのは如何なものかというのである。

しかし「鎖国」は他国との交流や貿易を断つことが目的ではなかった。それはキリシタンを排除するところにあった。秀忠・家光政権は禁教のために宣教師とキリシタンを処刑し、スペイン・ポルトガル人を追放し、唯一貿易を許されたオランダ人も出島の中に隔離させた。さらにキリシタンに染まる可能性があるという理由で日本人が海外に出かけることも、海外に住む日本人が帰国することも禁止した。これをもって「鎖国」と呼ばずして何と呼べるだろう。

二百数十年続いた江戸時代の幕藩体制は、キリシタンを「邪宗門」とすることで固く結束していた。やがて宣教師の潜入も絶え、キリシタンも消滅したかと思える時期がくると、幕藩体制にゆるみが生じはじめる。

十九世紀に入ると忌み嫌った外国船が、日本の近海に姿を見せはじめる。最初は「何が何でも打ち払え！」で事がすんだ。しかし次第に相手の立場や、船舶や武器が優秀であることが明らかになってくる。

一八四〇年（天保十一）、アヘン戦争で清国が大敗を喫した情報は日本人に大きな衝撃を与えた。老中水野忠邦は外国船の「打ち払い令」を取りやめ、「薪水《しんすい》給与令」（一八四二）に変えた。諸藩ではこれを契機に軍事改革の意識が芽生え、佐賀、薩摩、長州はいち早く高島秋帆に西洋砲術を学ぶ。幕府はその反対に先見の明のあった高島秋帆を十年間も幽閉した。

一八四五年（弘化二）、見るに見かねたオランダ国王が世界の現状を説き、開国を勧告したが幕府はそれをもしりぞけた。そして実際に蒸気機関を積んだペリー艦隊が現れると、江戸が攻撃されるのを恐れて日米和親条約を結び、続いて駐日大使ハリスによって日米通商条約も締結される。その「安政の開国」により神奈川・函館・長崎・兵庫・新潟の五港が開かれ外国人の居留地が認められた。ここに「鎖国」は姿を消す。

長崎の外人居留地にはかつて追放されたイエズス会士よりも先に、パリ外国宣教会の神父が入り大浦天主堂を建てた（一八六五）。それを契機に長崎の外町周辺の潜伏キリシタンが仏教寺院との関係を断ち、幕府に検挙され、足かけ八年に及ぶ「浦上崩れ」（四回にわたるキリシタンの弾圧事件）が起きる。その間に江戸幕府は瓦解し、維新政府が成立する。

新政府は官軍戦没者を合祀する靖国神社の基礎をつくり、神道の国教化をはかり、その結果キリシタンのみならず仏教徒や寺院にまで迫害対象をひろげた。後者は「廃仏毀釈《はいぶつきしゃく》」として知られている。

新政府がキリシタン禁教制度を廃止したのは一八七三年（明治六）で、岩倉使節団がヨーロッパを訪れているときのことである。岩倉具視はキリスト教を禁止するのは外交上よろしくないと認識をあらため、電報を用いて本国政府にキリシタン禁制の中止を命じた。こうして切支丹禁制の高札は下ろされたが、それは文明国家をよそおった表面的なものにすぎなかった。その後の明治政府は日清・日露という戦争への道をひたすら突き進み、国家主義が優先され、「信仰の自由」などあり得なかった。

太平洋戦争敗戦後の昭和二十年、日本はポツダム宣言を受け入れた二年後（一九四七）あらたな憲法が発布され、ここにはじめて基本的人権として信仰の自由が保障された。ふり返ってみれば豊臣秀吉のバテレン追放令（一五八七）から三百六十年、そして明治政府による高札撤廃（一八七三）から七十四年である。秀忠・家光による呪縛から解き放されるのに、我々はなんという長い歳月を費やしたことか。

＊

今回の作品を書くにあたり、私は何度も筆を折ろうとした。

信長・秀吉・家康の時代はよく知られている。でも西国長崎から光を当てようとすれば、東西交渉史やキリスト教史、あるいは近世貿易史のような縦割りになっていて、これを俯瞰しようとするのに時間ばかりが流れていった。そんなときは、ひとり稲佐山に登って港を見下ろした。

ポルトガル特使ソウザが来航した当時とくらべると、長崎港は埋立てられて細長くなってしまった。出島も町中に埋もれてしまったし、大浦ももはや細長い川に過ぎない。それでも港の入り口には「女神大橋」がかかっており、大きなクルーズ船が出入りしている。まさしくその橋の下がソウザの船が出ていかぬように船橋が急造された所である。

その辺りを眺めている私に、フッと幻想がよみがえる。

船橋の上に、突如として馬上に跨った武士が現れる。甲冑で身を固め、背中に麗々しい真紅の旗指物をなびかせて、抜き身の刀を振りかざしながら船橋を渡ってみせる。「さァ、来るなら来てみろ。いつでも戦ってみせるぞ！」という挑発のポーズだ。

しかしそれに対するポルトガル人の反応はまったくなかった。背中の旗指物をみて、「何だアレは？　日本人に羽根が生えたぞ」とやんやと囃して面白がる。

それですんだから良かったものの、もし二隻の軍艦のカノン砲が火を吹いたらいったいどうなっていたことか。船橋は木端微塵となって、港内が血の海に変わり、市内も焼き払われたに違いない。そんなことを考えているといつの間にかわだかまりが消えてしまい、山を下るときにはさらなる続きで頭がいっぱいになった。

稲佐山は標高わずか三百数十メートルながら、北は金鍔次兵衛の捜索が行われた西彼杵半島の山々、南は港口と長崎半島、東に雲仙・天草、西に角力《すもう》灘を望むことができる。長崎ファンの歌人・吉井勇が、「おほらかに稲佐の嶽《たけ》ゆ見はるかす山もはろばろ海もはろばろ」と謳いあげた通りで、その眺望が素晴らしい。それがなかったら私は最後まで書き続けることはできなかった。
私が西吉兵衛を書くと宣言して以来、洋学史研究会の主宰・片桐一男先生から何度も催促のハガキをいただいた。鶴首の思いをさせてまことに申し訳ない。また弦書房の小野静男氏の助言なしでは本の体裁を全うできなかった。最後に誰よりも身近にいて私を応援してくれた家内に感謝したい。

二〇二一年　春

松尾龍之介

主要参考文献

〈全般〉

『長崎県史』対外交渉編　吉川弘文館　昭和六十一年
『長崎市史—通交貿易編西洋諸国部』長崎市役所　昭和十年
『長崎洋学史』上巻・下巻・続編　古賀十二郎　長崎文献社　昭和五十八年
『長崎開港史』古賀十二郎　長崎文献社　昭和三十二年
『長崎港草』長崎文献叢書　昭和四十八年
『長崎叢書』上下巻　長崎市役所　原書房　昭和四十八年
『新長崎年表』上巻　満井録郎　長崎文献社　昭和四十九年
『長崎の歴史』江越弘人　弦書房　二〇〇七年
『港市論』安野眞幸　日本エディタースクール出版部　一九九二年
『長崎異国風土記』神代祇彦　昭和四十一年
『海の長崎学』松竹秀雄　くさの書店　平成二年
『鎖国日本と国際交流』「阿蘭陀通詞西吉兵衛父子について」片桐一男　昭和六十三年　吉川弘文館
『蘭学事始』片桐一男　講談社学術文庫二〇〇〇年
『通航一覧』第五巻　国書刊行会　大正二年
『「鎖国」を見直す』永積洋子編　山川出版社　一九九九年
『朱印船』永積洋子　吉川弘文館　平成十三年
『朱印船貿易史』川島元次郎　巧人社　大正十年
『近世初期の外交』永積洋子　創文社　一九九〇年
『寛永時代』山本博文　日本歴史叢書　平成元年
『鎖国と海禁の時代』山本博文　校倉書房　一九九五年
『大航海時代夜話』井沢実　岩波書店　一九七七年
『日本大王国誌』フランソア・カロン　平凡社東洋文庫　一九六七年
『鎖国』日本の歴史14　岩生成一　中央公論社　昭和四十一年
『フロイスの見た戦国日本』川崎桃太　中公文庫　二〇〇六年
『日欧通交史』幸田成友　岩波書店　一九四二年
『西洋文明と東アジア』東西文明の源流5　平凡社　昭和四十六年
『日欧交渉史』ヒルドレス　現代思潮社　一九八一年
『大航海時代』世界の歴史13　増田義郎　講談社　一九八四年
『スパイスが変えた世界史』B・ユイグ　新評論　一九九八年
『香料の道』山田憲太郎　中公新書　一九七七年
『海外交通史話』辻善之助　東亜書房　大正六年
『世界史の中の長崎』中西啓　木耳社　昭和四六年
『世界史の中の長崎開港』安野眞幸　言視社　二〇一一年
『世界史の中の出島』森岡美子　長崎文献社　二〇〇一年
『洋学史事典』日蘭学会編　雄松堂出版　昭和五十九年
『崎陽古今物語』出水市歴史民俗資料館編　平成三年
『大航海時代のイベリア』飯塚一郎　中公新書　一九八一年

『西欧文明と東アジア』東西文明の交流5　榎一雄　一九七二年
『大発見』D・ブアスティン　集英社　一九八八年
『大航海時代の日本』全八巻　小学館　昭和五十三年
『開国文化』朝日新聞社編　昭和四年
『プリニウスの博物誌』全三巻　昭和六十一年　雄山閣出版株式会社

〈キリシタン関係〉

『十六・七世紀イエズス会日本報告集』全十五巻　松田毅一監訳　同朋舎出版　一九八七年
『徳川初期キリシタン史研究』補訂版　五野井隆史　吉川弘文館　一九九二年
『日本キリスト教史』五野井隆史　吉川弘文館　一九九〇年
『キリシタンの世紀』高瀬弘一郎　岩波書店　一九九三年
『イエズス会と日本』大航海時代叢書第Ⅱ期6、7　岩波書店　一九八一年
『日本巡察記』ヴァリニャーノ　平凡社東洋文庫　一八七三年
『巡察使ヴァリニャーノと日本』ヴィットリオ・ヴォルピ一芸社　二〇〇八年
『ヴァリニャーノとキリシタン宗門』松田毅一　朝文社一九九二年
『南蛮のバテレン』松田毅一　朝文社　一九九一年
『南蛮医アルメイダ』東野利夫　柏書房　一九九三年
『バテレン追放令』安野眞幸　日本エディタースクール出版部　一九八九年
『通辞ロドリゲス』マイケル・クーパー　原書房　一九九一年
『教会領長崎』安野眞幸　講談社選書メチエ　二〇一四年
『肥前有馬一族』外山幹夫　新人物往来社　一九九七年
『完訳フロイス日本史　大村純忠・有馬晴信篇』中公文庫二〇〇〇年
『「有馬のセミナリヨ」関係史料』北有馬町　平成十七年
『キリシタン大名』スタイシェン　吉田小五郎訳　昭和二十七年
『長崎キリシタン史』山崎信二　二〇一五年
『大村純忠伝』松田毅一　教文社　一九七八年
『長崎のコレジヨ』長崎地方文化史研究所編　純心短期大学　一九八五年
『日本教会の歴史』結城了吾　女子パウロ会　二〇〇八年
『九州のキリシタン大名』吉永正春　海鳥社　二〇〇四年
『キリシタン禁制史』清水紘一　教育者歴史新書　一九八一年
『キリストの証し人』上下巻　チーフリク　聖母文庫　一九九五年
『村山等安』小島幸枝　聖母の騎士社　一九八九年
『日本キリシタン宗門史』全三巻　レオン・パジェス　岩波文庫　昭和四十四年

『日本キリシタン教会史』オルファネル　雄松堂書店　昭和五十二年
『日本キリシタン教会史　補遺』コリャド　雄松堂書店　昭和五十五年

〈ポルトガル関係〉

『細川家所蔵正保黒船来航記』武藤長蔵　昭和九年
『葡国使節を乗せたる南蛮船に関する肥前大村文書』武藤長蔵『史学』昭和八年
『南蛮船貿易史』外山卯三郎　東光出帆　昭和十八年
『南蛮学考』外山卯三郎　地平社　昭和十九年
『日葡貿易小史』外山卯三郎　若い人社　昭和十七年
『南蛮史談』岡田章雄　人物往来社　昭和四十二年
『南蛮宗俗考』岡田章雄　地人書館　昭和十七年
『商人と宣教師　南蛮貿易の世界』岡　美穂子　東京大学出版会　二〇一〇年
『南蛮巡礼』松田毅一　中公文庫　昭和五十六年
『日葡交渉史』松田毅一　教文館　一九六三年
『黄金のゴア盛衰記』松田毅一　中公文庫　一九七七年
『クアトロ・ラガッツィ』若桑みどり　集英社　二〇〇三年

〈スペイン関係〉

『十六・七世紀日本スペイン交渉史』パステルス・パブロ　大修館書店　一九九四年
『日本・スペイン交流史』坂東省次・川成　洋編　れんが書房新社　二〇一〇年
『日本見聞記』ロドリゴ・デ・ビレロ　塩とたばこの博物館　一九〇九年
『金銀島探検報告』セバスチャン・ビスカイノ　異国叢書　駿南社　昭和四年
『伊達政宗と慶長遣欧使節』高木一雄　聖母文庫　一九九九年
『日本と比律賓』村上直次郎　朝日新選書　一九四五年
『日本王国記』大航海時代叢書　十一　岩波書店　一九六六年

〈オランダ関係〉

『平戸オランダ商館日記』永積洋子　講談社学術文庫　二〇〇一年
『長崎オランダ商館の日記』全三巻　村上直次郎　昭和三十一年　岩波書店
『十七世紀日蘭交渉史』オスカー・ナホッド　昭和三十一年
『十七世紀のオランダ人が見た日本』クレインス　フレデリック　臨川書店　平成二十二年
『日蘭交渉史の研究』金井　圓　思文閣史学叢書　昭和六十一年
『日蘭交流四百年の歴史と展望』日蘭学会編　平成十二年
『日本とオランダ』板沢武雄　日本歴史新書　至文堂　昭

和三十年
『九州の蘭学』鳥井裕美子共編　思文閣出版　二〇〇九年
『長崎とオランダ』長崎県教育委員会　平成二年

〈イギリス関係〉

『平戸英国商館日記』皆川三郎　篠崎書林　昭和四十二年
『日英交通史之研究』武藤長蔵　同朋舎一九七八年
『日本とイギリス』宮永　孝　山川出版社　二〇〇〇年
『三浦按針十一通の手紙』田中丸栄子　長崎新聞社　二〇一〇年
『三浦按針』岡田章雄　創元社　昭和二十三年
『江戸時代を見た英国人』ろじゃいちめん　二十一世紀図書館　一九八四年

［著者略歴］

松尾龍之介（まつお・りゅうのすけ）

昭和二十一年、長崎市生まれ。

昭和四十四年、北九州市立大学外国語学部卒。

昭和四十六年上京。

漫画家・杉浦幸雄に認められる。主に「漫画社」を中心に仕事をする。洋学史研究会会員。

［主な著書］
『漫画俳句入門』（池田書店）
『江戸の世界聞見録』（蝸牛社）
『なぜなぜ身近な自然の不思議』（河出書房新社）
『マンガＮＨＫためしてガッテン—わが家の常識・非常識』（青春出版社）
『マンガ版ママの小児科入門』（法研）
『長崎蘭学の巨人 志筑忠雄とその時代』（弦書房）
『長崎を識らずして江戸を語るなかれ』（平凡社）
『江戸の〈長崎〉ものしり帖』
『小笠原諸島をめぐる世界史』
『幕末の奇跡—〈黒船〉を造ったサムライたち』
『鎖国の地球儀—江戸の〈世界〉ものしり帖』
『踏み絵とガリバー《鎖国日本をめぐるオランダとイギリス》』
（以上、弦書房）
ブログ「松尾龍之介の長崎日和」

絹と十字架
《長崎開港から鎖国まで》

二〇二一年 四 月三〇日発行

著　者　松尾《まつお》龍之介《りゅうのすけ》
発行者　小野静男
発行所　株式会社 弦書房
（〒810・0041）
福岡市中央区大名二—二—四三
ＥＬＫ大名ビル三〇一
電　話　〇九二・七二六・九八八五
ＦＡＸ　〇九二・七二六・九八八六

組版・製作　合同会社キヅキブックス
印刷・製本　シナノ書籍印刷株式会社

落丁・乱丁の本はお取り替えします。

©Matsuo Ryunosuke 2021
ISBN978-4-86329-226-0 C0021

◆弦書房の本

小笠原諸島をめぐる世界史

松尾龍之介　小笠原はなぜ日本の領土になりえたのか。江戸時代には「無人島」と呼ばれていた島々が、幕末に「小笠原」に変更された経緯を解き明かす。江戸と長崎の外交に関する文献から浮かびあがる意外な近代史。
〈四六判・２５０頁〉**２０００円**

長崎蘭学の巨人　志《し》筑《づき》忠《ただ》雄《お》とその時代

松尾龍之介　ケンペルの『鎖国論』を翻訳し〈鎖国〉という語を作った蘭学者・志筑忠雄（１７６０〜１８０６）。長崎出島の洋書群の翻訳から宇宙を構想し、〈真空〉〈重力〉〈求心力〉等の訳語を創出、独学で世界を読み解いた鬼才の生涯を描く。
〈四六判・２６０頁〉**１９００円**

江戸の〈長崎〉ものしり帖

松尾龍之介　京都の医師が長崎遊学で見聞した風物を、当時としては画期的な挿絵入りで紹介した寛政十二年（一八〇三）のロングセラー『長崎聞見録』を口語訳し、わかりやすい解説、新解釈の挿絵を付した現代版の長崎聞見録。
〈Ａ５判・２２０頁〉**２１００円**

踏み絵とガリバー　鎖国日本をめぐるオランダとイギリス

松尾龍之介　英国人スウィフトはなぜ『ガリバー旅行記』（一七二六）第三篇に踏み絵とオランダ人を登場させたのか。そこから見えてくるイギリス、オランダの外交戦略と江戸期（鎖国）日本の交易の実態を描く異色の歴史書。
〈四六判・２２０頁〉**１９００円**

鎖国の地球儀　江戸の世界ものしり帖

松尾龍之介　日本で最初の天文地理学者・西川如見の名著『華夷通商考』（一七〇八）の現代版。江戸中期の人々は鎖国の窓から世界をどう見ていたのか。現代文に訳し、わかりやすい解説とイラストで甦る本の地球儀。本を開けば、異国あり。
〈Ａ５判・２８８頁〉**２３００円**

＊表示価格は税別

◆弦書房の本

かくれキリシタンの起源
信仰と信者の実相

中園成生　現在も継承される信仰の全容を明らかにし、長年の「かくれキリシタン」論争に終止符を打つ。なぜ二五〇年にわたる禁教時代に耐えられたのか。従来のイメージをくつがえし、四〇〇年間変わらず継承された信仰の実像に迫る。〈A５判・５０４頁〉**４０００円**

◉FUKUOKA *U* ブックレット⑨
かくれキリシタンとは何か
オラショを巡る旅

中園成生　四〇〇年間変わらなかった信仰——現在も続くかくれキリシタン信仰の歴史とその真の姿に迫るフィールドワーク。かくれキリシタン信者は、それまで伝えてきたキリシタン信仰の形を、忠実に継承することしかできなかった**【３刷】**〈A５判・６４頁〉**６８０円**

幕末のロビンソン
開国前後の太平洋漂流《ロビンソン・クルーソー・ゲーム》

岩尾龍太郎　寿三郎、太吉、マクドナルド、万次郎、仙太郎、吉田松蔭、新島襄、小谷部全一郎。激動の時代、歴史に振り回されながら、異国で必死に運命を切り開き、生き抜いた、幕末の漂流者たちの哀しく雄々しい壮絶なドラマ。〈四六判・３３６頁〉**２２００円**

天草島原一揆後を治めた代官 鈴木重成【改訂版】

田口孝雄　一揆後、疲弊しきった天草と島原で、戦後処理と治国安民を12年にわたって成し遂げた徳川家の側近・鈴木重成とはどのような人物だったのか。重成が実行した特異な復興策とは。〈A5判　２８０頁〉**２２００円**

【第38回熊日出版文化賞】
【評伝】天草五十人衆

天草学研究会［編］　〈島〉であり〈天領〉であった天草は、独特の歴史を刻み、多くの異能の人々を生み出した。天草四郎から吉本隆明まで、天草スピリッツを体現した50人の足跡から、この島がもつ歴史の多面性に迫る。〈A５判・３２０頁〉**【３刷】**　**２４００円**

＊表示価格は税別